# MÉMOIRES
## DE
# MADAME DE MORNAY

ÉDITION REVUE SUR LES MANUSCRITS

PUBLIÉE

AVEC LES VARIANTES ET ACCOMPAGNÉE DE LETTRES INÉDITES
DE M<sup>r</sup> ET DE M<sup>me</sup> DU PLESSIS MORNAY
ET DE LEURS ENFANTS

POUR LA SOCIÉTÉ DE L'HISTOIRE DE FRANCE

### PAR MADAME DE WITT,
NÉE GUIZOT

TOME SECOND

## A PARIS
CHEZ M<sup>me</sup> V<sup>e</sup> JULES RENOUARD
LIBRAIRE DE LA SOCIÉTÉ DE L'HISTOIRE DE FRANCE
RUE DE TOURNON, N° 6

M DCCC LXIX

# MÉMOIRES

DE

# MADAME DE MORNAY

9845 — IMPRIMERIE GÉNÉRALE DE CH. LAHURE
Rue de Fleurus, 9, à Paris

## EXTRAIT DU RÈGLEMENT.

Art. 14. Le Conseil désigne les ouvrages à publier, et choisit les personnes les plus capables d'en préparer et d'en suivre la publication.

Il nomme, pour chaque ouvrage à publier, un Commissaire responsable, chargé d'en surveiller l'exécution.

Le nom de l'éditeur sera placé en tête de chaque volume.

Aucun volume ne pourra paraître sous le nom de la Société sans l'autorisation du Conseil, et s'il n'est accompagné d'une déclaration du Commissaire responsable, portant que le travail lui a paru mériter d'être publié.

---

*Le Commissaire responsable soussigné déclare que le tome second de l'Édition des* Mémoires de Madame de Mornay *préparée par* Madame de Witt, *née* Guizot, *lui a paru digne d'être publié par* la Société de l'Histoire de France.

*Fait à Paris, le* 25 *août* 1869.

*Signé* GUIZOT.

*Certifié*,

Le Secrétaire de la Société de l'Histoire de France,

J. DESNOYERS.

# NOTICE
# SUR MADAME DE MORNAY

ET

# SUR SES MÉMOIRES.

---

Les moralistes se demandent quel est le plus beau et le plus salutaire spectacle moral que puisse offrir la vie humaine. Selon quelques-uns, c'est le spectacle d'un homme vertueux aux prises avec l'adversité. D'autres s'arrêtent avec préférence devant le spectacle d'un homme vertueux à la tête d'une bonne cause et en assurant le triomphe. Il y a un spectacle encore plus saisissant et plus sain pour l'âme : c'est celui que donne la vie des créatures d'élite appelées à glorifier l'humanité et qui en même temps subissent, aussi bien que le commun des hommes, ce continuel mélange des biens et des maux, des espérances et des mécomptes, des succès et des revers, des joies et des douleurs, misère incurable de la condition humaine. Comment de telles âmes portent ce fardeau, et ne se laissent ni éblouir ou enivrer par l'heureuse fortune, ni irriter ou abattre par les tristesses de la vie, c'est là la plus pénétrante contemplation et la plus sérieuse leçon que présente l'histoire au spectateur sympathique des agitations intimes des âmes, illustres ou obscures.

Un ménage chrétien qui a tenu, sinon une première, du moins une grande place dans l'histoire de France au seizième siècle, M. et Mme du Plessis Mornay sont l'un des plus beaux exemples de la vertu ainsi tour à tour éprouvée par les faveurs et les rigueurs de la destinée, et les supportant tour à tour avec la même joie modeste et la même fermeté résignée. Nés à quelques mois de distance l'un de l'autre [1], au milieu des troubles que soulevait la réforme religieuse dans les nations et dans les âmes, ils en avaient connu, l'un et l'autre, presque dès le berceau, les anxiétés domestiques et personnelles. Jacques de Mornay, seigneur de Buhy, brave, allègre et indépendant gentilhomme, était catholique et « avait en recommandation que ses enfants fus-

---

1. Philippe de Mornay était né le 5 novembre 1549, et Charlotte Arbaleste de la Borde (Mme de Mornay) en mars 1550.

sent instruits de même; » mais Françoise du Bec, sa femme, « lui tenait journellement, touchant les abus de l'Église romaine dont elle avait dès lors connaissance, plusieurs bons propos dont il se ressouvint au moment de sa mort, et il ne voulut point tester, disant à sa femme qu'il lui remettait ses enfants et sa maison sous sa conduite, et s'en assurait en elle. » Son fils aîné, Pierre de Mornay, resta catholique; mais son second fils, Philippe, reçut de sa mère des impressions religieuses qui furent comme la préface de sa vie; son éducation à Paris, les amis qu'il y fréquenta, les études classiques, historiques, théologiques, qu'il cultiva dès lors avec passion, changèrent ses impressions premières en conviction réfléchie; il se donna tout entier à la réforme, et il n'avait guère plus de seize ans lorsque l'évêque de Nantes, son oncle, lui ayant dit « que c'était là une opinion qui s'en irait avec l'âge, quand il aurait plus de jugement, » Philippe de Mornay lui répondit : « Monsieur, si c'est une opinion, il n'est que de l'ôter et l'arracher sur l'heure; je suis tout prêt d'être instruit et de vous rendre raison de ma foi[1]. » On ne

---

1. *Mémoires de Madame de Mornay*, t. I, pages 10-12, 22.

tenta même plus de le ramener à l'Église dont il s'était séparé.

Charlotte Arbaleste de la Borde, qui devait devenir Mme de Mornay, passa son enfance dans les mêmes troubles de la famille et de l'âme. Son père, M. de la Borde, avait d'abord embrassé, puis abjuré la religion réformée. « Plus tard, la paix étant faite, le premier voyage qu'il fit à Paris, il alla en la compagnie où on lui avait fait abjurer; il leur demanda le livre où ils lui avaient fait signer son abjuration; ayant le livre, il leur déclara ouvertement et publiquement le regret qu'il avait d'avoir été si traître à Dieu que, pour sauver sa vie, il avait abjuré ce peu qu'il savait de la vérité; et parlant ainsi à eux, il biffa son seing, disant que, pour le moins, ceux qui sauraient sa faute sauraient aussi, par même moyen, le regret qu'il en avait eu. » Après lui, sa veuve, Mme de la Borde « ne faisait point profession de la religion; mais elle connaissait en gros qu'il y avait beaucoup d'abus en l'Église romaine, et en désirait la réformation. » Leur fille Charlotte, à l'âge de dix-sept ans et demi, épousa Jean de Pas, seigneur de Feuquères, attaché, dans son enfance, au jeune Dauphin qui devint François II, puis engagé dans la guerre de Picardie, auprès de l'amiral de Coligny. » Là il ouït souvent un cordelier qui, sous son habit, prêchait la vérité; et dès lors il prit goût et commença à connaître les abus de l'Église romaine. Cela lui donna de grands débats en sa conscience, pour l'envie qu'il avait de s'instruire à chercher la vérité; et d'autre part, il se voyait avancé en la cour et sur le point de recevoir des biens et honneurs lesquels il ne pouvait avoir ni espérer s'il faisait profession de la vérité, mais bien au contraire, être banni de France où les feux étaient allumés. Je lui ai souvent ouï dire que, sur ces difficultés et sur le choix qu'il devait faire des deux, il en avait été malade. Enfin il se résolut de quitter la messe et les abus et faire profession de la vérité. Et n'abandonna pas toutefois la cour; et souvent lui et quelques zélés faisaient faire le prêche en la chambre de la Reine [1], mère du Roi, pendant son dîner, étant aidés à le faire par ses femmes de chambre qui étaient de la religion [2].

Ce fut dans ce chaos des esprits et des événements, au milieu de toutes ces hésitations, fluc-

---

1. Catherine de Médicis.
2. *Mémoires de Madame de Mornay*, t. I, pages 48, 205, 50-52.

tuations, conversions et abjurations alternatives, que naquirent, grandirent et se formèrent M. et Mme de Mornay, deux caractères auxquels nul, de leur temps, ne fut supérieur, et bien peu furent égaux pour les qualités précisément contraires aux vices de leur temps, c'est-à-dire pour la fermeté de la foi, l'unité de la vie et le constant accord entre les croyances et les actions, la pensée, le sentiment et la volonté. En 1572, quand la Saint-Barthélemy éclata, ils étaient encore étrangers l'un à l'autre, et bien loin, l'un et l'autre, d'être ce qu'ils devaient devenir; mais leurs convictions religieuses et leurs résolutions morales étaient déjà assez fortes et assez définitives pour qu'un tel événement, loin de les ébranler, les affermît et en fît la loi de leur âme et de leur destinée. Philippe de Mornay à vingt-trois ans et Charlotte de la Borde à vingt-deux étaient déjà de ceux en qui le spectacle du crime et la perspective du danger ne suscitent que l'indignation et l'obstination de la vertu.

C'est par le récit de la Saint-Barthélemy qu'après quelques pages données aux souvenirs de famille et d'enfance, commencent les *Mémoires* de Mme de Mornay. Et ce récit a ce rare caractère qu'il est étranger à toute passion politique, à tout esprit de parti ou même de secte; point de récriminations, de colère ni même de plainte contre les auteurs des massacres; c'est uniquement le tableau des dangers personnels que coururent, chacun de son côté, d'abord M. de Mornay, puis Mme de Feuquères, et la narration détaillée de leurs aventures en s'enfuyant ou en se cachant pour échapper aux meurtriers. Il semble qu'ils ne furent, ni l'un ni l'autre, pas très-surpris de telles scènes, et que la persécution et le meurtre des protestants étaient à leurs yeux des maux presque naturels et inévitables. Dans les périlleux incidents qu'ils traversèrent alors, ce fut, comme de raison, presque toujours des catholiques qui leur vinrent en aide et leur fournirent les moyens de se sauver. Mme de Mornay ne s'en étonne pas, et s'en montre reconnaissante comme d'un service signalé mais simple, et qu'en pareille circonstance elle eût aussi rendu à des catholiques. Cette absence de toute exagération, de tout appel à des sentiments haineux, cette tranquillité, cette équité d'esprit au milieu de si hideux spectacles et de si pressants périls, donnent au récit de Mme de Mornay un caractère de simplicité et de vérité qui en fait l'un des plus authentiques et des plus instructifs documents de cette effroyable histoire.

Ce n'est pas que Mme de Mornay fût disposée à faire aux catholiques la moindre concession et à faiblir un seul moment dans sa foi; quand elle se trouvait en présence de l'un de ces actes qui étaient considérés alors comme une abjuration de la religion réformée, elle était saisie du même sentiment qui animait les premiers chrétiens quand les empereurs païens leur ordonnaient de sacrifier aux idoles, et elle était, comme eux, prête à affronter le martyre. Après avoir erré quinze jours à travers toute sorte de situations et de dangers, « je remontai sur un âne, dit-elle, et m'en allai à quatre lieues de Melun, chez M. de la Borde, mon frère aîné, que je trouvai en une grande perplexité, tant pour avoir été contraint, pour se conserver, d'aller à la messe, comme étant lors poursuivi pour faire d'étranges abjurations. Nos amis de Paris, sachant que j'étais là et craignant que je le détournasse de faire les dites abjurations, lui donnèrent avis de sa ruine s'il me retenait là sans aller à la messe, de sorte que le dimanche, comme son prêtre était en sa chapelle, il me fit entrer avec lui dedans. Voyant le prêtre, je lui tournai le dos et m'en allai assez éplorée; mon frère eût voulu alors ne m'en avoir jamais parlé. Je pris résolution de n'y faire plus long séjour, et j'employai la semaine à chercher un charretier pour me conduire à Sedan. J'y arrivai le jour de la Toussaint, 1er novembre 1572, et à mon arrivée, je trouvai beaucoup d'amis qui m'offrirent leurs moyens. Je ne fus pas une heure à Sedan que je ne fusse habillée en demoiselle, et je fus audit lieu jusqu'à notre mariage de M. du Plessis et de moi, comme il sera dit ci-après[1]. »

Ce fut en effet bientôt après, et à Sedan où continua de vivre la jeune veuve de M. de Feuquères, que commença entre elle et Philippe de Mornay cette affection mutuelle qui aboutit, en 1576, à leur mariage. Petite principauté indépendante et propriété du duc de Bouillon, l'un des grands chefs de la réforme française, Sedan était alors le refuge ou le séjour favori de beaucoup de réformés considérables; M. de Buhy, frère aîné de Philippe de Mornay, et leur plus jeune frère, M. des Bauves, s'y trouvaient, comme lui, en même temps que Mme de

---

1. *Mémoires de Madame de Mornay*, t. I, pages 37-46, 57-71.

Feuquères : « Ils venaient me voir tous les jours, dit Mme de Mornay, et prenaient grand plaisir aux bons et honnêtes propos de M. du Plessis. Toutefois, ayant vécu solitaire depuis l'espace de plus de cinq ans que j'étais veuve, et ayant envie de continuer de même, je voulus, de propos délibéré, sonder son dessein, lui disant comme je trouvais étrange d'aucuns (quelques-uns), suivant la guerre, qui pensaient à se marier en temps si calamiteux. Mais l'en ayant trouvé fort éloigné, et connaissant la bonne réputation en laquelle il était, je pensais que cette hantise (cette habitude de me fréquenter) était à cause du voisinage. Et puis j'avais pris plaisir, depuis que je m'étais retirée à Sedan, pour passer plus doucement ma solitude, en l'arithmétique, en la peinture et en autres études dont quelquefois nous devisions ensemble; de sorte que je fus bien aise qu'il continuât à me venir voir, et en peu de temps l'affectionnai autant que pas un de mes frères, combien que je ne pensasse point à mariage. » Un voyage que Philippe de Mornay fut obligé de faire à Clèves suspendit, pendant quelques semaines, cette douce intimité; mais elle recommença à son retour : « Y avait plus de huit mois, dit Mme de Mornay, qu'il ne se passait jour que nous ne fussions deux ou trois heures ensemble; même durant son voyage de Clèves il m'avait écrit. Je projetais lors de faire un voyage en France pour mes affaires, et le voulais avancer afin de nous ôter cette familiarité, pour crainte que j'avais que quelques-uns en fissent mal leur profit. Comme j'étais sur ce pensement, il me déclara l'envie qu'il avait de m'épouser, ce que je reçus à honneur; et toutefois lui déclarai qu'il ne pouvait entendre ma volonté que premièrement je ne susse par lettres la volonté de Mlle de Buhy sa mère et de M. de Buhy son frère, pour être assurée par eux qu'ils eussent notre mariage pour agréable. Mlle de Buhy était en Bourbonnais, et M. de Buhy, qui avait pris les armes pour les troubles qui continuaient en France, était gouverneur de Saint-Liénart[1] en Limosin. M. du Plessis envoya un de ses gens exprès, et eut réponse de mademoiselle sa mère et de M. de Buhy son frère, telle qu'il demandait, avec lettres qu'ils m'écrivaient, m'assurant que, si Dieu permettait ce mariage, ils l'auraient pour agréable et qu'ils le désiraient...... Après avoir répondu à M. du Plessis comme je m'estimerais heureuse si

---

1. Saint-Léonard, près de Limoges.

Dieu permettait que la chose se trouvât agréable à ceux desquels je dépendais, je lui demandai temps, avant que de lui déclarer ma résolution, d'en écrire à Mlle de la Borde ma mère et à mes parents afin d'en savoir leur volonté. Ainsi je leur en écrivis à tous comme de chose que j'affectionnais, et en laquelle, toutefois, je ne passerais pas outre sans leur permission. Aussi en demandai-je conseil aux parents de feu M. de Feuquères, mon mari, et autres de mes amis; en sorte qu'il se passa du temps assez, tellement qu'il était le mois de juin 1575 quand nous eûmes réponse de tous. Dieu nous montra tellement qu'il avait ordonné notre mariage pour mon grand bien que nous eûmes un consentement réciproque de tous ceux à qui nous le demandâmes; ceux qui connaissaient M. du Plessis m'estimaient heureuse de cette rencontre et me conseillaient de me diligenter; les autres, qui ne le connaissaient pas, s'en remettaient à moi. Ainsi, ayant eu de part et d'autre un consentement des nôtres respectivement en notre mariage, nous avisâmes ensemble de dresser quelques articles auxquels nous n'appelâmes aucun avocat. Lesquels articles furent ainsi envoyés à Mlle de Buhy, sa mère, pour les approuver et ratifier, qui envoya une procuration, mot pour mot, ratifiant le tout; sur laquelle notre contrat de mariage fut dressé et passé par les notaires de Donchery, ville assise sur la Meuse, en France, à une lieue de Sedan. Or, durant ces allées et venues, il se passait du temps; et plusieurs à Sedan, voyant que M. du Plessis continuait toujours à me venir voir, commençaient à croire qu'il pensait à m'épouser; quelques-uns aussi lui parlaient d'autres mariages de filles riches et héritières, et eussent bien désiré le pouvoir détourner de moi pour le faire penser ailleurs, voyant, outre les grâces qu'il avait reçues de Dieu et avec lesquelles il était né, qu'il était pour parvenir plus haut; mais il ne voulut, depuis qu'il m'eut ouvert la bouche, jamais entendre à autre proposition qu'on lui fît. On lui offrit même, pour sentir s'il pensait à moi, de lui faire voir tout mon bien à (selon) la vérité, tant par mon contrat de mariage que celui des partages de la succession de feu M. de la Borde, mon père; mais il fit réponse que, quand il voudrait en être éclairé, il ne s'en adresserait qu'à moi-même, et que le bien était la dernière chose à quoi on devait penser en mariage; la principale était les mœurs de ceux avec qui l'on avait à passer sa vie¹, et surtout la crainte de Dieu et la bonne réputation. »

Ainsi s'accomplit, entre ces deux personnes, excellentes et rares, une union aussi excellente et presque aussi rare qu'elles-mêmes, car elle dura trente ans sans être altérée par aucune des épreuves de la vie, ni refroidie par la durée. C'est un charmant spectacle que celui du premier bonheur de deux créatures qui, devant Dieu et devant les hommes, se donnent l'une à l'autre parce qu'elles s'aiment, et portent une égale confiance à leur bonheur et à leur amour. Les poëtes et les moralistes ont raison de se complaire à peindre cette lune de miel de la vie : « S'il est dans l'univers, dit Mme de Staël, deux êtres qu'un sentiment parfait réunisse et que le mariage ait liés l'un à l'autre, que tous les jours, à genoux, ils bénissent l'Être suprême; qu'ils voyent à leurs pieds l'univers et ses grandeurs; qu'ils s'étonnent, qu'ils s'inquiètent même d'un bonheur qu'il a fallu tant de chances diverses pour assurer, d'un bonheur qui les place à une si grande distance du reste des hommes. » Les jeunes et heureux mariés ne suivront certai-

---

1. *Mémoires de Madame de Mornay*, t. I, pages 83-89.

nement pas le conseil de Mme de Staël ; l'inquiétude n'est pas compatible avec l'élan du premier bonheur ; mais, parmi les spectateurs qui y assistent qui ne s'en inquiéterait pour eux ? Qui ne connaît les vicissitudes et les amertumes de la vie, et les altérations plus ou moins profondes qu'elles apportent si souvent dans les relations les plus intimes ? L'imperfection des choses humaines, mêmes des meilleures, finit presque toujours par se révéler, et après de longues années, le bonheur, même quand il reste réel, a presque toujours des lacunes et de petites tristesses que les heureux prennent soin de cacher. Aux paroles que je viens de citer, Mme de Staël ajoute cette anecdote : « J'ai vu, dit-elle, pendant mon séjour en Angleterre, un homme du plus rare mérite uni depuis vingt-cinq ans à une femme digne de lui ; un jour, en nous promenant ensemble, nous rencontrâmes ce qu'on appelle en Angleterre des *Gipsies*, des bohémiens errant au milieu des bois, dans la situation la plus déplorable ; je les plaignais de réunir ainsi tous les maux physiques de la nature : « Eh bien, me dit M. L****, si, pour passer ma vie avec elle (me montrant sa femme), il avait fallu me résigner à cet état, j'aurais mendié depuis trente ans, et nous aurions encore été bien heureux. — Oui, certainement, s'écria la femme, les plus heureux des êtres[1]. » Je ne doute pas plus de la vérité du fait que de l'exactitude du récit; Dieu ne veut pas que ce bonheur suprême, qui résiste et survit aux imperfections de la nature comme aux épreuves de la destinée humaine, soit inconnu des hommes; mais il est, à coup sûr, le plus rare don qu'ils puissent obtenir de la faveur divine, et ce don n'échoit qu'à ceux qui, en le méritant par leurs vertus, savent le défendre contre leurs propres faiblesses.

M. et Mme de Mornay ont eu cet admirable privilége. Ils se sont connus jeunes encore et pourtant déjà familiers avec l'expérience et le fardeau de la vie; ils se sont aimés et unis à la fois par penchant et par choix, avec réflexion et avec abandon; ils ont éprouvé ensemble, dans l'État et dans l'Église, sous les yeux du public et dans le secret du foyer domestique, les fortunes les plus diverses, les plus nobles satisfactions et les plus cruels déchirements de l'âme; après avoir longtemps et glorieusement lutté pour

---

[1]. OEuvres de Mme de Staël; — *De l'influence des passions*, t. III, p. 123.

le succès de la Réforme en France, ils ont vu leur cause toucher au triomphe, et tout à coup ils ont passé d'un succès qu'ils avaient peu espéré à une défaite qu'ils trouvaient aussi injuste que déplorable ; leur chef et leur héros, le chef et le héros des protestants français, Henri IV est devenu roi ; mais pour devenir roi, il s'est fait catholique ; du Plessis-Mornay avait été son plus influent, son plus intime conseiller ; à l'intimité a succédé une quasi disgrâce ; il a fallu vivre dans la retraite de Saumur après avoir puissamment pris part au gouvernement de la Navarre et à la conquête de la France. Et les services du père n'ont pas même pu obtenir au fils, à son fils unique, le commandement d'un régiment français pour aller servir en Hollande la cause de la Réforme, tant Henri IV avait peur d'offenser ses nouveaux alliés catholiques en traitant bien ses anciens amis protestants ! Tant Sully avait peur que le crédit de Mornay auprès du roi ne vînt inquiéter et affaiblir le sien ! Je passe de la vie politique à la vie domestique. M. et Mme de Mornay en avaient connu toutes les joies et toutes les espérances ; ils avaient eu cinq filles et quatre fils ; des cinq filles deux sont mortes enfants ; ils ont marié les trois autres aussi heureusement qu'honorablement, dans les familles les plus considérées de la Réforme française. De leurs quatre fils, un seul leur était resté, un second Philippe de Mornay, jeune homme excellent et charmant, vaillant et pieux, tendre et respectueux, instruit et modeste; il avait voyagé avec fruit en Hollande, en Italie, en Allemagne, rendant à son père et à sa mère un compte sérieux de ses courses et de ses observations européennes; rentré en France, il servait en volontaire dans l'armée du prince Maurice de Nassau; le 25 octobre 1605, à peine âgé de 26 ans et déjà blessé d'un coup de pied de cheval, il montait à l'assaut de la ville de Gueldres, s'appuyant sur les bras de deux fidèles serviteurs, braves soldats comme lui; il fut frappé d'un boulet en pleine poitrine, et tomba sans jeter un seul soupir : « J'ai perdu la plus belle espérance de gentilhomme de mon royaume, dit Henri IV en apprenant sa mort, j'en plains le père, et faut que je l'envoye consoler; autre père que lui ne pouvait faire une telle perte. » Mais qu'est-ce que la sympathie d'un roi auprès de la douleur d'une mère? « Un jeudi, 24 novembre, sur le soir, dit Mme de Mornay, M. du Plessis sachant bien qu'il ne pourrait déguiser son visage, se résolut qu'il fallait mêler nos douleurs ensemble, et d'entrée : — Ma mie, me dit-il, c'est aujourd'hui que Dieu nous appelle à l'épreuve de sa foi et de son obéissance; puisqu'il l'a fait, c'est à nous à nous taire; — auxquels propos, douteuse jà que j'étais et alangourie de longue maladie, j'entrai en pamoison et convulsions; je perdis longtemps la parole, non sans apparence d'y succomber; et la première qui me revint fut : — La volonté de Dieu soit faite! nous l'eussions pu perdre en un duel, et lors, quelle consolation en eussions-nous pu prendre? — Le surplus se peut mieux exprimer, à toute personne qui a sentiment, par un silence; nous sentîmes arracher nos entrailles, retrancher nos espérances, tarir nos desseins et nos désirs; nous ne trouvions un long temps que dire l'un à l'autre, que penser en nous-mêmes, parce qu'il était seul, après Dieu, notre discours, notre pensée; nos filles, nonobstant la défaveur de la Cour, heureusement mariées, et mises avec beaucoup de peine hors de la maison, pour la lui laisser nette. Désormais toutes nos lignes partaient de ce centre et s'y rencontraient, et nous voyions qu'en lui Dieu nous arrachait tout; sans doute pour nous arracher ensemble du monde, pour n'y tenir plus à rien, à quelque heure qu'il nous appelle, et entre ci et là, estimer son Église notre maison, notre famille propre, convertir tout notre soin vers elle [1]. »

En apprenant la fatale nouvelle, du Plessis-Mornay s'était écrié : « Je n'ai plus de fils, je n'ai donc plus de femme. » Sa douloureuse prévoyance ne le trompait pas ; six mois après la mort de son fils, Mme de Mornay succombait, hors d'état de porter plus loin le fardeau qu'elle subissait sans murmure. « Le 7 du mois de mai 1606, jour de dimanche, ayant été au prêche, elle commença incontinent après dîner à se sentir mal, ce que toutefois elle voulut forcer, à cause d'une sienne femme de chambre qu'elle mariait ce jour-là ; même après le dîner, elle voulut aller au catéchisme ; le mal néanmoins la pressant, elle s'arrêta, passa l'après-dînée en ses méditations ordinaires, dans son cabinet, et M. du Plessis étant de retour du catéchisme, elle lui dit qu'elle désirait tracer quelque mémoire concernant la nourriture et instruction de ses petits-enfants, pour laisser à ses filles, et qu'elle le priait de le revoir quand elle l'aurait fait et d'y ajouter ce qu'il verrait être à propos, ce qu'il lui promit volontiers, et peu après elle se mit au lit. Le dimanche

---

1. *Mémoires de Madame de Mornay*, t. II, p. 108.

suivant au soir, 14 mai, on vint éveiller M. du Plessis qui s'était jeté sur un lit pour prendre un peu de repos, car jour et nuit il ne l'abandonnait point, et on l'avertit qu'elle s'abaissait fort; il entra aussitôt en sa chambre, résolu de ne lui rien céler, car souvent elle lui avait dit qu'elle voulait savoir sa fin, pour rendre, par la grâce de Dieu, confession de sa foi jusqu'à son dernier soupir. Approchant d'elle, il commença à l'embrasser et à lui dire, non sans un grand contre-cœur, qu'il ne fallait plus penser qu'à Dieu, ce qu'elle entendit incontinent. Et lors elle dit à M. du Plessis qu'après la connaissance de son salut en Jésus-Christ, elle n'avait de rien tant remercié Dieu que de l'avoir donnée à lui, que Dieu voulait encore se servir de lui, et qu'il ne fallait pas que, par la tristesse qu'il recevait de sa mort, il se rendît moins utile à son Église;.... Cela avec une voix forte, des paroles si solides et des textes de l'Écriture qu'elle entendait si à propos que jamais on ne lui avait vu ni l'esprit plus entier, ni la mémoire plus ferme.... Elle demanda qu'on avisât comment on ferait savoir la nouvelle de sa mort à ses filles, surtout à Mme de Fontenay laquelle était près d'accoucher; elle requit M. du Plessis de ce qu'elle désirait pour ceux et celles qui l'avaient servie, et leur dit adieu à tous, à Mlle de la Robinière spécialement en ces mots : « Bonne femme, vous craignez la mort ; nous allons à Dieu ; il ne la faut pas craindre. » En toute cette agonie, M. du Plessis ne l'abandonna point, et quand, ou pour prier Dieu pour elle, ou crevé de douleur, il se retirait en quelque coin de la chambre, elle le demandait et aussitôt lui tendait la main, témoignant par quelque mot que la douleur qu'il ressentait pour elle lui était plus sensible que la sienne propre. Il la recommandait à Dieu avec très-ardentes paroles, et il la pria aussi de prier pour lui en ses dernières heures, puisqu'il était réduit à lui survivre. Elle rendit son âme à Dieu le 15 mai, entre cinq et six heures du matin, et fut son corps, le mardi suivant 16 mai, déposé près de celui de son fils, au lieu à ce destiné qu'elle avait fait acheter et bâtir avec grand soin, portée partie par les honnêtes gens de la famille et garnison, partie par les anciens de l'Église réformée de Saumur, qui s'y vinrent volontairement offrir à cet office, la pleurant tous comme mère, et secondés en ce regret, sans distinction de religion, de tous ceux de la ville[1]. »

---

1. *Mémoires de Madame de Mornay*, t. II, p. 120.

Quinze ans après la mort de sa femme, au mois de mai 1621, du Plessis Mornay était encore gouverneur de Saumur, l'une des places de sûreté accordées aux protestants, et qu'il avait toujours gardée avec une égale fidélité envers le Roi et envers son Église. Mais la situation de la ville de Saumur et de son gouverneur devint, à cette époque, compliquée et difficile; une grande insurrection éclata dans le protestantisme français; l'assemblée générale des réformés, réunie à la Rochelle, méditait, préparait, commençait la guerre civile. En vain les plus judicieux et les plus honorés des anciens chefs protestants, je n'en nommerai que deux, Sully et Mornay, s'efforçaient d'arrêter de tels desseins et de contenir les réformés français dans d'efficaces conditions de sécurité et de liberté; leur influence échoua contre les passions populaires du parti et l'ambition des jeunes chefs; l'Église réformée aspirait à réformer l'État; la guerre s'engagea; Louis XIII se mit en marche pour aller assiéger la Rochelle. Saumur était sur sa route. Fallait-il, au début d'une telle guerre, laisser une telle place entre les mains d'un gouverneur protestant? Si Louis XIII et son favori le connétable de Luynes avaient bien connu Mornay, et s'ils avaient été capables de le comprendre, ils n'auraient pas hésité à le maintenir dans son poste et à le charger de maintenir Saumur sous l'autorité royale; c'eût été mettre au grand jour les dissentiments intérieurs des réformés; et pour s'acquitter de son devoir à la fois envers son Roi et envers son Église, Mornay eût sans nul doute affronté la colère des meneurs et du peuple de son parti. Le médiocre et méfiant esprit de Louis XIII et de ses conseillers en jugea autrement; le Roi et sa suite commencèrent par entrer, de fait, le 11 mai 1621, dans la place et s'y établir; puis ils essayèrent, sur Mornay, de la séduction; on lui offrit le bâton de maréchal de France et cent mille écus, d'autres disent un million, pour le décider à donner sa démission du gouvernement de Saumur. Sur son brusque refus, le Roi réduisit ses prétentions; il demanda seulement à Mornay de lui remettre momentanément la place, en s'engageant à la lui rendre telle quelle au bout de trois mois. La garnison et la population protestante voulaient résister; Mornay s'y opposa, ne trouvant ni l'insurrection générale légitime, ni la résistance locale possible; « il faut, dit-il, se commettre à la foi du Roi. » La promesse royale fut écrite. Mornay sortit de Saumur le 18 mai avec sa famille, sa maison et sa garnison pour se retirer dans son château de la Forest-sur-Sévre, près de Bressuire, « laissant et emportant, dit-il, beaucoup de regrets, et, comme Dieu sait, ayant assez tôt englouti mon ennui par me remettre à sa volonté, mais ne pouvant sitôt digérer ni le public, ni l'autrui [1]. Ma fille de Villarnoul demeura derrière avec nos enfants pour pourvoir à plusieurs affaires, nommément aux inventaires et aux logements et délogements des gens de guerre, selon qu'il était convenu. Il ne laissa pas de s'y passer de grandes insolences et pertes, à l'occasion des officiers de la Reine; bris de portes, de coffres, de cabinets, caves, greniers, magasins, même de ma petite bibliothèque au bout de la galerie, en laquelle mes manuscrits et autres livres furent gouspillés, jusques à arracher partie des fermoirs et plaques d'argent, et en jeter quelques-uns par les fenêtres dans les fossés; ce qui vint même aux oreilles du Roi et de la Reine qui en témoignèrent du déplaisir. Ma fille cependant fut fort bien vue de la Reine et de madame la conné-

---

1. Ni l'ennui (le chagrin) public, ni celui d'autrui.

table ; et lorsque j'écris ceci, 23ᵉ de mai, elle y est encore[1]. »

Après les trois mois convenus, la fin de l'année 1621 se passa en négociations vaines entre le gouvernement de Louis XIII et du Plessis Mornay, pour obtenir que la parole royale fût tenue et la place de Saumur remise à son ancien gouverneur. Le 20 janvier 1622, Mornay adressa au Roi et à son conseil une longue requête dans laquelle, après avoir retracé l'histoire de la ville de Saumur et de son gouvernement sous le règne de Henri IV, il finissait par dire : « Pour ce qui est du passage dernier de V. M. à Saumur, Elle sait mieux que tout autre en quelle franchise j'y ai procédé. N'y a faute de gens qui se vantent de ce qu'ils auraient pu faire en ma place ; et V. M. n'ignore point ce qui m'est reproché de divers endroits. Mais ma gloire est d'avoir obéi à Dieu, à mon Roi et à ma conscience ; mon innocence s'assurait en la justice de V. M. et en sa parole royale, de laquelle ce m'eût été crime de douter. J'ajouterai l'intérêt de V. M., Sire, trop plus grand que le mien, y ayant toute apparence que

---

1. *Mémoires de du Plessis-Mornay*. Édit. d'Amsterdam, 1651 ; t. IV, pages 651-663.

si V. M. eût laissé Saumur en son entier, elle abrégeait tout autrement et son voyage et ses affaires, faisait tomber et les ponts et les murailles devant elle, aux uns ôtait la cause de défiance, aux autres le prétexte, à tous donnait matière de se confier; sans qu'il me faille rien dire ici de tant de pertes que V. M. y eût épargnées.

« Tant y a que je n'ai point capitulé avec V. M.; ne lui ai demandé ni argent, ni honneur; ne lui ai vendu ni son bien, ni mon service. Dieu donne que de tous elle soit servie de même!...

« Parce que V. M. daigna me donner sa parole royale qu'elle me rétablirait dans trois mois échus dès le 17 d'août, et m'en faire expédier un acte ou brevet, confirmé depuis par plusieurs lettres et ès plus fort termes, reste à voir s'il n'est point de son service de regagner, par l'exécution réelle de mon rétablissement, ce qu'elle pouvait conserver par la confiance qu'il lui eût plu prendre de mon service.

« Seulement me pardonnera Votre Majesté, Sire, si j'ose la supplier très-humblement, en la décision de cette affaire, de s'écouter principalement soi-même, et avoir pour suspects tous les conseils qui lui pourraient être donnés contre le mouvement divin et naturel de sa propre conscience; de vouloir aussi considérer l'âge où je suis, pour abréger les remises qui lui pourraient être proposées, qui me sont évidemment onéreuses et injurieuses, et ne peuvent être interprétées qu'en attente de ma mort prochaine, pour plus aisément en frustrer celui que Votre Majesté m'a donné pour successeur. »

La requête définitive de Mornay fut aussi vaine que l'avaient été ses premières espérances. Une tristesse irritée s'empara du noble vieillard ; le 14 février 1622, il écrivit sous ce titre : « Requête envoyée à mon gendre, M. de Villarnoul, pour être remise au Roi, de ma part, en cas d'un refus absolu de mon rétablissement au gouvernement de Saumur.

« Sire, puisqu'il est résolu, pour le bien prétendu du service de Votre Majesté, que mon obéissance et ma fidélité me tournent à crime et à supplice, et le loyer et la louange que j'en eusse dû attendre à ruine et à ignominie, je supplie très-humblement Votre Majesté de me vouloir au moins octroyer qu'avec sa bonne grâce et son sauf-conduit, je me puisse retirer hors de ce royaume avec ma famille; de l'accorder pareille aussi à M. de Villarnoul, mon gendre, enveloppé en même cause. Pareillement de pouvoir transporter hors de Saumur les os des miens pour n'être exposés à la rage d'un si ingrat peuple. Là, Sire, soustrait aux objets qui trop justement affligent mon âme, je prierai Dieu qu'il lui plaise prospérer de plus la personne et couronne de Votre Majesté, pardonner aux auteurs de ces conseils plus nuisibles à ses affaires qu'à moi-même, et pour adoucir mes amertumes, me faire oublier que je suis né Français. Et peut-être, Sire, se trouvera-t-il quelqu'un qui grave sur ma tombe ce misérable épitaphe : « Ci-gît qui, âgé de soixante et treize ans, après avoir employé sans reproche les quarante et six au service de deux grands rois, fut contraint, pour avoir fait son devoir, de chercher son sépulcre hors de sa patrie. Juge, lecteur, et déplore soit son malheur, soit la malice du siècle.

« Philippe de Mornay. »

C'était plus de colère, non pas que n'en méritait la déloyauté du roi, mais que n'en permettait la vertu de Mornay. Soit de son propre mouvement, soit sur les représentations de son gendre, M. de Villarnoul, il supprima cette dernière requête; elle resta dans ses papiers, mais ne fut point remise au roi. Pendant près de deux ans encore, sans sortir de sa retraite de la Forest-sur-Sévre, par ses lettres, par l'active entremise de ses enfants et de quelques amis fidèles, quelquefois même par de petits écrits de circonstance, il poursuivit ses démarches ou ses tentatives pour défendre les intérêts légitimes de l'Église réformée et les établissements d'instruction religieuse qu'il avait fondés à Saumur, pour donner encore à la politique de la France quelques sages conseils, aussi pour mettre ordre à ses propres affaires gravement compromises par son constant désintéressement au milieu des vicissitudes de sa vie. Le 30 octobre 1623, il écrivait à la duchesse de Rohan : « Madame, la vérité est que ma fièvre tierce m'a laissé en grande langueur, et la saison ne m'y aide pas. Mais j'espère que Dieu me réserve encore pour vous faire un bon service. Monsieur votre fils aîné [1] a bien raison de vouloir percer la calomnie tout outre. Mais il se doit consoler que la vérité tôt ou tard a le dessus. Il est mal aisé qu'ès uns la malice, ès

---

1. Henri, duc de Rohan, en train de devenir, à cette époque, le principal chef du parti réformé.

autres le chagrin n'en inventent, chacun se voulant décharger aux dépens d'autrui. Pour nouvelles, Madame, je n'apprends rien de la Cour, que l'alarme très-grande où est l'Empereur de ce que Bethlem Gabor[1] a traité avec le Turc, se faisant son feudataire, non moins pour la Hongrie que pour la Transsylvanie, lequel Turc, moyennant ce, l'assiste d'une armée. Et cependant ledit Empereur a chassé ceux de contraire religion de tous ses pays patrimoniaux, leur laissant le moins de moyens qu'il peut, et prétendant avoir même droit que chacun prince de l'Empire en son État, de n'y souffrir qu'une religion. Jamais ces gens n'auront patience qu'ils n'ayent attiré la ruine sur eux-mêmes. » Et le lendemain 31 octobre, à M. Marbaut, l'un de ses

---

1. *Bethlem Gabor*, c'est-à-dire *Gabriel Bethlem*, était le fils d'un pauvre gentilhomme calviniste, sorti de France pour aller courir les aventures, qui se mit d'abord au service de la Turquie, puis de la Transsylvanie contre la Turquie, et qui de 1610 à 1629, à force de hardiesse, de bravoure et d'intelligence politique, diplomatique et militaire, devint d'abord prince de Transsylvanie, puis roi de Hongrie pendant quelques années, et mourut en 1629 souverain de la Transsylvanie où il avait régné dix-huit ans. Il fut sans cesse mêlé, pendant ce temps, aux relations tantôt belliqueuses, tantôt pacifiques, de la Turquie avec l'empereur d'Allemagne.

plus anciens et plus fidèles amis : « Monsieur mon vrai ami, la fièvre m'a laissé, grâce à Dieu ; mais une langueur me continue. Il était mal aisé que tant de maux n'aboutissent enfin à quelque maladie. Dieu le veuille pardonner aux auteurs. Je vous envoye une quittance telle que demandez. M. de Villarnoul et moi nous nous en accorderons bien ensemble ; mais le principal est que les deniers se touchent, et que je me voye bientôt déchargé de mes dettes, à quoi je vous prie de travailler. J'ai suivi votre conseil à peu près, pour faire naître de ces tranchées [1] le repos en ma maison. Le traité de Bethlem Gabor est très-dangereux ; mais nous ne serons jamais sages [2]. »

Au milieu de ces persistantes préoccupations religieuses, politiques et domestiques, le jour arriva où du Plessis-Mornay sentit qu'il ne lui restait plus qu'à mourir. Il en avertit ses enfants, ses serviteurs, toute sa maison, les rassembla autour de lui, se fit mettre hors de son lit, commença à haute voix sa confession de foi, ne put

---

1. Probablement *de ces transactions.*
2. *Lettres et mémoires de messire Philippe de Mornay.* Édit. d'Amsterdam, 1651, t. IV, pages 902-903.

l'achever, et se levant de sa chaise, il s'écria debout : « J'ai un grand compte à rendre, ayant beaucoup reçu et peu profité. Miséricorde! Miséricorde! » Puis, à plusieurs reprises : « Je ne suis pas ennemi de la vie ; mais j'en vois une bien meilleure que celle-ci. Je me retire de la vie, je ne m'enfuis pas! » Il bénit ses enfants et ses serviteurs : « Soyez bénis par un mourant dont la bénédiction sera ratifiée par celle de Dieu! Durant ma vie, je n'ai eu que la gloire de Dieu pour but. Je vous recommande l'union et l'amitié fraternelle, pour posséder en paix l'héritage et le nom que je vous laisse. » Pendant quelques heures encore, il murmura à voix basse des paroles qu'on entendait mal, françaises, latines, grecques, des versets de l'Évangile, et aussi, dit-on, ce vers de Pindare : « L'homme est le songe d'une ombre. » Le 11 novembre 1623, entre six et sept heures du matin, il s'éteignit au milieu du respectueux silence de tous ceux qui l'entouraient, écoutant s'ils l'entendaient encore respirer.

Ai-je eu tort de dire en commençant que de telles vies sont le plus beau et le plus salutaire spectacle moral que l'histoire puisse offrir aux hommes? M. et Mme de Mornay étaient, à coup sûr, par les dons de la nature comme par la position sociale, deux personnes éminentes, en butte, pour ainsi dire, à toutes les tentations, à toutes les séductions qui peuvent jeter l'esprit comme le caractère hors des voies régulières et honnêtes; ils avaient l'intelligence, l'activité, le courage, un point de départ déjà élevé, tous les moyens d'influence et de succès. Ils ne se laissèrent entraîner à aucune ambition démesurée, à aucune entreprise déréglée; ils marchèrent d'un pas ferme et en ligne droite dans la carrière où la providence les avait placés; ils n'étaient dominés ni par les prétentions d'une personnalité ardente, ni par les fantaisies d'une imagination féconde et vagabonde; ils arrivèrent naturellement à l'influence, à l'importance, à la renommée, au rang supérieur dans leur patrie et dans leur Église; ils connurent tous les avantages, toutes les jouissances de la grandeur dans l'ordre politique et dans l'ordre religieux; ils en sentaient le prix, ils en goûtaient la possession; mais ils ne les estimèrent point au-dessus de leur valeur véritable, ils ne tombèrent point dans leurs entraînements. Le seizième siècle était un temps de vastes innovations et de passions audacieuses qui poussent les hommes jusqu'au dernier terme des factions et des révolutions; du Plessis-Mornay, quoique ardemment intéressé au progrès de la foi nouvelle et de sa cause, résista constamment à leurs excès. Ce protestant inflexible qui avait contribué autant que personne à faire monter Henri IV sur le trône, qui était entré plus avant que personne, sauf Sully, dans l'intimité de son roi, qui déplorait amèrement qu'Henri IV eût abandonné sa foi, qui brava tous les périls et toutes les disgrâces pour garder et soutenir la sienne, Mornay mécontent, triste, banni de la cour, assailli par les mécontentements et les souffrances de ses amis, n'entra jamais, contre le roi qu'il blâmait et dont il croyait avoir à se plaindre, dans aucune faction, dans aucune intrigue; il lui resta, au contraire, inébranlablement fidèle, sans cesse appliqué à maintenir ou à rétablir, dans l'Église protestante de France un peu d'ordre et de paix, entre les protestants et Henri IV un peu de confiance et d'amitié mutuelle. Mornay était dévoué à sa croyance; mais son dévouement à sa croyance ne lui fit jamais oublier son devoir envers son roi, envers un roi qui sauvait son pays. Il demeura ferme et actif dans sa foi, mais sans tomber sous le joug d'aucune idée fixe et exclusive, conservant son bon sens patriotique au sein de sa piété fervente, et supportant avec une fermeté triste les colères de ses amis et les ingratitudes de son roi.

Mme de Mornay avait plus de susceptibilité et un désintéressement moins absolu, moins dégagé de tout amour-propre que son mari; elle pardonnait moins aisément à Henri IV ses froideurs, à Sully ses jalousies, aux Réformés fanatiques leurs méfiances ou leurs mesquines exigences; elle était naturellement un peu aristocratique et hautaine; mais elle avait, autant que Mornay, l'esprit et le cœur droits et fermes; nulle disposition romanesque dans ses sentiments et dans ses désirs; point de complaisance petite et vaniteuse, soit pour elle-même, soit pour ceux qu'elle aimait; quand, dans ses Mémoires, elle parle d'eux et de ce qui les touche, loin de rien étaler, de rien amplifier, elle montre moins qu'elle ne pourrait, elle dit moins qu'elle ne sent; les événements les plus considérables, quand elle les raconte, les sentiments les plus puissants, quand elle les exprime, se présentent sous une forme contenue, exempte de tout ornement factice ou prémédité. Celle qui parlait si simplement, et avec cette réserve austère, des plus vifs intérêts de son âme et des plus grandes affaires de sa vie, était une femme aussi passionnée que grave, qui suivait son mari dans tous ses périls, prenait part à tous ses travaux, vivait pour lui seul, et mourut de douleur de la mort de son fils.

Quand aux jours de grandeur et de puissance succédèrent les jours de défaite et d'isolement, quand M. et Mme de Mornay eurent à lutter, non plus contre les entraînements de la bonne fortune, mais contre les tristesses et les ennuis de la mauvaise, le bonheur domestique survécut tout entier, pour eux, à la perte du succès politique. Jamais l'intimité ne fut plus grande entre les deux époux, jamais ils ne se témoignèrent un dévouement plus assidu et plus tendre que lorsqu'ils n'eurent plus qu'à s'entraider pour porter ensemble le fardeau de leur cause en décadence et de leur ménage en défaveur. *Les Lettres inédites* de du Plessis Mornay à sa femme, qui seront publiées dans le tome II des *Mémoires de Mme de Mornay*, seront, à cet égard, le plus irrécusable et le plus touchant des témoignages. Quand Mme de Mornay mourut, le bonheur domestique disparut à son tour; la solitude se fit pour Mornay, dans sa maison comme dans sa patrie. La vertu survécut seule au bonheur.

Je cherche quel a été, parmi tant de personnages éminents du seizième siècle, le trait original et essentiel du caractère et de la destinée de ces deux nobles personnes. Voici celui qui me frappe et me touche profondément. M. et Mme du Plessis Mornay n'étaient pas seulement vertueux et pieux ; ils étaient modestes. Vertu rare au milieu des révolutions qui agitent puissamment les sociétés et les âmes. Les révolutions sont faites par des présomptueux et font des présomptueux. Leurs acteurs, même les meilleurs, ont presque toujours en eux-mêmes, dans ce qu'ils pensent et dans ce qu'ils veulent, une confiance fanatique ou vaniteuse qui les pousse, tête baissée, dans les voies où ils se sont une fois engagés, et ferme leurs yeux à tout ce qui pourrait et devrait les y arrêter. La modestie est une grande lumière ; elle prévient les ambitions démesurées et contient les espérances chimériques ; elle laisse l'esprit toujours ouvert et le cœur toujours docile à la vérité. M. et Mme du Plessis Mornay, chrétiens et sérieusement pénétrés de l'insuffisance de la sagesse et de la puissance humaine, eurent cette précieuse sauvegarde du bon sens et de la vertu.

Ce fut en 1595, au moment où son fils, âgé de

seize ans, allait partir pour ses voyages en Europe, que Mme de Mornay lui remit ce qu'elle avait écrit alors de ses *Mémoires :* « Encore, lui dit-elle, dans sa *préface*, que vous n'y ayez point faute de guide, en voici un que je vous baille par la main, et de ma propre main, pour vous accompagner ; c'est l'exemple de votre propre père que je vous adjure d'avoir toujours devant les yeux pour l'imiter ; duquel j'ay pris la peine de vous discourir ce que j'ai peu connaître de sa vie, nonobstant que notre compagnie ait esté souvent interrompue par le malheur du temps, et en telle sorte, toutefois, que vous y en avez assez pour connaître les grâces que Dieu lui a faites, de quel zèle et affection il les a employées, pour espérer aussi pareille assistance de sa bonté quand vous vous résoudrez de le servir de tout votre cœur. Je suis maladive, et ce m'est de quoi penser que Dieu ne me veuille laisser longtemps en ce monde ; vous garderez cet écrit en mémoire de moi. Venant aussi, quand Dieu le voudra, à vous faillir, je désire que vous acheviez ce que j'ai commencé à escrire du cours de notre vie. Mais surtout, mon fils, je croirai que vous vous souviendrez de moi quand j'oserai dire, en quelque lieu que vous alliez, que vous servez

Dieu et ensuivez votre père. J'entrerai contente au sépulcre, à quelque heure que Dieu m'appelle, quand je vous verrai sur les erres[1] d'avancer son honneur en un train assuré, soit de seconder vostre père en ses saints labeurs, tant que Dieu vous le conservera (et je le supplie que ce soit de longues années pour servir à sa gloire, et à vous de guide par les sentiers du monde), soit de le faire revivre en vous quand, par sa grâce, il le vous fera survivre[2]. »

Dix ans plus tard, en 1605, après la mort de son fils, Mme de Mornay terminait ses *Mémoires* par cette phrase :

« Et icy est-il raisonnable que ce mien livre finisse par luy, qui ne feut entreprins que pour luy, pour luy descrire notre pérégrination en ceste vie; et puisqu'il a pleu à Dieu, il a eu plus tost et plus doucement fini la sienne. Aussy bien, si je ne craignois l'affliction de M. du Plessis qui à mesure que la mienne croist, me faict sentir son affection, il m'ennuyeroit extrêmement à le survivre. »

Ces *Mémoires*, fruit de la plus vertueuse ten-

---

1. En voie, en chemin.
2. *Mémoires de Madame de Mornay. Préface*, t. I, p. 3-4.

dresse conjugale et maternelle, et œuvre d'un esprit singulièrement judicieux et ferme en même temps que délicat et féminin, sont restés inédits jusqu'en 1824. Ils parurent, à cette époque, en tête d'un recueil intitulé : *Mémoires et correspondance de du Plessis Mornay, publiés sur les manuscrits originaux*[1], par MM. de la Fontenelle de Vaudoré et Auguis, qui donnèrent, dans leur *Préface*[2], des renseignements historiques et bibliographiques sur l'objet et les sources de cette publication. Elle avait été précédée, au dix-septième siècle, par un recueil de même nature, intitulé : *Mémoires de messire Philippe de Mornay, seigneur du Plessis-Marly, baron de la Forest sur Sèvre*, etc., publiés de 1624 à 1652, en quatre volumes in-4°, les deux premiers à la Forest, les deux derniers à Amsterdam. Le recueil moderne est plus étendu et plus complet que l'ancien, mais seulement jusqu'au 5 mars 1614, car il s'arrête à cette époque et ne contient rien sur les neuf dernières années de la vie de Mornay, tandis que les *Pièces* et les *Lettres* insérées dans le recueil du dix-septième

---

1. 12 volumes in-8, 1824-1825.
2. T. I, pages i-xvi.

siècle vont jusqu'au 31 octobre 1623, onze jours avant la mort de Mornay.

Lors de la publication du nouveau recueil des *Mémoires et correspondances de du Plessis Mornay*, je lus les *Mémoires de Mme de Mornay* avec le plus vif intérêt, mais sans en faire l'objet d'un examen attentif. Il y a trois ou quatre ans, un homme dont le caractère et l'esprit m'inspirent une égale estime, l'auteur de l'*histoire de Henri IV*, à laquelle l'Académie française a décerné deux fois le grand prix Gobert, à mon sens l'ouvrage le plus nouveau, le plus savant et le plus judicieux qui ait été écrit de nos jo rs sur l'histoire de France au seizième siècle, M. Poirson, en me parlant des *Mémoires de Mme de Mornay*, me signala les nombreuses et souvent étranges erreurs contenues dans l'édition qu'en avait donnée M. Auguis, et la nécessité d'une nouvelle édition correcte et fidèle. Je fus frappé de ses observations, et je l'engageai à entreprendre lui-même ce travail. Il s'y montra disposé. La *Société de l'histoire de France* m'avait fait l'honneur de me nommer son président, en remplacement de mon vieil et intime ami, M. de Barante, qu'en 1866 nous avions eu la douleur de perdre. J'entretins de l'idée de

M. Poirson le conseil d'administration de la société. Elle y fut agréée, et le 30 mars 1867, M. Poirson adressa à cette société, sur les erreurs de la récente édition des *Mémoires* de Mme de Mornay, une *Note* dont j'extrais textuellement les principaux passages.

« Cette édition, y dit-il, fourmille d'inexactitude et d'erreurs qui, dans beaucoup d'endroits, changent complétement le sens du texte. Nous en citerons quelques exemples entre beaucoup d'autres.

« Sous l'année 1587, le texte donné par M. Auguis porte, page 161 : — Ce premier bonheur fut cause d'ung second; car le duc de Joyeuse, pour s'en venger, se résolut de combattre le roy de Navarre à quelque prix que ce feust, dont, le 20 du moye d'octobre ensuivant, se donna la bataille de Courtray, dont le dict seigneur roy eut victoire très-entière. — Il n'y a pas de bataille de Courtray ; il faut lire *Coutras* au lieu de Courtray, et le texte ne laisse pas le moindre doute à cet égard, puisqu'il nomme le roi de Navarre pour vainqueur.

« Sous l'an 1590, on trouve le passage suivant, page 186 : — L'an 90 se passa presque tout entier près du roy ; il (M. du Plessis) partit mandé en diligence par le roy pour se trouver à la bataille de Chasteaudun; il m'escrivit ces mots. — Il n'y a pas plus de bataille de Châteaudun qu'il n'y a de bataille de Courtray. M. Auguis est décidément brouillé avec tous les noms de bataille. Le texte de Mme de Mornay, quelques lignes plus bas, donnait moyen de rectifier cette erreur; on y lit à la même page 186 : — Il arriva près de Sa Majesté justement le treizième de mars, et le quatorzième, la bataille se donna à *Yvry* entre le roy et le duc de Mayenne. — Dans le premier passage il fallait écrire : — Il partit, mandé en diligence du roy pour se trouver à la bataille; (point et virgule après le mot *bataille*) de Chasteaudun il m'escrivit ces mots : — Et en effet du Plessis, à la fin de sa lettre, écrit : — De Chasteaudun, ce 9ᵉ mars 1590 à neuf heures du soir.

« Aux pages 213 à la fin et 214 au commencement, M. Auguis assigne les gages des ministres protestants sur les deniers de l'*Espagne*, fait soudoyer ces ministres par le roi catholique, par le grand persécuteur de la religion réformée; on lit dans son texte : — Obtindrent (obtinrent) aussy M. le duc de Bouillon et luy de Sa Majesté, l'entretenement des ministres en France sur les deniers de *l'Espaigne*, en conséquence et imitation de ce que M. du Plessis avait faict par la trefve pour les provinces de Guyenne, Languedoc et Dauphiné. — Au lieu d'imprimer *Espaigne* (*Espagne*), il fallait imprimer *Espargne* (*Espargne* ou Trésor royal). L'éditeur tient à cette singulière faute; en effet, il la répète à la fin de la page 266 : — Le sommaire feut.... qu'il seroit faict fonds en *l'Espaigne* d'une somme pour l'entretenement des ministres, dont le rôle seroit baillé duement certifié par les provinces, et pour en couvrir l'employ, se feroit soubs le nom de madame Postel qu'elle nommeroit.

« On trouve à la page 281 : — Et pour le regard des articles secretz accordés à Mantes, que Sa Majesté ne leur voullait bailler, craignant qu'ils fussent divulguéz, feut dict du propre mouvement de Sa Majesté qu'ilz seroient *répudiez* en bonne et due forme, puis baillez en garde et comme en dépost à M. du Plessis. — Dans ce passage, M. Auguis substitue le mot *répudiez* au mot *rédigez*.

« Dans le passage suivant de la page 315, le défaut de ponctuation altère complétement le sens. On lit : — N'osans d'une part les deputez du roy traicter ces articles où il alloit de l'autorité de Sa Majesté et ceulx de la relligion, de l'aultre, esperans en avoir meilleur compte, les traictants avec Sa Majesté mesme. — Le manque d'une virgule après les mots de *l'autorité de Sa Majesté* fait contre-sens : on croit qu'il s'agit de l'autorité du roi et de l'autorité de ceux de la religion ou des Calvinistes.

« A la page 322, à la fin, on lit : — N'est mesmes à oublier icy madame d'Auangour, tante de sainct Phal. — Il n'y a pas de dame *d'Auangour*, mais bien une dame *d'Avaugour*.

« A la page 493 il y a une faute énorme sur la date de la mort de Philippe de Mornay, fils de M. et de Mme du Plessis. L'édition de M. Auguis porte : — Depuis le décès de Philippe de Mornay, leur fils, adveneu en l'entreprinze de la ville de Gueldres, en l'an 1606, le 25 octobre. — Il faut lire en l'an 1605, le 25 d'octobre. Deux passages, l'un des *Mémoires* de Mme de Mornay, l'autre de la pièce transcrite, et à cette même page 493, donnaient moyen au nouvel éditeur d'éviter cette erreur, par suite de laquelle le lecteur est induit à croire que Mme de Mornay est morte avant son fils, tandis qu'elle est morte de la douleur que lui a causée la mort de son fils.

Presque à la fin de ses *Mémoires* (page 490), elle exprime en ces termes l'impression que fit sur elle la nouvelle de la mort de leur fils : — Nous sentîmes arracher nos entrailles, retrancher nos espérances, tarir nos desseins et nos désirs : nous ne trouvions un longtemps que dire l'un à l'autre, que penser en nous mesmes, parce qu'il étoit seul, après Dieu, notre discours, notre pensée. — Et à la page 491 : — Le 21 d'avril 1606 arriva le corps de notre pauvre fils, que nous avions envoyé quérir, qui nous fut amené et conduit par le sieur de Licques. — La pièce ajoutée aux *Mémoires* expose en ces termes, p. 493, 495, la dernière maladie et la mort de Mme de Mornay : — Le 7 du mois de mai 1606, jour de dimanche, ayant été au prêche, elle commença incontinent après dîner à se sentir mal...... Le dimanche au soir, le 14e de mai, M. du Plessis s'était jeté sur un lit en sa chambre, pour prendre un peu de repos, car jour et nuit il ne l'abandonnait point. On le vint éveiller, l'avertissant, de la part de M. Dissoudeau, qu'elle s'abaissait, ce qui se voyait par une sueur froide et par le pouls qui remontait...... Ainsi rendit son âme à Dieu le 15 de mai, entre cinq et six heures du matin.

« Nous pensons avoir établi, disait en finissant M. Poirson, qu'une nouvelle édition des *Mémoires* de Mme de Mornay est à faire. La Société jugera si elle doit être entreprise, et décidera si elle veut l'entreprendre. » Paris, 30 mars 1867. »

D'après cette note j'espérai, et le conseil d'administration de la Société de l'histoire de France espéra, comme moi, que M. Poirson se chargerait de publier cette nouvelle édition des *Mémoires de Mme de Mornay* dont il démontrait si bien la nécessité, et dont il pouvait mieux que personne, assurer le mérite; mais sa santé, depuis quelque temps ébranlée, fit hésiter de plus en plus cet esprit exigeant et scrupuleux devant la perspective de nouveaux travaux; il m'écrivit le 10 mai 1867 : « J'ai espéré jusqu'au bout que ma santé se rétablirait et que je n'aurais pas à en venir à une résolution que je n'ai prise qu'à contre-cœur. Je n'ai reçu que lundi la lettre dans laquelle le secrétaire, M. Desnoyers, m'informait que la Société de l'Histoire de France se réunirait le mardi sous votre présidence, et délibérerait sur le projet d'une nouvelle édition des *Mémoires de Mme de Mornay*. Pris de court, j'ai informé sans retard

M. Desnoyers que je me trouvais dans l'impossibilité de me charger de ce travail. »

Nous insistâmes vainement; rien ne put le faire revenir sur cette résolution.

Après m'être assuré des convenances et de l'adhésion de ma fille, Mme de Witt, je proposai au conseil de la Société de l'histoire de France de lui confier le soin de cette édition, me chargeant d'en être le commissaire responsable, et de donner, sur ce sujet, à ma fille les informations et les conseils dont elle pourrait avoir besoin. Je savais l'intérêt que lui avaient inspiré les *Mémoires* de Mme de Mornay, les études qu'elle avait déjà faites sur les événements et les personnages de la Réforme française au seizième siècle, et l'extrême soin qu'elle apporterait à ce travail. Le conseil accueillit ma proposition. L'édition qui paraît maintenant en est le résultat.

Il existe deux manuscrits des *Mémoires* de Mme de Mornay; toutes les recherches que j'ai faites ne m'en ont fait découvrir aucun autre. Le premier de ces manuscrits appartient à la bibliothèque impériale qui l'a acheté à la vente de feu M. de Montmerqué. Il est inscrit sous le numéro 10 629 et 5602, *Suppl. fr.* Il commence, sans aucun titre, par les premiers mots de la préface adressée par Mme de Mornay à son fils, et finit par cette dernière phrase des *Mémoires*: « il m'ennuyeroit extrêmement à le survivre. » Ni le récit des derniers moments de Mme de Mornay sous ce titre : « Discours de la mort de dame Charlotte Arbaleste, femme de messire Philippe de Mornay, seigneur du Plessis-Marly, » ni les deux sonnets de Mornay lui-même sur la mort de sa femme, ne s'y trouvent. Il contient en tout 273 feuillets. C'est très-probablement d'après ce manuscrit qu'a été faite l'édition de 1824, car cette édition y est conforme et ne contient aucune des additions ou variantes que renferme le second manuscrit, et qui sont fidèlement relevées dans la nouvelle édition que nous publions après une confrontation complète et exacte des deux textes. D'après les lettres originales et de famille que j'ai sous les yeux, l'écriture de ce manuscrit ne ressemble point à celle de Mme de Mornay, et n'est peut-être pas sans analogie avec celle de sa fille Élisabeth, Mme de Fontenay.

Le second manuscrit appartient à la bibliothèque de l'Université de France, et il y est inscrit sous les lettres et les chiffres : *M. S. H.* 11, 29. Il fait partie de la précieuse collection que possède cette bibliothèque des documents, mémoires, correspondances et pièces diverses de du Plessis-Mornay en onze volumes in-folio reliés en maroquin rouge, aux armes de Mornay et de sa femme. Il manque à cette collection trois volumes, les tomes 1, 2 et 4. On dit qu'ils sont en Angleterre, sans qu'on sache comment ils y sont parvenus. Quoi qu'il en soit, je regarde ce manuscrit comme le plus ancien et le plus authentique des deux que nous possédons. Il est le plus complet, car il contient les détails sur la mort de Mme de Mornay et les deux sonnets de son mari qui sont d'une authenticité certaine et ne se trouvent pas dans le manuscrit de la bibliothèque impériale ; mais ce qui fait le plus précieux caractère de ce second manuscrit, c'est que l'écriture en est conforme à celle de plusieurs lettres de Mme de Mornay que j'ai sous les yeux et qui portent sa signature incontestée, *Charlotte Arbaleste*. Or, dans la préface en tête de ses *Mémoires*, Mme de Mornay dit expressément à son fils, en lui remettant ce qu'elle en avait écrit dès lors : « Voici un guide que je vous baille par la main, et *de ma propre main*, pour vous accompagner. » J'incline donc à croire que c'est là le manuscrit original de Mme de Mornay, ou une copie écrite de sa main.

Ce qui me confirme dans cette croyance, c'est que ce manuscrit contient, en marge, un assez grand nombre d'additions ou de notes écrites de la même main que le texte, et relatives, pour la plupart, à des incidents de famille, comme la naissance, ou le mariage ou la mort des enfants de Mme de Mornay, ou le lieu de leur sépulture ; détails qui n'étaient pas entrés d'abord dans le cours de la narration, et qui n'ont guère pu y être ajoutés plus tard que par la personne qu'ils intéressaient intimement et qui les connaissait exactement. Le manuscrit contient 206 feuillets ; et au feuillet 118 qui appartient à l'année 1595, époque du départ du jeune de Mornay pour ses voyages et de la remise que lui fit sa mère des *Mémoires* écrits jusqu'alors, il y a, entre deux alinéas, un certain changement, soit dans l'encre, soit dans la grosseur de l'écriture restée pourtant la même, qui semble indiquer un travail repris après avoir été interrompu. Enfin le récit des derniers moments de Mme de Mornay et les deux sonnets de son mari, qui terminent ce manuscrit, sont, comme de raison, d'une tout autre écriture qui me paraît être celle de Mornay lui-même, tracée lentement et avec soin, comme par un douloureux désir de donner à la mémoire de sa femme une dernière marque de tendresse en complétant lui-même un manuscrit qu'elle avait écrit de sa propre main. Ces considérations ou ces conjectures, comme on voudra les appeler, donnent, selon moi, au manuscrit de la Sorbonne, une valeur particulière, et il est devenu le texte fondamental de cette nouvelle édition.

J'étais informé qu'il existait, en divers lieux, des lettres inédites de M. et Mme de Mornay et de leurs enfants. Je fis faire, à cet égard, dans les grands dépôts publics et dans plusieurs collections particulières, de soigneuses recherches. A Poitiers, entr'autres, M. Beaussire, alors professeur de philosophie dans la Faculté des lettres de cette ville, voulut bien, à ma demande, faire faire la vérification des nombreuses lettres de du Plessis Mornay à sa femme, qui font partie de la collection de dom Fonteneau, dans la bibliothèque de Poitiers. Il constata que, sur 118 lettres de Mornay, originales ou en copie, contenues dans cette collection, 109 avaient déjà été publiées dans l'édition de 1824. J'appris que M. Léon Audé, ancien secrétaire général du département de la Vendée, et maintenant établi au château des Granges, dans ce même département, était possesseur d'un grand nombre de documents et de lettres restés au château de la Forest sur Sévre, dernière demeure de Mornay, et qui en avaient été enlevés, soit dans les troubles de notre Révolution, soit par suite des changements de possesseurs qu'avait subis ce vieux château. M. Marchegay, ancien archiviste d'Angers, membre de la Société de l'Histoire de France et ami particulier de M. Léon Audé, me donna, à ce sujet, des renseignements précis. J'entrai en correspondance avec M. Léon Audé lui-même, qui voulut bien, sur mon invitation, venir au Val-Richer en octobre 1867, et m'entretenir avec détail des précieux papiers qu'il possédait. Il se prêta ensuite, avec une parfaite courtoisie, à en faire lui-même ou à en laisser faire, par M. Marchegay, le dépouillement, et à m'envoyer, en original, tous ceux qui pouvaient m'intéresser. C'est à ce travail qu'est due la publication des soixante-dix-neuf lettres inédites que contient le tome II de notre nouvelle édition des *Mémoires* de Mme de Mornay, savoir : 61 lettres de du Plessis Mornay à sa femme; 2 lettres de Mme de Mornay à M. de la Court; 1 lettre de Mme de Vaucelas à Mme de Mornay, sa sœur; 8 lettres de Philippe de Mornay, marquis des Bauves, dont 3 à sa mère et 5 à son père; 4 lettres de Mme de Villarnoul (Marthe de Mornay) et de Mme de Fontenay (Élisabeth de Mornay) à leur mari, à leur père et à diverses personnes. Le mérite et l'intérêt particulier de ces lettres résident dans le tableau qu'elles offrent de la vie intérieure de cette rare famille et des rapports aussi affectueux que dignes qui existaient entre tous ses membres, père, mère, enfants, maris et femmes. C'est là le motif qui en a déterminé le choix.

A ces lettres inédites j'ai joint enfin le récit, également inédit, de la querelle engagée, en 1584, entre Mme de Mornay et le consistoire de Montauban, au sujet des cheveux d'emprunt et des longues boucles de sa coiffure que plusieurs pasteurs, surtout M. Michel Bérault, trouvaient trop mondaine : motif suffisant, selon eux, non-seulement pour la blâmer, mais pour lui interdire la sainte Cène. Ce long récit, adressé sous forme de mémoire justificatif au consistoire de Montauban, fut écrit par Mme de Mornay elle-même, ainsi que les deux lettres qui y sont ajoutées. Curieux exemple de l'état des esprits à cette époque chez quelques-uns des Réformés français, et des exigences futiles et tyranniques qu'élevait quelquefois, parmi eux, l'autorité ecclésiastique. Mais en vertu de son organisation, les laïques aussi sont puissants dans l'Église réformée, et ils opposèrent souvent leur indépendance aux prétentions et aux tracasseries pastorales. Mme de Mornay n'était pas, à coup sûr, d'un naturel rebelle ni querelleur ; dans le cours de cette discussion, elle ne cessa de répéter qu'elle était prête à se soumettre à l'autorité conjugale de M. de Mornay, ou à l'autorité ecclésiastique du synode général, si l'un ou l'autre lui ordonnait de changer sa coiffure ; jamais femme et chrétienne ne se déclara plus docile envers les pouvoirs légitimes et suprêmes du ménage et de l'Église ; mais elle ne reconnaissait pas, aux pasteurs et au consistoire d'une paroisse spéciale, le droit de lui intimer un tel ordre et de lui interdire, en cas de désobéissance, l'approche de la sainte Cène. Non-seulement elle maintint fermement son indépendance ; mais le consistoire ayant persisté dans sa résolution, elle sortit de Montauban avec toute sa maison, se rendit à Villemur, petite ville voisine, et raconta à M. Hardy, ministre du lieu, et à quelques anciens qui la vinrent visiter, tout ce qui s'était passé à Montauban ; l'autorité ecclésiastique de Villemur l'admit à la sainte Cène : « Et depuis, dit-elle, le tout a été remis au synode qui doit se tenir à Montpellier ce mois de mai prochain, où je prie Dieu qu'il lui plaise assister cette compagnie par son saint Esprit. »

Dans la société religieuse comme dans la société civile, les libertés individuelles courent le risque des vexations locales : ce qui importe, c'est que, dans l'Église comme dans l'État, l'organisation générale et hiérarchique des pouvoirs assure, aux libertés individuelles ainsi compromises, un recours légal, un examen sérieux et un libre débat. Au milieu des passions populaires et des prétentions ecclésiastiques du seizième siècle, Mme de Mornay en appela fermement, dans l'Église réformée française, à cette garantie de son indépendance civile, et elle ne lui manqua point.

GUIZOT.

Val Richer, Août 1869.

# SOMMAIRES DU TOME II.

### 1601.

Synode national à Gergeau; M. du Plessis y envoie son livre sur la sainte Eucharistie, 1. — Naissance du Dauphin, 5. — Assemblée des protestants à Sainte-Foy, 5. — Voyage de M. du Plessis en Languedoc, 6. — Il travaille à sa réponse contre l'évêque d'Évreux, 8. — Mariage d'Élisabeth de Mornay, 9. — Lettre de Scaliger, 25.

### 1602.

Tentative d'assassinat sur M. du Plessis, 10. — Procès des assassins, 13. — Exécution, 17. — Voyage de Philippe de Mornay en Normandie, 19. — Affaire du maréchal de Biron, 23. — Donation du temple de Saumur, par M. du Plessis, 25. — Commencement de la disgrâce de M. de Bouillon, 30. — Attaque du duc de Savoie contre Genève, 34.

### 1603.

Philippe de Mornay va à Genève, 35. — Mort du pasteur de Saumur, M. de Macefer, il est remplacé par M. Bouchereau, 36. — Mariage d'Anne de Mornay, 37. — Synode national de Gap, 40. — Mécontentement du roi sur quelques-unes des décisions du Synode.

### 1604.

La faveur du roi semble revenir à M. du Plessis, 46. — Mort de Catherine de Bourbon, 46. — M. de Rosny vient à

Saumur, 49. — Mariage de Mlle de Rohan, 51. — Mort du duc de la Trémoille, 54. — Voyage de Philippe de Mornay en Normandie et à Paris, 58.

### 1605.

Promesse d'un régiment à Philippe de Mornay, 59. — Mariage du duc de Rohan, 62. — Conversion au catholicisme de M. de Laval, 63. — Sa mort, 65. — L'assemblée générale des protestants à Châtellerault est autorisée, 70. — Départ de Philippe de Mornay pour les Pays-Bas, 74. — Conseils de M. du Plessis aux protestants, 76. — Tentatives en faveur de M. Bouillon, 80. — Mouvements en Limousin, 83. — Voyage du roi, 84. Fait demander M. du Plessis, 85. — Va trouver le roi à Port-de-Piles, 87. — Colère du roi contre M. de Bouillon, 95. — Tentative d'assassinat sur le roi, 100. — Découverte de la conspiration des poudres, 101. — Campagne de Philippe de Mornay, marquis des Bauves, dans les Pays-Bas, 102. — Attaque de Gueldres, 105. — Il y est tué, 106. — Honneurs rendus par le prince Maurice de Nassau, 107. — Douleur de M. et Mme du Plessis-Mornay, 108. — Enterrement du jeune Mornay à Saumur, 110.

### 1606.

Disgrâce prolongée de M. de Bouillon, 99. — Maladie de Mme de Mornay, 113. — Sa mort, 119.

---

Sonnets de M. du Plessis sur la mort de sa femme et de son fils, 125.

# MÉMOIRES

## DE

# MADAME DE MORNAY.

Je reprens icy mon fil avec l'an 1601, à l'entrée duquel monsieur du Plessis eut ce contentement de voir monsr le Duc de Bouillon. Premièrement à Tours, chés monsieur le Duc de la Trémouille, et peu après en ce chasteau de Saumur, ne l'ayant point veu depuis son eslongnement de la court, non sans beaucoup de démonstrations d'amityé vers luy, et pour luy de consolation. Mesme s'offrit de parler au Roy fermement sur ce subject, et estant en court voulut à diverses fois entamer ce propos. Mais il trouva le Roy sy mal disposé, soit parce que le dessein de contenter le Pape continuoit, soit parce qu'il ne prenoit pas plaisir qu'il obligeast monsieur du Plessis par estre instrument de le remettre en sa bonne grâce, soit qu'en toutes façons cest affaire ne fust pas meur, qu'il ne fut pas conseillé, ains dissuadé de continuer, de peur d'attirer sur luy pareille desfaveur.

Au mois de May se tint à Gergeau le synode national de noz Eglizes, et monsieur du Plessis avoit jà travaillé quelques mois à la reveüe de son livre de l'Eucharistie, pour une nouvelle édition, estendant les passages y alléguez tout au long, les employant en marge, et les fortifiant de plusieurs autres sans touteffois rien changer à la texture. Messieurs les Ducs de Bouillon et de la Trémouille et plusieurs personnes de qualité de la Religion lui conseilloyent de se trouver à ce synode. Plusieurs des provinces l'y convioient, mesme des pasteurs qui, s'acheminans au dict synode, prenoient leur chemin par Saumur. Et y avoit des raisons publiques et particulières pour s'y trouver; une touteffois le retint, que le Roy, en l'humeur où il estoit de recevoir ayséement toute calomnie contre luy, n'interprétast mal ce voyage, et n'en fist pis ès affaires qui auroient à luy estre représentées par les députez du synode. Qui fut cause qu'il leur fit entendre ceste considération qui les regardoit plus tost que luy; laquelle cessante, il seroit prest de les aller trouver, s'ilz le jugeoient convenir; ce qu'estant par eux pesé estimèrent plus à propos de l'en remercyer. Cependant se trouvoient au dit Synode, de la part de l'assemblée générale des Eglizes encor résidente à Saumur, messieurs de l'Humeau, gentilhomme, député de la province d'Orléans et Berry, et d'Audenoust député de Dauphiné, ses bons amys, ausquelz il commit ce qu'il estima leur estre représenté sur plusieurs affaires d'importance; mais particulièrement pria mons$^r$ d'Audenoust de faire entendre de sa part à messieurs les pasteurs assemblez qu'il avoit fort exactement reveu son livre de l'Eucharistie, qu'avant la première édition il l'avoit présenté au synode national tenu à Saumur, requerrant lui estre donné quelques personnages pour l'examiner, qui auroit lors commis à ceste fin messieurs Merlin, de la Noüe, Macefer et Vincent : que, plus il avoit esté calomnié par les adversaires, et plus desiroit il qu'il fust espluché premier que de le commettre à une seconde édition; pourtant qu'il les supplioit d'y nommer encore ceste fois quelques doctes personnages qui en peussent prendre le loisir; en quoy deux esgards luy sembloient nécessaires, qu'ilz fussent tous portez en mesme lieu pour pouvoir conférer ensemble et partir leurs labeurs, et qu'ilz fussent en lieu où il y eust nombre de bons livres pour vérifier les allégations sur les propres autheurs; cecy faict, que les dictz commis eussent charge et pouvoir du synode de luy en bailler leur attestation. Le dit s$^r$ d'Audenoust donq, après avoir présenté au synode les lettres de monsieur du Plessis sur ce subject, leur fit ceste proposition de sa part, laquelle fut louée et embrassée d'eux tous, et la chose mise en délibération, trouvèrent bon de requérir messieurs les pasteurs et professeurs de l'Eglize de Genève d'accepter ceste charge avec le pouvoir susdict; à laquelle fin ordonnèrent qu'il leur en seroit escript, et les lettres envoyées à mons$^r$ du Plessis pour les leur faire tenir, avec autre lettre du synode à luy addressante par laquelle ils luy congratuloient ses labeurs pour la défense de la vérité et l'utilité de l'Eglize.

Est à scavoir que, peu avant ce synode, le Roy avoit escript à messieurs de l'Assemblée générale des Eglizes reséans à Saumur qu'ilz eussent à se retirer chacun en sa province, attendu que l'Édit de pacification estoit exécuté en ses principales parties, partant cessoit la cause de leur continuation ; qui fut cause que messieurs du synode députèrent deux de leur corps vers S. M. pour luy remonstrer l'inexécution de plusieurs poinctz qui requeroient encor la continuation de la ditte assemblée. Mais ils trouvèrent S. M. fort résolüe au contraire, allégant surtout l'exemple que les catholiques Romains vouloient prendre de là de s'assembler. Accorda néantmoins S. M. la résidence de deux députez près d'Elle pour la sollicitation des affaires générales, et pour iceux choisir une assemblée générale des Eglizes en la ville de S$^{te}$ Foy, pour le mois de Septembre ensuyvant ; attendant laquelle M$^r$ d'Audenoust, député de la province de Dauphiné, demeureroit près de S. M. en ceste charge. Or auroit-il esté proposé que les principaux de la Religion s'y deussent trouver, pour en tirer quelque bon ordre, d'autant plus que difficilement cy après S. M. en accorderoit elle une autre. Touteffois les choses ne s'y peurent accommoder, monsieur de Bouillon sur tout estant obligé à la court pour le service de son année. Monsieur du Plessis, environ ce temps, estoit convié de faire un voyage en Périgord et Limousin, à l'occasion d'un arrest par luy obtenu contre le s$^r$ de la Martonie pour le retraict de la chastellenie du bas Bruzac, lequel il lui convenoit faire exécuter, et en tout cas, consigner dix mille escuz pour gaigner les fruictz, attendant le retraict. Espéroit que sa présence pourroit faire venir la partie à composition pour abbréger affaires. Il se résolut donq à ce voyage le 25$^e$ de Septembre, et parce

qu'on n'attendoit que l'heure de l'accouchement[1] de
la Royne, me laissa ordre pour tirer le canon et faire
les feux de joye; comme de faict, il n'eust pas faict
deux journées que le s$^r$ de Bonneveau arriva à Saumur avec lettres du Roy à monsieur du Plessis portant ceste nouvelle et commandement, que je fis aussy
tost effectuer, et luy envoyay la depesche du Roy
qui l'atteignit à Bergerac; sur laquelle il prit occasion de luy faire une lettre qui se voit en noz mémoires, la première que, depuis sa desfaveur, il luy
avoit escrite, et laquelle luy estant présentée par
M$^r$ d'Audenoust ne se peut tenir d'en tesmoigner quelque contentement. De Bergerac, après le séjour de peu
de jours, se rendit à Nérac au mesme temps que les
députez de toutes parts arrivoient à S$^{te}$ Foy sur Dor-
doigne. Lesquelz ne furent sy tost ensemble qu'ilz
députèrent vers luy avec lettres fort expresses par
lesquelles ilz le prioient de vouloir, pour l'utilité
qu'ilz s'en promettoient tous, se trouver en leur assemblée; mais il les pria de l'en vouloir tenir pour
excusé; et ses raisons furent qu'il craignoit que ce
qu'ilz feroient de mieux en sa desfaveur ne fut mal
interprété du Roy, soubz ombre de sa présence; que
d'ailleurs, il seroit invidieux et à eux et à luy que de
tout le royaume il fust seul non député de province
admis en ceste assemblée; que sy néantmoins ilz
désiroient son advis sur les poincts qu'ils auroient
principalement à traicter, il en conféreroit très volontiers avec tel qu'ilz voudroient députer de leur

---

1. Henri IV avait épousé le 9 décembre 1600 Marie de Médicis, elle
lui donna, le 27 septembre 1601, un fils qui fut Louis XIII.

compagnie. Et furent ces raisons bien pesées, esquelles ilz remarquèrent tous leur propre intérêt plus que le sien, estant certain que, s'y trouvant, il se rendoit tousjours tant plus considérable à l'endroit de ceux qui ne l'aymoient pas, et leur faisoit voir que sa créance et réputation estoit toute entyère entre les gens de bien; ce que touteffois il vouloit post-poser au publiq. Et fut nommé le sieur Baron de la Hairie, député de la Province de Guienne, pour le venir trouver en la ville de Tonneinx sur Garonne, et recevoir ses advis sur divers poinctz, lesquelz il lui bailla escriptz de sa main pour iceux présenter à la compagnie. Son voyage touteffois, pour s'estre rencontré avec la ditte assemblée, ne laissa d'estre mal pris en court, soit qu'on creust la calomnie, soit qu'on voulut faire mine de la croire.

Or prit il occasion, se voyant acheminé sy avant, de visiter la plus part des terres de l'ancien domaine de Navarre, selon le deu de sa charge, et y esbaucha divers affaires; mesme se transporta aux Montz Pyrénées pour juger sur les lieux ce qui se pouvoit espérer de la recherche des mines et minéraux en Bigorre, Aure, Barousse, Nebouzan, **Couz**crans, Foix, etc. Et en fit faire plusieurs essaiz qui promettent quelque chose, dont aussy il donna advis au Roy, et s'en verront les fruictz en leur temps; mais sa principale utilité et consolation fut de revoir ses anciens amys qui, par toutes les villes et Eglizes, le recevoient avec larmes de joye, luy faisoient voir par effect qu'il n'y a amytié que de gens de bien qui, au milieu de la plus grande desfaveur, ne peuvent ny mesconnoitre la vertu, ny dissimuler leur affection envers ceux qui l'ayment. Entre ceux de profession contraire mesme il eut ce contentement de ressentir qu'en vain on auroit tasché de le dénigrer vers les gens d'honneur, car à Nérac, il fut visité et festoié de M. Nesmond, président en la Chambre my partie, et de tous les officiers et conseillers tant d'une que d'autre religion; à Périgueux, à Limoges et par toutes les villes où il passa, receu et visité de mesme, bien que peu favorables à la Religion; mesme fut nostre filz à Bordeaux embrassé de tous les gens de bien et caressé de monsieur le mareschal d'Ornano et des principaux tant de la court que de la maison de ville; à Thoulouse, visité en son logis des Capitoulx qui luy monstrèrent leur arsenal et tout ce qu'ilz estimoient recommandable en leur ville, ne dissimulans poinct qu'ilz eussent pris plaisir que monsieur du Plessis y fust venu pour l'y recevoir avec toute courtoisie. Et fut son retour à Saumur le 7e Décembre, n'ayant peu tomber d'accord pour le faict de Bruzac avec la partie, mais bien faict une consignation qui nous en acquérroit les fruictz avec toutes les formalitez requises.

En ce voyage, il depescha le sr Marbaut, son secrétaire, à Genève, avec les lettres du synode national cy dessus mentionnées et les siennes, pour leur présenter partie de son livre de la Ste Eucharistie, reveu et mis au net, à fin de l'examiner tandis qu'il leur prépareroit le reste, ce que tous messieurs les pasteurs et professeurs receurent de bonne part et avec responces de tous et chacun très honorables.

Mais comme il fut de retour, il eut, premier que d'achever, à s'acquitter d'une autre promesse; c'est que peu avant qu'il partist, l'Evesque d'Evreux importuné et gourmandé de toutes partz de ses amys, mit en lumière son livre, contenant les prétendus actes de la conférence de Fontainebleau et la réfutation des discours qu'en avoit publiés monsieur du Plessis, lequel, voyant que son voyage ne luy permettoit d'y respondre sy tost, publia un advertissement par lequel il prioit les lecteurs de suspendre leur jugement et promettoit d'y satisfaire en moins de sepmaines que l'Evesque n'y avoit employé de mois, par ce faict qu'il avoit esté quinze mois à couver ce livre. Cest advestissement fut fort bien receu d'un chacun, sur lequel touteffois on vouloit piquer le Roy, mais qui ne s'en monstra pas offensé quand il l'eut veu. Ce fut donq l'exercice de monsieur du Plessis pendant le reste de l'hyver, auquel il eust esgard de justifier ou vérifier les passages impugnez et la doctrine y contenüe, et réfuter de point en point tout le livre de l'Evesque en ce qui la concernoit, mais de ne toucher en rien à la procédure de Fontainebleau, assés reconnue d'un chacun depuis le temps, et laquelle ne se pouvoit regratter sans rafreschir ou la colère du Roy, ou le subject qu'il en prenoit; en quoy il pensoit satisfaire et à son devoir vers la défense de la vérité et au conseil des plus sages, pour le respect deu au Roy; et Dieu, s'il luy plaist, bénira ce labeur, lequel, à l'heure que j'escriptz cecy, est soubz la presse bien avancé.

N'est à oublier aussy que pendant son voyage fut entamée la conférence de S$^t$ Germain, entre l'Evesque d'Evreux, prétendant prouver la vérité du sacrifice de la Messe à madame sœur du Roy, et quelques ministres et docteurs des nostres en maintenans la fausseté, sur le subject de laquelle ont esté publiés quelques escritz de part et d'autre. La supercherie de Fontainebleau et la crainte de l'infirmité en ma ditte Dame fut cause qu'on y requit des conditions que l'Evesque ne voulut subir, bien que très raisonnables, et commencea sa charlatanerie à y estre reconnüe, mesme de ceux qui plus en faisoient de cas. Nostre province en escrivit à ceux qui estoient destinés pour entrer en ceste lisse afin que le passé les rendit plus circonspectz pour le présent, et je leur en fis tenir la dépesche, au plus près de laquelle ilz c'estoient déjà réglez.

En ceste mesme année 1601, le [deuxiesme[1]] jour du moys de May, fut célébré à Saumur le mariage de nostre fille Elizabeth avec Jacques de S$^t$ Germain, de Normandie, s$^r$ de Lingreville, Beaumont et la Baleine, filz de Gilles de S$^t$ Germain, s$^r$ de Fontenay, yssu de la maison de Rouvron, héritier de par sa mère de la maison de Cresteuille en Costentin, et demeura néantmoins avec nous jusques au 27$^e$ Septembre que monsieur de Fontenay, son beau père, la vint quérir; monsieur du Plessis ne la peut condyre en son mesnage à cause de son voyage, ny nostre filz qui l'y accompagnoit, ny moy pour mon indisposition; mais monsieur de Villarnoul, l'un de noz gendres, luy rendit ce bon office.

---

1. Le manuscrit de la Bibliothèque impériale et l'édition de M. Auguis portent « le troisiesme du mois de may. » La date était la même dans le manuscrit de la Sorbonne, mais elle a été corrigée.

Mourut aussy le 15 de Février, au dit an, en ce chasteau de Saumur, Philippe de Jaucourt, aisné de mon filz de Villarnoul, n'ayant que huit moys, après avoir longuement languy. Fut trouvé que les grandes saignées de sa mère, lors de sa grossesse, nécessaires touteffois, en estoient en partie cause, et fut enterré dans le temple que nous avons donné en ceste Eglize. Leur nasquit en ceste mesme année, au mesme lieu, pour consolation Catherine de Jaucourt, le 18ᵉ jour du mois d'Aoust, laquelle eust pour parrain monseigneur le duc Jehan Léon des Deux Pontz, fils aisné de monseigneur le duc Jehan et Catherine de Parthenay, vicontesse de Rohan, Princesse de Léon, etc., s'estant rencontrez en ce lieu pour y traicter le mariage de Damoyselle Catherine de Rohan avec le dit seigneur duc, pour lequel faciliter monseigneur le duc Jehan des Deux Pontz, père, avoit escrit fort affectionnéement à monsieur du Plessis et s'en estoit principalement addressé à luy, et y fut la chose acheminée à assés bonne fin.

Le mois de Décembre, le.... accoucha ma fille de la Verrie d'une fille, laquelle pria nostre filz, son frère, de présenter au baptesme avec mademoyselle de Tourode qui en fut marraine, et la nomma Suzanne; ce fut en son voyage de Normandie dont il sera parlé cy après; mais peu après son retour qui fut en Février 1602, nous eusmes nouvelles de mon filz et ma fille de la Verrie qu'elle estoit morte.

L'an 1602 commencea par un faict estrange; le 13ᵉ de Janvier, un jour de Dimanche, monsieur du Plessis estoit au presche, en la ville, et parce qu'il avoit eu la coqueluche, je luy avoy faict couvrir sa chaire d'une tapisserie. Un jeune homme est remarqué de plusieurs s'avancer jusques à lever ceste tapisserie, pour le regarder, et un autre le suyvre à quatre ou cinq pas près, l'un et l'autre n'ayans la contenance d'estre là pour le presche; comme de faict ilz s'en retirèrent aussy tost, et feurent veuz parler à un moyne vestu d'enfumé, qui les attendoit à la porte du temple. Ces circonstances avec quelques autres donnèrent soupeçon d'eux, mesme par ce qu'on vit ce premier changer de couleur et entrer en tremblement. Au retour, nostre filz en fist le récit à monsieur du Plessis qui n'en avoit rien apperceu, et commanda aussy à quelques soldatz de voir que ces gens devenoient, desquelz tout le jour on ne peut avoir nouvelles pour qu'ilz estoient ès Eglizes de la ville, et ne laissa nostre filz de partir le lundy pour aller voir ses sœurs en Maïenne et Normandie, ce qu'il n'eut fait si on eust cuydé que la chose portast sy avant. Le lundy sont reconnus le moyne et l'un d'eux, celuy nomméement qui avoit levé la tapisserie en la chapelle des Ardilliers, d'où sortis qu'ilz furent on les amena au chasteau, à mons<sup>r</sup> du Plessis, lequel touteffois ne voulut point voir le moine et le renvoya aussy tost disant que cela ne faisoit que du bruict, mais bien retint ce jeune homme, l'interrogea qui et d'où il estoit, s'il estoit de la religion, et n'en estant point, à quelle fin, il venoit au presche, mesme pourquoy il avoit levé la tapisserie; respondit qu'il n'estoit pas de la Religion, mais qu'il en eust bien voulu estre, qu'il vouloit parler au ministre pour se faire recommander, et que ce qu'il s'estoit approché de luy estoit pour un désir de le voir, pour la réputation qu'il avoit. Enquis de ce qu'il faisoit avec ce moine, dit qu'il luy aydoit à faire sa queste, et qu'il luy avoit promis de le mener avec luy en Italie; et pour l'heure n'en tira autre chose, et l'envoya en une tour qui sert de prison, en laquelle aussy estoit un soldat nommé Rondeau, pour une désobéissance commise à l'endroict du sergent major, lequel l'exhorta à dire vérité sans se faire tourmenter; tellement que le matin il demanda à parler à M. du Plessis, et voulut néantmoins du commencement tergiverser, jurant sans propos que, lorsqu'il l'aprocha, n'avoit cousteau ny alumelle, sur quoy M. du Plessis luy dit : « Comment, mon amy, auriés vous bien la mine de tuer un homme? » Et là dessus le pressa davantage; lors donq luy déclara que le moine les avoit subornez, luy appelé Mathieu Roland, et son compagnon Nicolas Girard, pour le tüer, et leur avoit à chacun baillé un cousteau à ceste fin, ce qu'ilz devoient exécuter sur l'heure s'ilz en trouvoient l'occasion, synon le bien reconnoistre pour le frapper au sortir du presche, et devoit luy commencer et Girard seconder; et leur promettoit le moine d'y venir à temps, s'il en estoit besoin, protestant que c'estoit la vérité et qu'il en avoit esté empesché par un tremblement qui l'auroit pris lorsqu'il auroit commencé de voir un costé de son visage en levant la tapisserie. Monsieur du Plessis aussy tost, voyant qu'il y alloit du sien, mande le prévost et l'assesseur, leur conte l'affaire, avec ceste préface touteffois que peut estre n'estoit ce rien, et leur faict livrer le prisonnier, lequelz ils interrogent sur tout ce faict avec les formalitez requises, et au bout d'environ deux heures luy reviennent dire qu'ilz n'avoient jamais ouy parler plus fermement en toutes circonstances ; et s'apperceust lors mons^r du Plessis qu'il avoit esté trop hasté de renvoier le moine, lequel se trouva party de l'hospital de Saumur où il se retiroit, de grand matin avec Girard, et pour les rattrapper, furent expédiez deux décretz et gens en campagne, les uns vers Tours, les autres vers Chinon, pour en avoir nouvelles. Le mercredy, furent relancez en la secrétainerie de l'abbaye de Fontevrault ; et sur cest advis, partirent aussy tost le prévost avec l'assesseur pour les demander à madame de Fontevrault[1], mais les trouvèrent partis dès les onze heures, tirans vers Chinon, suivis de loin de l'un des nostres, sur la piste duquel ilz se mirent, et arrivez à Chinon trouvèrent qu'il les avoit remis dans l'hospital, où ilz les allèrent prendre sur leur soupper, et les amenèrent le Jeudy à Saumur, auquel lieu monsieur du Plessis ne les voulut point voir, s'en remettant du tout à la justice; seulement, afin qu'on en peust mieux sçavoir la vérité, requit qu'ilz fussent en prisons séparées et que personne ne parlast à eux.

Le procez en forme en est entre nos papiers qu'il seroit long de rapporter icy ; mais la somme est que ce moine nommé Anastasio de Vera, natif de la paroisse de S^t Vincent de Lyon, portant l'habit des frères de S^t Paul l'hermite, de Monte Madonia en Sicile, seroit venu en Flandres, et estant à Bruxelles auroit esté induict par un capucin à tuer monsieur du

---

1. L'abbesse.

Plessis, lui disant qu'un frère Jacques Clément auroit tué un meschant roy en France, dont il seroit maintenant glorieux entre les anges, que celuy qui tueroit monsieur du Plessis, qui faict tant de mal à l'Eglize, ne feroit ni ne mériteroit pas moins, et en tout cas seroit glorieux martyr; luy auroit désigné le moyen qu'il auroit à tuer, scavoir qu'il le falloit tuer ou au temple, ou entre le chasteau et le temple, ce qu'il avoit promis d'exécuter; et en ceste intention, au lieu de retourner en Italie, seroit venu en France par Amiens, Rouen, Evreux, le Mans, Mayenne, Fougères, Rennes, Nantes, Angers, prenant partout lettres recommendatoires des Evesques ou de leurs grandz vicaires, desquelles de faict il estoit saisy; et sur ce sera remarqué que du Mans il tourna à Nantes au lieu de venir droict à Saumur; ne pouvoit estre sans mystère, et qu'il y devoit avoir et prendre quelque adresse, comme de faict cette circonstance entre le chasteau et le temple ne pouvoit venir de sy loin, joinct qu'en ce temps se tenoit le chapitre général des cordeliers à Nantes, et que lors qu'il commencea à parler sur la question, quelqu'un entendit qu'il avoit premièrement nommé Nantes, lequel il avoit changé tout aussy tost, la douleur luy estant relaschée avec la corde.

Qu'en ceste intention, estant en l'hospital du Mans, il se seroit associé de Nicolas Girard, paravant recors d'un sergeant, et en l'hospital d'Angers de Matthieu Roland, jeunes hommes nécessiteux, les obligeant à luy de loin et les préparant à cest acte, duquel il se seroit finalement ouvert à eux approchant de Saumur, et en l'hospital dudit lieu, les y auroit rézolus, et leur auroit mis à chacun le cousteau en main, avec serment d'exécuter, leur promettant, ce coup faict, de les mener en Italie, les introduire en la maison de quelques cardinaux où ilz n'auroient jamais faute de rien et seroient à leur ayse ; abusant ce miserable de la pauvreté et misère de ces gens pour les rendre exécuteurs de sa promesse, et leur en faire courir le péril, et s'en exempter autant qu'il pouvoit ; et de faict se devoit retirer promptement par la porte du Bourg qui joinct le temple et avoit soubz son habit enfumé un habit de cordelier pour jetter celuy auquel il auroit esté veu et estre mesconnu en l'autre.

Pour les obliger tant plus et par maléfice avoit faict fraternité avec Girard, mesme par sa confession attenté Sodomie sur luy, péché dont il faisoit peu de cas, moins que du moindre larcin, ordinaire, leur disoit il en Italie, mesme à Rome entre les cardinaux, et reconnut l'avoir exercée passivement en Italie en sa jeunesse, et depuis activement avec plusieurs, dont et de sa facilité à le prononcer tous les juges eurent horreur, encor que ce ne fut qu'un incident au procès, l'assassinat y demeurant tousjours pour fondement, comme de faict, ilz ne le pouvoient pas juger prévotalement sur la Sodomie.

Toutes lesquelles choses deuement vérifiées et par sa propre confession, et par la rencontre de toutes les cironstances, déclaré par mons^r le Séneschal de Saumur, assisté de neuf juges et du prévost, atteinct et convaincu de l'assassinat, condamné à faire amende honorable en l'audience, puis estre mené en la place de la Billange, pour y estre pendu et estranglé, sa teste couppée et mise sur la porte du bourg, son corps bruslé, et ses cendres jettées au vent, Roland et Girard condamnez à estre fouettés au lieu du supplice et par tous les carrefours, Girard banny à perpétuité, Roland aux galères perpétuelles.

La différence des supplices, au regard du moine, parce qu'il estoit autheur, et avoit faict tout ce qui estoit en luy, les autres par luy subornez, jeunes gens qui n'estoient pas venus jusques au coup; au regard des deux, parce que Roland se trouvoit avoir ouvert des moïens pour faciliter l'exécution, il avoit aproché plus près de la faire; et tinst nonobstant à peu qu'il ne passast comme le moyne. Est à noter que M. le Seneschal, des plus dévotieux entre ceux de l'Eglize romaine, estoit assisté de sept juges de mesme profession, n'y en ayant pour tout que deux de la Religion; mais la clarté et l'horreur du faict les fit passer outre sans déférer à l'appel par la qualité de moine qui se trouva n'avoir pas seulement tonsure, joinct qu'ilz se remeirent tous devant les yeux le péril où ce moine les jettoit, le coup ne portant qu'à demye sur le Père, ou en tous caz survivant le Filz, sur ceste chaude douleur, à l'heure propre de leur procession, premier que de se pouvoir donner le loisir d'informer d'où le mal venoit.

Tel donq fut le procès et le jugement duquel nous recherchasmes plus la vérité que le supplice.

Le prévost et l'assesseur apportèrent en l'instruction beaucoup de conscience et de diligence; les juges au jugement de circonspection et de droicture; et receusmes du contentement beaucoup en ce principalement qu'ilz auroient reconnu et appréhendé leur péril au nostre. La vérité est néanmoins qu'ilz se contentèrent d'en scavoir autant seulement qu'il en falloit pour vérifier l'assassinat, ne redoublant point la question pour scavoir le fond des autheurs, soit pour le respect de l'habit, soit pour n'y envelopper point d'autres, au diffame de l'Eglize Romaine ; et Dieu le voulut ainsy afin que nous apprinssions de plus en plus à nous remettre en sa providence plus tost qu'en nostre prudence ; et là dessus n'est icy à oublier que Roland dit à plusieurs et plusieurs fois, mais hors et depuis l'interrogatoire, que le moine luy avoit dit qu'il avoit esté de Flandres à Paris, y auroit séjourné quelques jours, et parlé assez longuement avec l'Evesque d'Evreux, lequel luy auroit donné des lettres de recommendation à son grand vicaire, et sur ce poinct ne fut point enquis plus profondément.

N'est à oublier aussy que le moine avoit baillé à Roland un *Agnus Dei* qu'il luy disoit devoir porter tout bonheur à ceste entreprise, avec défense de le coucher avec luy. Le moine au reste sy ignorant qu'à pene scavoit sa patenostre, et fallut que l'exécuteur luy fit prononcer son *In manus* de mot à mot, sy enyvré des persuasions de ceux qui l'auroient induit qu'à l'heure mesme du supplice il s'attendoit à un miracle, et promettoit au peuple et aux juges qu'ilz le verroient. Enfin prest à estre jetté, rappella son confesseur, un cordelier de Saumur, auquel on croit qu'il dit ce qu'il luy auroit teu à la première confession, et requit le peuple de prier Dieu de luy pardonner ce qu'il auroit oublié à dire.

Divers propos en furent tenus en divers lieux jusques au Roy qui en parla diversement ; mais la vérité ferma la bouche aux plus adversaires ; et enfin le Roy y loua la procédure de monsieur du Plessis, lequel pendant tout ce procès n'en voulust escrire à aucun, seulement à monsieur de Villarnoul nostre gendre lors estant pour ses affaires à Paris, et fort sobrement, afin qu'il en informast ceux de noz plus confidens amys qui en seroient en pene et s'en enquerroient, bien que du dedans et du dehors du Royaume, mesme des ambassadeurs des Princes, il fust requis de leur en envoyer l'histoire.

La Royne d'Angleterre particulièrement, qui la sceut, prit subject d'en parler à l'ambassadeur du Roy, en luy remonstrant en cest effect en quel danger il se mettroit de remettre les Jésuistes en son royaume, autheurs sans doute de telles énormitez ; qui fut l'occasion que le Roy s'en enquit plus particulièrement, et en sceut la vérité par la lecture d'une lettre que M. du Plessis en avoit escrite à M. de Loménie secrétaire du cabinet, sur ce qu'il s'estoit plainct de luy de son sy long silence sur ce fait. Monsieur du Plessis aussy adjousta en sa ditte lettre quelques plaintes de diverses calomnies sur son voyage de Gascongne et sur celuy de Normandie de nostre filz.

Or cest attentat me donna des traverses qui n'adjoustèrent pas peu à mon indisposition ordinaire, car bien que j'y reconnusse le soin qu'il avoit pleu à Dieu d'avoir de nous et de nostre famille, malgré la nonchalance du commencement que monsieur du Plessis y avoit apportée, sy considéroy-je le dessein formé contre sa vie, lequel apparemment ne se rebuteroit pas de ce premier coup; et d'autant plus que M. du Plessis ne se rallentissoit en rien en ce qu'il estimoit estre du service de Dieu; au contraire se pensoit tant plus obligé de le poursuivre. Dieu me fit la grâce touteffois de me remettre en sa providence, en ce que je reconnoissoys sa bonté avoir esté perpétuelle sur nous, n'obmettant rien de ce qui se devoit faire pour leur oster la facilité de continuer leurs entreprizes, dont Dieu nous veille préserver par sa miséricorde.

Nostre filz pendant toute ceste procédure estoit en Normandie, et n'en avoit rien sceu que sur la fin, parce que de jour en jour je différoy à luy escrire, tant que la vérité en fust bien esclarcye. Et avint que pendant le peu de séjour qu'il fit à Fontenay, monsieur de Mongommery le pria de nommer un sien filz au baptesme, ce qu'il fit, et de là reprint son chemin par S$^t$ Malo, Rennes, Vitray et Laval pour se rendre au plus tost à Saumur, ayant sceu la nouvelle de cest assassinat à Rennes seullement. De ce voyage donq on donne advis au Roy qu'il y avoit veu force noblesse, et que sur sa venüe s'estoient faictes assemblées en Normandie et Bretagne, par messieurs de Mongommery et de Monbarot, ce dernier touteffois qu'il n'avoit point veu parce qu'il estoit à Guerrande, tout cela tendant à quelque remüement de conséquence. Et dit on que l'advis vint de l'Evesque d'Avranches. Là dessus le Roy entre en extrême colère, soit qu'il le creust, ou qu'il le faignist; décerne commission et commissaires pour faire ouvrir et démolir les tours et portaux de Rennes, seul moyen restant à M. de Monbarot de garder sa place; est aussy mandé à M. de Mongommery de ses amys qu'il est ruiné en court s'il ne se venoit justifier, lequel y estant arrivé s'en purgea en peu de paroles, et tost après s'en retourna avec contentement, y ayant mesme asseuré une abbaye qu'il s'attendoit de perdre. Y vint aussy M. de Monbarot duquel la présence justifia la calomnie, et attendit l'effect de la commission, non touteffois encor changée ny contremandée.

Pour le regard de nostre filz, nous ne nous en esmeumes point, partie parce que leur justification estoit la sienne mesme, partie aussy parce qu'il estoit aysé de voir que le Roy jettoit contr'eux la colère qu'il avoit au cœur contre d'autres qui journellement se descouvroient vouloir ruiner l'Estat; et se contenta M. du Plessis d'en escrire un mot à mons[r] de Lomenie, dans les susdittes lettres, afin qu'il ne semblast au Roy qu'il négligeast sa malegrâce. N'est ici cependant à oublier que S. M., ayant voulu voir ces lettres escrittes à M. de Lomenie sur l'occasion de ce que son ambassadeur luy en escrivoit d'Angleterre, commanda au s[r] de Loménie d'escrire à monsieur du Plessis qu'il luy envoyast l'histoire de l'attentat faict sur luy, lequel ayma mieux luy en envoyer le procès en forme, levé du greffe, lequel S. M. fit mettre ès mains de monsieur de Villeroy, secrétaire d'Estat, qui luy en fit le rapport, par lequel il connut toute la vérité. Or en ce temps, tombe le voyage de S. M. à Blois et Poictiers, qui trainoit depuis un an, lequel on vouloit faire appréhender à monsieur du Plessis, luy conseillant de s'eslongner, pour le peu de faveur qu'il en devoit attendre, veu ce qui s'estoit passé. Néanmoins, il se résolut de ne bouger, et espéra en Dieu qu'il maintiendroit son intégrité, n'estant sa desfaveur qu'à l'occasion de sa vérité. Il attendoit donq à Saumur ce qu'il luy plairoit en ordonner; et Dieu conduit la chose de sorte que le Roy vint en ces quartiers tout addoucy, dont la cause plus apparente estoit ès nouvelles brouilleries[1] qui luy estoient suscitées en son Royaume, esquelles il pensa pouvoir encore avoir besoin du service de ceux de la Religion. Ce qui fut aussy occasion que le Roy monstra quelque volonté de rendre sa bonne grâce à M. du Plessis.

Icy donq c'est à sçavoir que dès l'an 1600, monsieur du Plessis auroit receu lettres de M. Constant revenant de la court, en date du 26 Octobre, par lesquelles il luy faisoit entendre que M. de Villeroy luy avoit tenu propos de remettre mons[r] du Plessis aux bonnes grâces du Roy, adjoustant qu'il ne tiendroit qu'à luy qu'il n'y fust aussy bien qu'il y avoit jamais esté. La jalousie de monsieur de Rhosny le pouvoit mener là; ce que monsieur du Plessis n'avoit trouvé à propos de poursuivre, craignant qu'on ne luy voulust imposer condition d'abandonner la défense de la vérité. Avoient aussy esté depuis continuez pareilz propos par autres, lesquelz néantmoins n'auroient passé outre pour les mesmes raisons, tellement que tout en estoit demeuré là; mais peu de jours avant que S. M. s'acheminast à Blois, sur ces nouvelles occurences, M. de Rhosny avoit dit à

---

1. La conspiration du maréchal de Biron.

M. de Villarnoul, nostre gendre, que le Roy luy avoit donné charge de rhabiller monsieur du Plessis avec luy (c'estoient ses motz), comme au dit s$^r$ Constant qu'il avoit à luy parler là dessus, premier qu'il partist; auquel néantmoins, prenant congé de luy, il dit qu'il n'estoit encores temps; monsieur du Plessis se résolut à patienter ce qu'on auroit à luy dire, craignant toujours, s'il pressoit, qu'on ne voulust tirer promesse de luy qu'il ne voudroit donner, encor que le Roy eust dit à M. de Villeroy qu'il seroit bien ayse de le voir, luy feroit bon visage, et luy témoigneroit qu'il n'avoit oublié ses services; mesme qu'il vouloit que quelqu'un le vist de sa part, ce que M. de Loménie s'offroit de faire, et supplioit S. M. de luy en donner congé. Et là dessus M. de Rhosny dit aussy à Blois que de Tours il iroit voir M. du Plessis à Saumur; et depuis à Poictiers, le Roy, ayant de rechef parlé d'envoyer vers M. du Plessis, luy dit que sa femme estoit ma niepce qui avoit envie de me venir voir, qu'il l'y conduiroit, dont il fit mesme toute démonstration; mais le Roy partant subitement de Poictiers sur quelques advis qu'il avoit, mesme manquant à monseigneur de Montpensier qui le devoit festoïer à Champigny, ceste veüe, soit à bon escient ou autrement, nous fut ostée; et commenceoit on à accuser M. du Plessis d'avoir manqué à son devoir vers le Roy et ses amys, d'avoir défailly à soy mesme, de n'avoir pris ceste occasion de venir en court, au lieu qu'on l'avoit de jour à autre tenu en attente de luy faire scavoir la volonté du Roy, selon laquelle c'estoit à luy à se retenir ou avancer. Quoy prévoiant, M. du Plessis dépescha le sʳ Marbaut vers le Roy, avec lettres d'excuse qui furent bien receües, et qui vinrent à temps pour effacer telles impressions; sur lesquelles aussy S. M. luy fit assés favorable responce en date du 10 Juing, à Orléans; et en tout ce que dessus parut que ceux qu'on faisoit instrument de luy rendre la bonne grâce du Roy estoient mal choisis à cest effect.

Or trois jours après, arriva à Fontainebleau le duc de Biron[1], chef principal des remüemens que S. M. craignoit fomentez du Roy d'Hespagne et du duc de Savoye, lequel du commandement du Roy, fut aresté prisonnier et mené à la Bastille, et le conte d'Auvergne[2] avec luy le 14ᵉ Juing, duquel il sera plus avant parlé cy après, ce qui fut cause d'une seconde lettre de monsieur du Plessis présentée au Roy par le sʳ Marbaut, et de l'une et de l'autre sont les copies en nos papiers. Est certain que longtemps auparavant monsieur du Plessis sçavoit que son procès estoit comme faict; mais Dieu le conduisoit là contre toute apparence pour le repos de ce royaume, dont Dieu fasse la grâce à S. M. de le bien louer et reconnoistre.

Monsieur du Plessis avoit tousjours fort affectionné l'establissement [de l'Eglize[3]] de ceste ville de Saumur, et particulièrement l'establissement d'un bon collége en icelle, en quoy il auroit esté traversé

---

1. Henri IV avait cherché en vain à faire avouer son crime par Biron, amicalement et en lui promettant son pardon. Il fut arrêté le 12 juin 1601, à Fontainebleau, dans l'antichambre du roi.
2. Le comte d'Auvergne, fils naturel de Charles IX et de Marie Touchet, fut gracié et devint plus tard duc d'Angoulême.
3. Ces mots manquent dans l'édition de M. Auguis.

par beaucoup d'adversitez. Nous y avions eu du commencement pour pasteur M. d'Espina, personnage célèbre mais que, dès nos premières années à Saumur, son grand aâge nous avoit emporté; et depuis Dieu nous y avoit suscité M. Macefer, d'advocat qu'il estoit au Parlement de Paris faict ministre du S<sup>t</sup> Evangile, en mesme temps M<sup>e</sup> Jehan Vincent, bien versé en toutes bonnes lettres, que nous avions entretenu quelques années pour l'estude du s<sup>t</sup> ministère, auquel il seroit réussy entre les premiers, et M<sup>r</sup> Félix du Tronchay, dit de la Noüe, personnage de rare piété, doctrine [et saincte vie[1], doué particulièrement d'une rare] et singulière éloquence, lequel nous aurions recouvré avec beaucoup de bonheur et de pene. Tellement que nous pouvions dire qu'il n'y avoit en la chrestienté Eglize mieux pourveüe. Mais avoit pleu à Dieu, en l'espace d'un an environ, retirer à soy M. Vincent en Apvril 1599 par une phtisie qui de long temps le menaçoit, et nous ravir, en novembre 1600, M. de la Noüe par une pleurésie contagieuse, avec un regret incomparable de ceste Eglize et de nous, et non sans une profonde appréhension de l'ire de Dieu, qu'il luy plaise modérer envers nous tous.

Or on a travaillé en divers lieux pour réparer ceste bresche, envoyant en Hollande pour attirer icy monsieur Junius qui y tinst lieu de professeur et de pasteur ensemble, avec très bonnes conditions, à quoy nous n'aurions peu parvenir, et jusques icy

---

1. Ces mots manquent dans le manuscrit de la Bibliothèque impériale et dans l'édition de M. Auguis.

sommes encor en queste, pour l'une et l'autre charge ; nostre collége particulièrement fit notable perte en monsʳ de la Noüe qui en avoit grand soin et en un besoin s'offroit d'y faire une leçon grecque. J'oublioy à dire icy que monsieur du Plessis partant en l'an 1601 pour aller en Gascoigne, nous passasmes une donation du temple à l'Eglize de Saumur, lequel nous avions fait construire, de laquelle l'instrument est en nos papiers, en date du 28ᵉ Juing 1601, aussy qu'en la mesme année, Dieu nous fit la grâce d'establir le ministère de son Eglize en nostre maison du Plessis, à la requeste de tous ceux du voisinage qui sont de la Religion ; que Dieu y veuille par sa miséricorde perpétuer à tousjours !

Environ ce temps, les escriptz de monsʳ du Plessis furent abbayez[1] d'une nouvelle calomnie, semans les envieux que monsʳ de l'Escalle[2] mesme les condamnoit, personnage d'incomparable érudition, et pourtant duquel le jugement en l'une ou en l'autre part sembloit faire préjugé notable ; luy donq adverty de cela, au desceu de monsieur du Plessis, en escrivit de son propre mouvement ce qui en suit, dont la copie sur l'original fut envoyée de Normandie à monsʳ du Plessis par monsʳ de Pierrefitte :

« D'autant que ces jours passés quelques imposteurs ont fait courir un bruit qu'estant à Nérac j'aurois dit à S. M., « le sieur du Plessis ne scavoit rien en Grec, ny en Latin, ny en Hébreu ; » j'ay

---

1. Assaillis.
2. Joseph, seigneur de l'Escale, connu sous le nom qu'il a rendu illustre par sa merveilleuse science, *Joseph Scaliger*.

voulu par la présente attestation obvier à une sy effrontée et impudente calomnie, de laquelle je suis autant indigné qu'ilz sont dignes de blasme, ou plus tost de chastiment, sy justice avoit lieu, de m'avoir enveloppé, autant qu'en eux est, en un si vilain reproche, auquel je suys plus intéressé que le sʳ du Plessis, car ses mérites estantz telz qu'il n'y a que les âmes dépourveues de toute honte qui les osent désadvouer, je serois plus impudent qu'eux sy je ne recongnoissoys les grâces que Dieu a logées en luy, aveugle, si je ne voioye ce qui est en veüe de tout le monde, malin sy je ne confessoye ce que je ne puis nier. Or moy estant à Nérac, où j'estoye allé expressément pour faire la révérence à S. M., il y a dix-huit ans, en troys heures entieres ou plus que je fus retenu par elle, se pourmenant au jardin du chasteau, le propos ne s'addonna jamais de parler du sieur du Plessis que touchant le petit traicté qu'il avoit faict sur la publication du Concile de Trente, lequel je disoye avoir recongnu estre du dit sʳ, bien qu'il n'y eust apposé son nom; de quoy S. M. s'esbahit, et l'ayant appelé en ma présence, il luy dist que j'avois deviné l'autheur du livret. Depuis nous n'entrasmes jamais en propos du dit sʳ du Plessis. Par quoy je m'en plains à bon droict du tort que me font ceux là, en me voulant faire badin de la farce qu'ilz ont composée. Comment auroy-je dit qu'il est ignorant des langues là où ses excellentz escriptz, que j'admire par dessus tous ceux de ce siècle, me convaincroyent du contraire? oultre ce ce que je scay par ses compagnons d'estude qu'il a eu à ses propres frais des Juifz en Italie, pour apprendre exactement l'hébraïsme, qu'il n'y a mesme poëte Grec sy ferré qu'il n'ayt apprins en ses premières estudes. Mais qu'est il besoing de ces preuves? Je les recongnoiz en ses escriptz, je les lis en ma conscience, c'est pourquoy je n'en puis faire autre rapport : je diroy en peu de paroles, et Dieu est tesmoing de mon cœur, qu'il scayt plus de bonnes lettres et a plus de sentiment d'icelles et d'expérience que le plus célèbre et mieux en parler de tous ses adversaires, et c'est ce qui leur faict tant de mal. Que donques ces noires âmes cherchent un autre subject d'ignorance que le s$^r$ du Plessis, une autre trompette de médisance que ma personne. La candeur de mon âme, la générosité de mon courage, l'innocence de mes escritz, bref la teneur de toute ma vie passée imposeront silence à telz controuveurs de mensonge; et à la mienne volonté que le nom de l'autheur de ceste imposture me fust aussy bien congneu que son impudence, je l'accueilleroye de telle façon que la postérité en retiendroit la mémoire à perpétuité. Puisque son nom m'est incongneu, pour la défense de mon honneur et pour le tesmoignage de ma dévote et affectionnée volonté envers le dit s$^r$ du Plessis, je ne puis moins faire que d'escripre et signer de ma main la présente attestation, tant pour me servir de descharge envers ceux qui à bon droict se pourront scandaliser de cecy, que pour faire rougir ceux qui jusques aujourd'huy n'ont jamais sceu apprendre que c'est que vergoigne. Fait à Leyden, en Hollande, ce VIII Novembre 1601.

*Signé :* Josephus SCALIGER,
*Julii Cæs. F.* »

L'original d'icelle attestation est entre les mains de mons. de la Renaudière, médecin à Caen, et l'original de celle qui en est escritte à monsieur de Pierrefitte par le sr de la Renaudière est entre noz papiers.

Le duc de Biron et le conte d'Auvergne furent quelques mois prisonniers en la Bastille ; et au duc de Biron particulièrement se faisoit le procès par la court de Parlement de laquelle la longueur ne contentoit pas Sa Majesté. Il y paroissoit de plusieurs menées, par fortes conjectures, quelques tesmoignages aussy et mémoires, mais qui contrebattus de la considération de ses services et de l'infamie de ses accusateurs, suspendoient les espritz des juges ; mais se couppant soy mesmes en ses défenses, il osta aux plus indulgens le moïen de l'espargner, dont il fut condemné à avoir la teste tranchée[1] et par grâce touteffois que l'exécution s'en feroit en la Bastille et non, selon la coustume, en Grève. Il attendoit jusqu'à la fin la clémence du Roy, laquelle luy manquant, ne monstra qu'un transport de fureur, sans résolution, laissant ung exemple à tous qu'il faut tout autre courage et toute autre discipline à bien mourir qu'à tuer les autres. Le conte d'Essex quelque temps auparavant avoit esté exécuté en Angleterre, pour avoir entrepris sur aucuns[2] du conseil de la Royne Élizabeth qu'il estimoit autheurs de sa disgrâce ; en la mort duquel il avoit paru que c'est de la résolution d'un chrestien au supplice au regard de la

---

1. Biron fut exécuté le 31 juillet 1602.
2. Ce fut le 26 février 1601 que le comte d'Essex fut exécuté.

fierté d'un homme mal instruict en ce qui est de son salut. Avec le dit s^r de Biron fut esteinte plus tost la faction que l'affection de brouiller, ce qui fut tesmoigné par les regrets qu'en eurent plusieurs.

L'Hespagnol qui avoit traicté avec luy remit la partie à une autre fois. Le conte d'Auvergne fut retenu longtemps à la Bastille, non sans que plusieurs fois il fust délibéré de luy faire son procès; enfin donné aux prières de la marquise[1] sa sœur, après qu'on eut tiré de luy et de ses complices tout ce qu'on peut contre mons^r de Bouillon qu'on enveloppoit en mesmes crimes, soubz ombre de quelques pourparlers de mariage qu'on vouloit estendre jusques là, dont depuis ensuivit sa disgrâce.

Cependant, monsieur du Plessis, vers le commencement d'aoust que ces choses se passoient, mit en lumière sa response à l'Evesque d'Evreux, pressée et attendue impatiemment de plusieurs, qui ne se l'imaginaient pas ny sy ample, ny sy exacte; de laquelle on fit peu de bruit à la court, parce que les esprits estoient occupez en la recherche et appréhension des restes de ceste conspiration dont on ne voyoit pas le fondz; receue cependant avec applaudissement de tous les gens de bien, et jusques icy sans response de l'Evesque que nous comptons 1604.

La peste sur le moys d'Aoust rengrégea[2] ès envi-

---

1. En note dans le manuscrit de la Bibliothèque impériale. « C'estoit madame de Verneuil. » manque dans l'édition de M. Auguis. Henriette d'Entragues, marquise de Verneuil, était sœur maternelle du comte d'Auvergne.

2. Reprit, redoubla. — L'édition de M. Auguis, au contraire des deux manuscrits, porte « *ravagea* ès environs.... »

rons de Saumur, mesme dans la ville, jusques là qu'aucuns de la garnison du chasteau en furent atteints[1] et moururent, hors d'iceluy touteffois. Cela nous fit résouldre à en sortir, y laissant bon ordre, et meilleur que par nostre présence qui nous obligeoit à trop de communication avec la ville. Ainsy nous acceptasmes la courtoisie de madame de Rohan qui nous presta sa maison du parc de Soubize en Poictou, meublée de tout poinct, où nous nous transportâmes avec nostre fille de S$^t$ Germain, et peu de jours après nous y vint trouver mon filz de S$^t$ Germain, son mary. En ce séjour, qui fut de près de quattre mois, ma ditte fille de S$^t$ Germain y accoucha d'un fils qui fut baptizé et nommé Philippe Sanson, mais mourut tost après et enterré le 23$^e$ Septembre en la sépulture de messieurs de Soubize. Ce nous fut une grande affliction et pour beaucoup de raisons.

Ce fut aussy sur la fin de ce séjour que le Roy appella M. de Bouillon[2] en court pour se purger des accusations d'aucuns contre luy. Lui là dessus se résolut de s'aller présenter à la chambre my partie[3] de Castres pour estre par elle jugé selon l'édict de pacification; et de faict, il en présenta requeste aux juges qui déclarèrent leur estre défendu par le Roy d'en prendre connoissance, dont il demanda et eut acte, et de là partit pour sortir du Royaume, non sans plusieurs penes[4] et périlz, mais sur l'espérance qui

---

1. L'édition de M. Auguis porte « *atterez*. »
2. Il était compromis dans la conspiration de Biron.
3. Mi-partie de protestants et de catholiques.
4. L'édition de M. Auguis porte « *pièces* et périls. »

luy estoit donnée de la court que donnant ce contentement au Roy, il le raddouciroit, par ce qu'il craignoit qu'en ces provinces de Guienne et Languedoc, il troublast les affaires ; monsieur de la Trémouille particulièrement, son beau frère, qui estoit lors en court, fut averty de luy donner cest advis. Lequel ne s'y trouva pas peu embarrassé, estant allez trouver S. M. sur ce que M. le Landgrave de Hessen[1] ayant de Genève traversé le Dauphiné, le Languedoc, la Guienne et le Poictou en habit dissimulé, estoit passé à Thouars, et là avoit pris advis avec luy sur le dessein que luy et quelques autres Princes allemans avoient de faire eslire le Roy en Roy des Romains sy on estimoit qu'il fust utile aux Eglizes réformées ; auquel propos il avoit esté conforté par plusieurs raisons ; et sur l'advis que le dit Seigneur de la Trémouille avoit donné au Roy en diligence de son passage, luy avoit esté commandé de se rendre en mesme temps auprès de sa personne ; à quoy il se seroit résolu en soy mesme, soit espérant estre employé en ceste grande occasion, soit prenant ce subject de se trouver en court pour faire voir à un chacun qu'il se sentoit exempt des brouilleries susdictes. Il pria monsieur du Plessis de le voir premier que partir, qui luy fit voir par plusieurs raisons que ce dessein tourneroit à néant ; en ce qui estoit du principal, parceque l'humeur du Roy et de chacun de son conseil estoit portée pour divers respectz au

---

1. Maurice de Hesse né en 1572. Prince distingué, il quitta la confession d'Augsbourg pour embrasser le calvinisme, ce qui lui fit beaucoup d'ennemis ; il abdiqua en 1627, et mourut en 1632.

contraire; en ce qui estoit de luy mesme, y voulant entendre, le Roy ne se confieroit jamais de ceste négotiation en luy et craindroit qu'il ne s'en servist à autre chose, encor que ce qu'il estoit, beau frère d'un premier électeur[1], le sembloit ayder; ce dont il s'apperceut bientost, et ne fut pas sans se repentir plusieurs fois de ce voyage, où il eust à boire maintes amertumes pour les colères du Roy contre M. de Bouillon. Monsieur le Landgrave avoit eu dessein de passer à Saumur pour en communiquer avec monsieur du Plessis; mais il se trouva encor en Poictou, d'où à l'entrée du mois de Décembre, la peste estincte, il revint à Saumur. Et peu de jours auparavant, avoit esté pris à Rennes monsieur de Monbarot gouverneur de la ville et mené à la Bastille de Paris pour souspeçons du temps, dont ne se trouvans les preuves que le mareschal de Brissac avoit promises au Roy, il ne s'est faict aucune poursuite, demeurant touteffois iceluy, jusques en l'an 1604, bien avant prisonnier. La vérité est que, retournant de la court qui estoit à Blois, en Bretagne, il vit monsieur du Plessis à Saumur, et luy remit en avant ce qu'il avoit mis plusieurs ans auparavant, qu'il estoit perplex en son âme, désireux de faire profession de la vraye religion, dont Dieu luy avoit donné connoissance, et retenu néantmoins de la craincte de perdre son gouvernement, et tout ensemble le moyen d'y servir, et requérant là dessus son conseil; sur quoy, monsieur du Plessis luy dit, qu'il ne luy pouvoit donner qu'en

---

1. Le Prince d'Orange. Mme de la Trémouille était Charlotte de Nassau, fille du grand Prince d'Orange, Guillaume le Taciturne.

chrestien, qui estoit de fouller toutes considérations humaines pour servir à Dieu et mettre sa conscience en repos, luy remettre au reste les inconvéniens et difficultez à souldre[1]; que peut estre, selon le monde, en l'estat des affaires, il seroit plus considéré faisant ceste profession que la dissimulant, comme on savoit qu'il faisoit.

Je revins de Poictou à Saumur peu après monsieur du Plessis, et le mesme jour y arriva, de la part du Roy, M. du Morier, secrétaire de monsieur de Bouillon, résident pour ses affaires en court, et lequel le Roy avoit choisy exprès parce qu'il le connoissoit nourry de la main de mons$^r$ du Plessis; ce qui mesmes avoit empesché qu'il ne fust saisy prisonnier, S. M., à ceux qui le luy proposoient, ayant rendu ce tesmoignage qu'il n'avoit point appris avec luy à estre instrument de meschanceté. Sa charge estoit de scavoir de mons$^r$ du Plessis, de la part du Roy, comment il estoit d'advis qu'il se gouvernast au faict de mons$^r$ de Bouillon; affaire perplex et où il estoit dangereux de heurter de part ou d'autre. Son advis fut, lequel il bailla par escript, que S. M. devoit accorder à M. de Bouillon, pour juge en ce faict, la chambre my-partie de Castres, puis mesme que desjà il s'y présentoit; que son Édict y estoit exprès, lequel accordant cela en toutes causes, et à toutes personnes de la Religion, ne pouvoit estre dénié aux plus grandz et aux plus griefves causes de la vie et de l'honneur; que sy ces crimes estoient telz qu'on disoit, conspiration contre l'Estat et intelligence

---

1. Résoudre.

avec l'Hespagnol, ceux de la Religion l'épargneroient moins que les catholiques; que sy ces juges luy estoient refusez, ilz croiroient tous qu'on voudroit opprimer son innocence, dont arriveroit que de sa cause particulière on en feroit une cause publique; que sy les affaires de son Estat portoient de couvrir plus tost que d'approfondir cest affaire, ce qui estoit à S. M. de juger, non à luy de deviner, on pourroit négotier que M. de Bouillon requerroit M. le mareschal d'Ornano, gouverneur de Guienne, serviteur très fidelle de S. M., de s'entrevoir pour s'esclarcir avec luy sur tous ces bruitz; à quoy S. M. consentiroit, qui seroit un doux moïen à S. M. de recevoir contentement sur cest affaire duquel, en l'estat de ce Royaume, les conséquences ne pouvoient estre petites. Cest advis porté à S. M. ne fut ny mal pris ny suivy, et a esté reconnu depuis qu'on eust voulu en avoir usé; mais la violence l'emporta, et les conseils, comme les fruitz, ne sont ordinairement bons qu'en leur saison.

A la fin de l'an 1602[1], monsieur de Savoie exécuta une entreprise sur Genève, directement contre les traictez, de laquelle Dieu les garantit, à sa grand' honte et dommage. Cette rupture fit croire que la guerre s'en ensuivroit, qui fut cause qu'aussy tost nostre filz eust grand désir de les aller servir, et que nous nous résolusmes de l'y envoyer avec offre de leur mener un régiment de deux mil hommes de pied françois, s'il en avoit besoin. Il y fut très bien

---

1. Le duc de Savoie avait failli prendre Genève par surprise.

receu[1], et remercyé; et parce qu'ilz attendoient tout leur support du Roy le requirent de l'aller trouver avec depesche de leur part pour obtenir secours de S. M. en ce besoin; ce dont monsieur du Plessis avoit esté d'advis de ne refuser, nonobstant nostre desfaveur, s'il en estoit requis. Nostre filz donq vint trouver S. M. en poste, laquelle le receut avec beaucoup de bonnes paroles, après nomméement qu'il eut paré contre la calomnie, que jà on avoit jetté en son oreille, qu'il estoit allé soubz ce prétexte à la rencontre de monsieur de Bouillon qui se retiroit du royaume, luy promit et accorda le commandement de l'infanterie qui se lèveroit en France pour Genève, et luy commanda de s'y préparer, adjoustant néantmoins qu'il vouloit scavoir que deviendroit le traicté de paix que les Suisses entreprenoient entre le duc de Savoie et ceux de Genève, premier que passer outre. Cela fut cause qu'il nous vint retrouver pour disposer noz amys, et y avoit, par la grâce de Dieu, trouvé sy bonheur qu'il eust enmené, sy cela eust continué, les plus belles trouppes qui de long temps fussent sorties de France, pour le nombre de noblesse qui s'y obligeoit, et le choix qu'on pouvoit faire en la paix des meilleurs capitaines qui restoient inutiles. Mais la paix finalement s'en ensuivit, outre ce qu'il parut que quelques uns eussent tasché de nous y traverser, alléguans que desjà mons[r] du Plessis avoit trop de créance entre ceux de la Religion pour ne luy en

---

1. Ce fut en janvier 1603 qu'il arriva à Genève. (*Note du manuscrit de la Sorbonne.*)

donner davantage. Les pièces de toute ceste négotiation sont en noz affaires. Cependant il s'estoit faict quelques collectes en noz Eglizes pour la subvention de Genève, dont le Roy averti s'en formalisa grandement, et fit commandement à ses gouverneurs et officiers d'en informer, ce qui fut, selon leur humeur, [pratiqué[1]] plus ou moins rigoureusement. Particulièrement au synode d'Anjou, tenu à Baugey pour accélerer ceste subvention, auroit esté proposé par aucuns ministres de se servir des deniers que le Roy leur bailloit, sauf à les remplacer des dittes collectes, ce qui fut rejetté; M. de Macefer, nostre pasteur, y demanda congé d'aller un tour à Paris, soubz ombre d'un procès de peu d'importance, en recommandation duquel il demanda des lettres à M. du Plessis qu'il luy bailla; mais trois jours après qu'il fut arrivé, visitant les Tuilleries, passant sur une planche, elle luy fondit soubz les piedz, dont il se rompit le col, ce qui fut encor une nouvelle affliction à ceste Eglize et à nous à cause d'elle; encore que c'estoit un homme d'un esprit fort inégal, las de son ministère, qui avoit monstré diverses passions au synode, et qui en ce voyage estoit creu avoir eu un autre dessein, mesme de trouver accez de parler au Roy, lequel luy avoit esté moienné. Cest accident fut cause que monsr Bouchereau, que nostre Eglize faisoit estudier à Leyden, en Hollande, fut appellé, personnage en ceste jeunesse doué de rares dons de Dieu et esquelz par sa grâce il croist tousjours; et

---

1. Ce mot manque dans le manuscrit de la Bibliothèque impériale et dans l'édition de M. Auguis.

attendant qu'il eust l'imposition des mains, à la requeste de monsieur du Plessis, l'Eglize de la Rochelle nous secourut pour quelque temps de monsieur Merlin le jeune, lequel, faisant un tour à Vitray pour voir son père, premier que s'en retourner à sa charge, luy vint à propos pour le consoler à la mort. Ceste perte nous fust griefve pour l'amityé qu'il portoit à toute nostre famille.

En nostre séjour de Poictou, nous avoit esté entamé propos du mariage de nostre dernière fille avec le Baron de la Lande, fils de monsieur de la Tabarière, gouverneur de Fontenay; le party estoit beau, et pour la maison, et pour le mérite du père, et pour les biens; néantmoins nous reculions pour n'estre encor quittes du précédent, et pour le désir d'achepter, auparavant que de marier nostre fille, une terre pour nostre filz. Depuis nostre retour néantmoins nous en fusmes tellement pressés par l'entremise de monsieur de la Mouée, beau-frère du dit s$^r$ de la Tabarière, que nous tombasmes d'accord, et les fiançailles s'en firent au chasteau de Saumur le 12$^e$ du mois de Juin 1603 où se trouva M. de la Tabarière assisté de ses principaux parens et amys de Poictou. Les nostres étoient trop loin pour s'y rencontrer; et l'hyver suyvant fut le mariage célébré, le 29$^e$ du mois d'Octobre, au mesme lieu, et nostre fille conduitte en son mesnage par nostre filz le 23$^e$ de Février 1604; monsieur du Plessis et ma fille de S$^t$ Germain estoient prest à y aller, ne l'ayant peu pour une subite et grande défluxion qui me survint. Ce voyage, comme tous ses pas estoient contés, eust peut estre donné lieu à quelque nouvelle calomnie. Monsieur du Plessis avoit tousjours poursuivy la reveue de son livre de la S^te Eucharistie; et maintenant, se présentant l'occasion du synode national assigné à Gap en Dauphiné, au premier d'Octobre, se résolut le mettre en lumière avec toutes les formalitez requises; et comme il eust jà à diverses fois envoyé les cahiers d'iceluy à messieurs les pasteurs et professeurs de Genève, à mesme qu'il s'avançoit, il leur envoya les derniers par le sieur de Licques, gentilhomme de Picardie, bien versé en toutes bonnes lettres, avec prière d'achever le tout et luy en expédier leur tesmoignage pour estre présenté au synode de Gap, selon l'ordre pris, à sa requeste, au synode national précédent à Gergeau. Ils achevèrent donq de revoir ce qui restoit et luy remirent entre les mains le tout avec lettres à M. du Plessis, plenes de contentement, et d'abondant escrivirent à messieurs du synode, à Gap, une approbation authentique de son labeur, suyvant quoy y eut arrest du dit synode, par lequel il fut requis de le mettre en lumière, et lettres, tant en général que de chacun des assistans en particulier, pour l'en requérir fort affectionnément. Les pièces en sont en noz affaires, et d'abondant les principales imprimées en teste de sa seconde édition laquelle, en l'an 1604, à la fin d'Apvril, commencea à estre veue et publiée; et Dieu la bénira, sy luy plaist, à sa gloire; au moins reçoit il tous les jours lettres du contentement que les gens de bien en reçoivent. L'Évesque d'Évreux dit au Roy, à un soupper à Fontainebleau, qu'il l'avoit leue, et qu'il y avoit plus de faussetez qu'en la première. S. M. lui respondit qu'il n'estoit pas d'advis qu'il escrivit contre luy, que sa plume estoit trop forte ; que, s'il ne l'eust réduit à Fontainebleau à une conférence verbale, le dit Évesque estoit ruiné d'honneur, où il ne l'avoit emporté que de sa grosse et forte voix, et de l'auctorité qu'il y avoit apportée ; qu'il ne savoit plus que dire à la noblesse catholique à laquelle il avoit promis, soubz sa parole, qu'il respondroit à son traicté de l'Eglize, ce qu'il n'avoit peu depuis vingt cinq ans ; qu'il ne vouloit plus estre trompé de ceste sorte. Il s'excusa sur autres occupations ; mais puisque S. M. le désiroit, au premier jour on la verroit.

Monsieur du Plessis, au reste, n'eust pas plus tost achevé cest œuvre qu'il en entreprit la version latine, craignant que quelqu'un ne le fist qui n'atteignist pas à son sens ; laquelle, aydant Dieu, se verra bientost.

Au voyage que le s$^r$ de Licques fit à Genève, il luy donne charge de traicter avec mons$^r$ Bucanus, professeur en théologie à Lausanne pour l'académie de Saumur, du quel on lui avoit presques donné assurance ; mais il se trouva mort, n'y avoit que cinq jours, d'une apoplexie. Depuis ayant reconnu que monsieur du Moulin, pasteur d'Orléans, eust désiré que son fils, pasteur en l'Eglize de Paris, fust en ce lieu, monsieur du Plessis, reconnoissant son mérite, l'avoit fait proposer au synode provincial tenu en Apvril 1604 à Vendosme, d'où ilz en auroient escrit à l'Eglize de Paris, et y auroit conjoint ses lettres et prières, sur ce fondées que la ditte Eglize attendoit monsieur Couet, à présent reséant à Basles, personnage doué de rares qualitez ; mais leur auroit esté faict response qu'il n'y avoit moïen de les en accommoder, parce qu'on estoit hors d'espérance d'avoir le dit s^r Couet, et par ainsy demeuroit encor ceste place vuide à son grand regret.

Au synode national de Gap, mons^r du Plessis envoya mémoires de ce qu'il estimoit concerner le repos et conservation de noz Eglizes; la somme estoit que le Roy fust très humblement remercyé du soin qu'il avoit eu de faire establir et observer son Édict, et néantmoins remonstrer à S. M. en quantes façons on s'appercevoit de la continuation de l'animosité ès peuples, quand ceux qui avoient dessein de troubler sa personne et son Estat ne pensoient trouver prétexte plus plausible que de les prendre à partie : ce qui se seroit de naguères veu en la conspiration du duc de Biron, comme il auroit pleu à S. M. mesme le leur faire entendre; quand aussy depuis peu S. M. avoit esté griefvement malade, conseils avoient esté tenus en plusieurs villes du royaume de ce qu'on avoit à faire de ceux de leur profession, en cas que Dieu eust retiré S. M., où il auroit esté pris des résolutions sanglantes et qui ressentoient encor les passions du temps passé; dont on leur auroit bien faict connoistre combien ilz avoient à prier Dieu pour sa longue vie; partant fust S. M., avec toute soumission, suppliée de vouloir redoubler tant plus sa protection et sauvegarde sur elles qui ressentoient, et pour le présent et pour l'avenir, en avoir plus de besoin que jamais. Tout cela tendant à faire connoistre à S. M. leur condition, et la nécessité de leur continuer les moïens sans lesquelz ilz se sentoient exposés en proie, afin que, lorsque le temps des places expireroit, S. M. ne trouvast estrange que, contre ces justes déffiances, il fust supplié de leur continuer ces remèdes. Et estoit l'intention de M. du Plessis que trois ou quatre personnes graves fussent députées du synode vers S. M. pour lui faire ceste remonstrance, outre et par dessus les députez généraux qui avoient à résider près de luy, afin qu'en leur voix il reconnust celle de toutes les Eglizes. Mais outre ce qu'ilz se contentèrent de les bailler simplement par instruction aux ditz députés, sans les accompagner d'aucuns de la compagnie, se passa au dit synode quelques choses inopinées qui irritèrent le Roy et en firent perdre le fruict : ce fut que M. de Bouillon leur ayant escrit et envoyé des lettres de monsieur l'Électeur palatin, qui les requéroit de l'esclarcir de l'opinion qu'ilz avoient du dit sieur, duquel comme son proche allié, il désiroit porter l'innocence, ilz lui auroient faict responce grandement à l'avantage du dit s$^r$ de Bouillon, ce que S. M. reprocha aux députez n'avoir peu estre sans crime, d'avoir receu, ouvert et respondu lettres d'un Prince étranger, et fut excusé sur leur simplicité et inexpérience en telz affaires ; lesdits députez la supplians leur vouloir pardonner, et dont néantmoins, il demeura à S. M. une mauvaise volonté qui se répandit peu après sur M. Renaud, ministre de l'Eglize de Bordeaux, député pour porter la responce des dittes lettres.

En ce synode aussy fut ordonné qu'il seroit inséré un article en la confession des Eglizes de ce royaume, par lequel le Pape seroit déclaré antechrist, doctrine non nouvelle ès Eglizes réformées ; mais l'occasion de ceste nouveauté fut de ce que M. Ferrier, ministre et professeur de l'Eglize de Nismes, ayant proposé ceste thèse en l'académie de Nismes, la court de parlement de Thoulouse auroit procédé criminellement contre luy, fait brusler ses thèses par main d'un bourreau, et à son exemple autres en auroient esté inquiétez en divers lieux, lesquelz tous remontrans que, pour un article de religion, ilz estoient poursuiviz comme séditieux, fut advisé de l'insérer, afin qu'il fust manifeste à tous que qui seroit inquiété à l'occasion d'iceluy seroit estimé persécuté pour la doctrine, à laquelle néantmoins la liberté estoit acquise par les édictz de pacification. Le Roy néantmoins estima que cest article n'avoit esté inséré que pour luy desplaire, à cause de l'amityé qu'il avoit avec le Pape, dont il se montra très offensé, et voulut que les députez escrivissent à toutes les provinces le courroux qu'il en avoit, avec défense de l'insérer en la confession, menaceant d'oster le cours aux Bibles, nouveaux testamens et Psalmes où il se trouveroit imprimé, mesme de procéder criminellement contre ceux qui entreprendroient plus outre, cela n'ayant esté faict soubz ses prédécesseurs et le devant moins soubz luy. Particulièrement, il en fit escrire, par M. de Villeroy à M. du Plessis, lettres très preignantes [1], portant menace des inconvénients qui avoient à en avenir sur noz Eglizes; à cela, monsieur du Plessis respondit déclarant la

---

1. Vives et pressantes. Le mot, vieilli en français, subsiste en anglais, « Pregnant » signifie tantôt une femme grosse, tantôt au figuré, plein de matière. »

vraye cause qui les avoit meuz, scavoir la poursuite qui s'estoit faicte contre le sieur Ferrier et autres, et non une gayeté de cœur d'offenser S. M. à laquelle nul n'auroit jamais pensé, et moins la suggestion d'aucun que S. M. eust souspeçonné; et parceque noz députez avoient eu commandement de monstrer au Roy les responces que les provinces leur feroient sur les lettres sus mentionnées, monsieur du Plessis, prévoyant que par les brigues et intimidations qui se faisoient, il pourroit avenir que tant de synodes provinciaux respondroient diversement, selon que les uns seroient plus foibles et moins rézolus que les autres, dont on pourroit prendre avantage pour diviser les Eglizes, faisant mesme profit des uns contre les autres, estima qu'il estoit nécessaire de leur envoyer partout un mémoyre de ce qu'ilz devoient escrire aux députez, afin que tous se conformassent à un sens, bien qu'en diverses paroles. Pour lequel, il pria messieurs de Clarville et Rivet, pasteurs de Loudun et de Thouars, de le venir voir à Saumur; et après en avoir conféré avec eux, en fit ung petit concert qu'il fit tenir par toutes les provinces, et auquel la plus part des synodes conformèrent leurs lettres, tellement qu'au lieu qu'on en avoit attendu du différend, on vit une pleine concorde. Le sommaire estoit que cest article de l'antechrist n'estant point nouveau, ny particulier aux Eglizes de France, mais, dès le commencement de la réformation, commun à toutes Eglizes réformées de la chrestienté, et non inséré par esprit de nouveauté en leur confession, moins pour desplaire à S. M., mais de pure nécessité pour les raisons cy dessus, S. M. estoit suppliée très humblement de leur y laisser la mesme liberté qu'en tous autres articles de leur doctrine, selon ses édictz; avec protestation que, s'il n'y fust allé de quelque circonstance, ilz eussent tasché de s'y accommoder, ce qu'ilz ne pouvoient là où il va de la substance de leur profession, cest article n'estant pas entre les moindres causes qui les ont fait séparer de l'Eglize romaine; et néantmoins encore qu'il ne s'y fist mention de l'impression, parce qu'on jugeoit que la colère de S. M. estoit passée, estoit trouvé bon de la réserver en noz Eglizes françoises jusques au prochain synode national, sy S. M. continuoit à en faire instance.

Cependant, contre le dessein de M. du Plessis de faire voir à tous l'unanimité de noz Eglizes, M. Tillenus, professeur en théologie à Sedan, ayant publié des thèses de l'antechrist en suite de la décision de Gap, très bien dressées, et depuis oyant dire qu'aucuns, redoutant le courroux du Roy, eussent désiré qu'on n'y eust point touché, adjousta au bout d'icelles une apologie en laquelle il présupposoit une playe et comme un schisme prest à s'ouvrir entre noz Eglizes sur ce faict, pour la guérison duquel il seroit plus à propos de le publier que de s'en taire. Laquelle apologie il envoya à M. du Plessis, luy en demandant son advis; mais le mal estoit qu'elle estoit jà imprimée en latin et couroit par le monde, dont il eut un extrême regret, premièrement parceque, grâces à Dieu, ceste playe n'estoit point; secondement, parcequ'estant, elle eust deu estre pansée plus doucement, et cachée aux adversaires. Ce fut la cause qu'il luy en escrivit, luy remonstrans qu'il avoit fort approuvé ses thèses premières, mais craignoit que ceste addition n'ouvrît la bouche en blasphême aux adversaires, que toutes noz Eglizes estoient d'accord sur ce poinct, qu'il en paraissoit par les lettres de tous noz synodes provinciaux à nos députez; s'il y avoit eu quelques opinions foibles, elles auroient aussy tost esté relevées, et s'il en restoit en quelqu'un, que cela ne méritoit pas de venir en conte; qu'il estoit à la vérité à propos de faire voir l'utilité et nécessité de ceste doctrine, mais sans présupposer en noz Eglises doute ny hésitation aucune. En suite de ce, en fut aussy escrit à [nos[1] ditz députez et par] M. de la Trémouille, et par les provinces voisines, assés à temps pour empescher l'impression françoise; et pour la latine, il espéroit qu'en reconnoissant les inconvéniens, il la restreindroit autant qu'il seroit possible.

En Angleterre aussy, le Roy s'estoit plainct au roy d'Angleterre[2], de nouveau appelé par la mort de la Royne Elizabeth à ces couronnes, des provocations du synode de Gap, lequel les auroit mal prises; et sur ce, monsieur de la Fontaine, ministre de l'Eglize de la langue françoise à Londres, non sans charge, en avoit escrit à monsieur du Plessis une fort longue lettre, lequel luy auroit amplement satisfaict sur chacun article, en intention, comme le dit S$^r$ de la Fontaine luy faisoit assés sentir, que le Roy d'Angleterre verroit sa réponse et peut estre l'enverroit à ce

---

1. Ces mots manquent dans le manuscrit de la Bibliothèque impériale et dans l'édition de M. Auguis.
2. Jacques Stuart VI, en Écosse, Jacques I$^{er}$ en Angleterre.

Roy. La ditte lettre et la responce sont en ses papiers qu'il seroit trop long d'insérer, et espéroit qu'elle auroit satisfaict de ceste part. C'estoit au mois de mars 1604.

Ce fust aussy environ ce mesme temps qu'il fut mis en avant en court d'y appeler M. du Plessis, dont il ne fut pas sans pene. Le prétexte estoit sur la maison de Navarre que le Roy vouloit régler, après le décez de madame sa sœur, avenu[1] le 13e Février 1604, et ce avec luy qui en avoit la surintendance; mais la vraye cause sur ce que le Roy croioit que le Roy d'Angleterre estoit sur le poinct de faire la paix avec le Roy d'Hespagne, et avoit advis de son ambassadeur qu'il n'y avoit moyen de la rompre que par l'envoy de quelque personne de qualité de la Religion, mesme de luy nomméement, qu'il scavoit tenir en grande estime. S. M. donq, lors à St. Germain, se résolut de l'envoyer quérir dès qu'elle seroit à Fontainebleau; et sur ce que quelqu'un dit que difficilement y viendroit, il respondit qu'il devoit prendre ceste occasion pour estre auprès de luy aussy bien que jamais. M. du Plessis, veu les choses passées, ne voioit aucune raison d'y aller, considérant que son livre estoit prest à sortir, qui luy pourroit susciter nouvelles haines; l'avantage qu'orres qu'il y eust esté quelque espace bien receu, il ne faudroit qu'une dépesche de Rome pour le rejetter en mesmes inconvéniens; n'ignoroit pas cependant d'autre part les inconvéniens que sur

---

1. L'édition de M. Auguis au contraire des deux manuscrits porte : « *le* 23e Février. »

son refus on prendroit un plausible subject de luy oster sa charge de Navarre et ses estatz[1], puis qu'il ne les vouloit exercer à ce besoin. Il se résoult donq là dessus, pour s'en eschapper plus doucement, de faire sentir à quelques uns, particulièrement à M. de Villeroy, par les propos d'un tiers, les doutes qu'il pourroit faire, afin qu'ilz les fissent parvenir jusques au Roy, sçachant bien que ceux mesme qui se disoient plus ses amys ne prenoient pas plaisir, pour la profession qu'il faisoit, de le voir près de S. M., crainte qu'il ne s'y encrast[2] comme par le passé; ce qui réussit sy à propos que S. M. se départit de la volonté de le mander, ne voulant estre refusée. Vint aussy son livre en lumière en ce propre temps, qui n'estoit pas pour haster ce rappel. Et d'abondant, le Roy d'Angleterre asseura le Roy, par l'envoy du chevalier Hay, qu'il ne feroit rien avec le Roy d'Hespagne au préjudice de leur traicté, dont l'alarme de ceste part fut rallentie,

En deux ans, 1603 et 1604, dont j'escrips cecy en Juillet, retirés en la maison de Bommois, deux lieues près de Saumur, que M. de Bommois nous a prestée à cause de la contagion qui nous a derechef contrainctz de nous eslongner de Saumur, se rencontrèrent diverses impatiences que mons[r] du Plessis ramenoit tousjours à raison tant qu'il pouvoit, quelque opinion qu'on taschât d'imprimer au Roy au contraire, n'ayant rien tant devant les yeux que de

1. Ses places.
2. L'édition de M. Auguis, au contraire des deux manuscrits, porte : « Crainte qu'il ne s'y en *creust*. »

retenir une manifeste justice en la cause de nos Eglizes et en eslongner le trouble autant que, sans évidente ruine, faire se pourroit. Et ceux à qui il a donné tel conseil s'en sont bien trouvez et s'en sont louez depuis, ayant bien reconnu les inconvéniens où autrement on fust tombé.

Nostre fille de Villarnoul alla en Bourgongne, prendre possession de la terre du Vau qu'elle avoit aquize, et où elle avoit employé partie des deniers que luy avions donnés en mariage. Elle partit d'auprès de nous le mois d'Aoust 1602, peu devant que nous allassions au Poictou. En l'an 1603, luy nasquit une fille qu'elle fit nommer Charlotte, environ le septiesme du mois de May, et fut son parrain Jacques de Jaucourt, seigneur de Rouvroy, et sa marraine fut madame d'Espeuilles ; elle mourut à l'aâge de huit mois, ayant esté tousjours en langueur[1], et s'estant bien sentie des fâscheries que sa mère avoit eues à la poursuite de ses procez à Paris. Au mois d'Aoust suivant nasquit une fille à nostre fille de la Verrie, laquelle fut baptisée et mourut tost après.

Au mesme an 1603, nasquit ung filz de nostre fille de St Germain, au chasteau de Saumur, que nous présentasmes, M. du Plessis et moy, au baptesme et nommasmes, comme le précédent que Dieu avoit pris, Philippe Sanson. Ce fut le 18e jour du mois de Septembre.

---

1. L'édition de M. Auguis porte : « A l'âge de dix-huit mois en langueur, s'estant bien sentie des fascheries que sa mère avoit eues ayant tousjours esté à Paris à la poursuyte de ses procès. » C'est le texte du manuscrit de la Bibliothèque impériale, rectifié et corrigé dans celui de la Sorbonne.

En l'an 1604, au mois d'Apvril, nasquit une fille à nostre fille de Villarnoul, qui fut appellée Bénigne qui fut présentée au baptesme par M. d'Espeuilles et madamoyselle de Jaucourt.

Pendant tout ce temps, j'estois, comme je suis encorre, tousjours travaillée de mes maux ordinaires, ausquelz les perplexités de noz affaires n'adjoustoient pas peu de rengrègement, consolée touteffois de la présence de M. du Plessis que la guerre et la court m'avoient desrobé tant d'années, et surtout de la rézolution que je prens en Dieu, par tant d'expériences que celuy qui a faict le commencement et le milieu fera aussy par sa grâce la fin de noz affaires.

En Juillet 1604, mons$^r$ de Rosny vint prendre possession de son gouvernement de Poictou, où il fut receu avec un honneur respondant à la faveur que chacun reconnoissoit du Roy envers luy. Retournant en court, il vint voir monsieur du Plessis à Saumur, et madame de Rosny, notre nièpce, sa femme, avec luy; à la reception duquel M. du Plessis convia ses voisins et amys; et fut assisté d'eux avec une fort prompte affection jusques au nombre de six vingtz gentilzhommes des meilleures maisons, la plus part de religion contraire, parce qu'il y en a peu d'autres au pays. En ceste entreveüe se renoua une plus estroicte intelligence entre eux, et furent pris quelques conseilz pour le bien de l'Eglize et de l'Estat qu'il plaise à Dieu bénir. Il arriva à Saumur le 16$^e$ Juillet, et en partit le jour ensuivant, pressé de lettres du Roy. Le but de monsieur du Plessis fut de luy lever toute deffiance de ceux de la religion, afin que, par la crainte de remuemens de leur part, S. M. ne fust point retenue d'entreprendre contre l'Hespagnol. Pareillement, ce qu'on avoit mis en l'esprit du Roy que l'assemblée que ceux de la religion demandoient par leurs députez leur estre permise n'estoit que pour servir aux passions de quelques uns, et leur estoit nomméement suggérée par mons$^r$ de Bouillon duquel la disgrâce continuoit; et de ces deux poinctz luy sembloit dépendre la continuation du repos des Eglizes et le remède ou la précaution de plusieurs inconvénients.

Quelques jours avant l'arrivée de M. de Rosny à Saumur, le chasteau avoit esté menacé de peste : le filz d'un sergent de la garnison en avoit esté atteinct, qui seroit touteffois mort transporté aux champs, ce qui nous avoit fait varier d'en partir; et l'eussions faict n'eust esté que nous craignions que le dit sieur ne se fist croire que nous alléguions cest inconvénient pour excuse de ne l'y recevoir. Cela fust cause que tost après nous nous retirasmes en la maison de Bommoy, à une bonne lieüe de Saumur, que le seigneur et dame du lieu nous prestèrent fort volontiers. Madame de Rohan nous avoit faict accommoder et meubler sa maison de Vanderenne en Poictou, monsieur de la Trémouille celle de l'Isle Bouchard, et l'un et l'autre nous en pressèrent fort; mais pour plusieurs raisons, nous estimasmes plus à propos de ne nous eslongner de Saumur. Peu de jours après, monsieur du Plessis y receut lettres de M. de Rosny esquelles S. M. se plaignoit de certaines lettres escrittes aux Eglizes par M. de Bouillon, pour leur faire resentir l'exil de M. Renaud[1], ministre de la parole de Dieu, et la conséquence d'iceluy ; icelles lettres venues bien tard[2] à la connoissance de S. M. qui jà avoit receu le dit sieur Renaut en sa bonne grâce et renvoyé libre en son Eglize ; ce que M. du Plessis avoit tousjours préveu et désapprouvé telles lettres qui seroient jugées procéder du propre intérest plus tost que de l'autruy ; et requéroit le dit sieur de Rosny de M. du Plessis qu'il en escrivist son advis à M. de Bouillon, et le subject qu'avoit le Roy de s'en offenser, ce qu'il fit fort franchement par les siennes du 5e Septembre, luy faisant connoistre que telles lettres ne luy nuisoient pas moins envers nos Eglizes qui jugeoient ce subject trop affecté pour les intéresser.

Le mariage du Duc Jehan des Deux-Ponts avec madamoyselle Catherine de Rohan avoit esté longuement trainé, à nostre grand desplaisir parce que de part et d'autre, nous y estions employez. Advint pendant ces délaiz la mort du duc père, capable de le rompre sy Dieu n'y eust pourveu. Il vint donq à propos d'une part que M. Durant, conseiller du dit duc père, ayant sceu par messager exprès à Paris, s'advisa prudemment d'en donner advis à madame de Rohan, d'autre part que nostre filz se trouvoit alors au Parc, maison de la ditte Dame, où estoit le jeune duc poursuivant ses amours, lequel

---

1. Exilé à propos de l'affaire des lettres de l'électeur palatin dont il a été question plus haut, et dont il avait porté la réponse.
2. L'édition de M. Auguis porte « bien tost, ce qui est contraire au sens du texte.

fit voir que sy le dit duc scavoit le décez de son père, il ne pouvoit sur tel deuil honnestement se marier, et retournant en Allemaigne, le mariage non accomply, y trouveroit nouveau conseil pour le rompre du tout, estant tout clair que le père presque seul l'avoit affectionné. Sur ce donq, fut rézoleu de l'achever, et pour ce, faire entendre au dit jeune duc que le Roy pressoit M. de Rohan, pour affaires d'importance, de l'aller soudainement trouver, partant qu'il le prioit d'anticiper au premier jour. Ce que nostre filz, allant de ce pas trouver M. de Rohan à la chasse, luy fist trouver bon et au dit jeune duc, tellement que, deux jours après, les nopces se célébrèrent, et trois jours après icelles, fut au dit duc annoncée la ditte nouvelle, non sans regret de quelques uns des siens qui eussent voulu rompre ce mariage, de ne l'avoir plus tost sceüe. Peu après il s'achemina en Allemaigne, et l'an ensuivant 1605, madame sa femme l'y suivit, où par la bénédiction de Dieu, ils vivent fort contens l'un de l'autre. Ce que dessus fut en Septembre 1604.

Monsieur du Plessis arriva quelques jours après les nopces, ausquelles, sans la précipitation, nous estions conviez, mais pour en mesme temps faire un office de deuil, parceque mons<sup>r</sup> de la Tabarière, beau père de nostre plus jeune fille, estoit décédé, non sans nostre grand desplaisir, tant pour son mérite que pour l'affection qu'il portoit à nostre ditte fille. Ceste mort leur apportoit des affaires avec la douairière et les filles du second lict, cohéritières, mais qui, après quelques altercations, furent terminées par les amys.

Monsr de Rosny en son voyage de Poictou avoit veu monsr de la Trémouille à Thouars, et en avoit esté fort honorablement receu, et après plusieurs propos assez libres des choses passées, l'avoit convié de venir en court, en luy faisant espérer d'estre employé contre l'Hespagnol, jusques à avoir tiré de luy promesse assés expresse de s'y rendre au plus tost. Estant de retour, il en asseure S. M. laquelle ne le croioit pas ayséement ; est depuis rapporté au Roy par M. le Grand[1], qui avoit veu M. de la Trémouille chez monseigneur de Montpensier à Champigny, qu'il ne faisoit pas cest estat là. Le dit sieur de Rosny donq là dessus le presse par plusieurs lettres de sa parole ; et enfin sur ce qu'il alléguoit tantost sa goutte, et tantost n'estre prest d'argent, luy escrit fort absoluement qu'il faut qu'il s'y résolve, et meslant les espérances de craintes luy faict assés connoistre que sa condition est en péril s'il ne vient, et ce pour résider près de S. M. ou en tel autre lieu qu'Elle luy ordonnera ; paroles qui luy donnèrent à penser. M. du Plessis sur ces entrefaictes, vers la fin de Septembre, alloit en Poictou et le vit en passant fort esbranlé à y aller, mesme en espérance d'y estre employé, et n'en voioit touteffois autre raison que la parole qui luy estoit eschappée. A son retour, il le trouve pris de la goutte en un bras, et ressentant en sa personne une secrette indisposition autre que de coustume. Peu de jours donq après, une forte convulsion luy prend, sur la fin d'un régime, sur la quelle madame de la Trémouille manda à monsr du

---

1. Le grand écuyer, M. de Bellegarde.

Plessis à Bommoy que, s'il n'y avoit amendement, elle le prieroit de le venir voir. Ne se passa pas long temps qu'un laquais qu'il tenoit près de luy pour, de fois à autre, en scavoir des nouvelles, luy vient toute la nuict avec lettres que, s'il avoit à le voir encor une fois vivant, il falloit qu'il se hastât, ce qu'il fit, prenant à l'instant la poste, et le trouva accablé d'un continuel assoupissement; nonobstant lequel il le reconnut, le remercia et fit effort de luy faire connoistre la joie qu'il avoit de le voir, par diverz eslans de propos, courtz et à reprises, mais esquelz il montroit son jugement, les accourcissant selon la portée de ce qu'il pouvoit prononcer et néantmoins exprimant son sens. C'estoit en luy recommandant de continuer l'amityé qu'il luy avoit tesmoignée vers madame sa femme et ses enfants. Mais surtout négligeant tous autres discours qu'on luy tenoit, il recueilloit son esprit lors qu'on luy parloit de sa conscience et de l'autre vie, et respondoit toujours quelque période qui resentoit sa résolution à la mort, l'asseurance de sa foy en Christ, et le clair jugement qu'on luy avoit reconnu en sa santé. Le dernier mot qu'il dit à mons$^r$ du Plessis luy parlant de son salut fut cestuy cy. « Autres discours ne m'appartiennent plus que ceux cy, » le priant de les luy continuer. Il décéda donq en Dieu le [1]   d'octobre, et a été reconnu depuis que Dieu l'avoit espargné, pour le danger qu'il couroit, soit allant, soit n'allant point à la court, et le progrès des affaires de M. de Bouillon esquelles il eust esté malaizé qu'il n'eust bien avant trampé.

---

1. Claude de la Trémouille mourut le 25 octobre 1604.

Quelques mois auparavant, il avoit faict son testament auquel il ordonnoit fort expresséement que ses enfans fussent nourris en la religion réformée et ne se mariassent[1] qu'à personnes de ceste profession ; et d'iceluy nommoit exécuteurs messieurs l'Electeur Palatin, Prince Maurice et duc de Bouillon, et M. du Plessis auquel, pour la proximité des lieux, il prioit d'en prendre la principale charge, ce qu'il fit volontiers, bien que pleine d'envie; comme tost après il parut, assistant la ditte Dame sa veufve, de fois à autre, tant de consolations en ses douleurs que de conseil en ses perplexités, laquelle environ ung moys après fut surchargée de la perte de sa plus jeune fille, qui luy estoit fort chère, dont elle pensa estre accablée.

Peu d'heures avant la mort de M. de la Trémouille, sur le fort de son agonie, madame la Princesse de Condé sa seur, qui se trouvoit au pays pour faire razer le chasteau de Craon, à quoy elle avoit consenty pour quelque somme d'argent, sur l'advis qu'elle en eut passant à Saumur, s'achemina à Thouars, envoya prier madame sa belle sœur de luy envoyer son carosse pour relayer le sien. Ce message fut dur à ceste pauvre Dame qui vouloit tousjours espérer de la vie de son mary, et appréhendoit que ceste veüe ne luy amenast nouvelle convulsion, par ce mesme que son frère et elle n'estoient pas bien

---

1. Deux enfants seulement survécurent assez pour se marier, Henri, duc de la Trémouille, et Charlotte, sa sœur, qui épousa le comte de Derby, et fut célèbre en Angleterre par sa fidélité et son courage dans la cause du roi Charles Ier pendant la guerre civile entre la couronne et le parlement.

ensemble. Tellement qu'elle requit fort asprement M. du Plessis de la descharger en quelque façon de ceste venüe, sinon, qu'elle voioit son mary mort, et elle mesme, et avoit desjà la ditte Dame déclaré à M. du Plessis la confiance que monsieur son mary avoit pris en son testament de son amytié. Luy donq, s'y sentant obligé de conscience, en ayant délibéré avec messieurs de la Noüe et de S<sup>t</sup> Germain qui se trouvoient là, escrit à la ditte Dame Princesse la plus respectueuse lettre qu'il peut pour la supplier de remettre ce voyage à une autre fois, auquel elle ne verroit que piteux spectacle de toutes partz ; et en fut porteur le sieur du Plessis-Bellay avec créance pour luy en exposer les raisons, monsieur son frère aux traictz de la mort, qui jà avoit perdu la parole, madame sa belle sœur plus morte que vive, sa fille aisnée avec la petite vérolle, les médecins qui ne vouloient rien désespérer, en l'onziesme jour qui estoit critique, auquel toute esmotion en ceste agonie seroit mortelle ; et de faict là dessus elle prit autre chemin, mais ce fut en dépeschant dès ce soir en court vers monseigneur le Prince son filz, avec plaintes aigres contre M. du Duplessis qu'il eust à faire vivement entendre au Roy, en luy faisant mesmes glisser des soupçons, comme s'il eust voulu disposer des enfans ou des places au préjudice de son service ; tellement que S. M. mesme, abbreuvé d'ailleurs d'autres calomnies, s'en monstra offensé. La sincérité enfin de sa procédure qu'il fit entendre aux principaux parens, fut reconnue, et luy par eux fort honorablement remercyé des bons offices qu'il rendoit à la ditte Dame, nomméement par monseigneur de Montpensier, monseigneur le Connestable, monsieur le Prince d'Orange, monsieur l'amiral[1] et autres ; et peu après, avec plusieurs remerciements, luy envoyèrent procurations très amples monseigneur l'Electeur Palatin et messieurs les Princes Maurice et duc de Bouillon, pour, tant en leur nom qu'au sien, procéder à l'exécution du testament ; mesme, comme le Noël ensuivant ma ditte Dame Princesse se trouvoit à Thouars, il luy en parla fort librement, et luy fit voir la raison qu'il avoit eüe et le tort qui luy estoit faict, dont elle se tint contente, comme aussy S. M. de mesme, quand Elle en eut sceu la vérité par monsieur de Montaterre.

Vers la my-novembre, nous fusmes bien ayses que nostre filz, qui s'estoit ennuyé d'avoir esté innutillement retenu en l'attente du voyage que monsieur de Rohan se promettoit faire en Angleterre pour voir le nouveau Roy auquel il avoit cest honneur d'estre proche, allast désennuyer visitant noz parens, commenceant par nostre filz et fille de Villarnoul en Bourgoigne, ce qu'il fit assés à propos, et y reconnust et fit beaucoup d'amys ; et environ le mesme temps, je m'acheminay à Bodet en Poictou, nonobstant mon indisposition, pour estre aux premières couches de ma fille de la Tabarière, en intention aussy de voir madame de Rohan premier qu'elle s'acheminast à Paris pour conduire madame la duchesse des deux Pontz sa fille, laquelle je faillis par les chemins, et fut contraincte de luy faire mes adieux et à madame la duchesse des Deux-Pontz sa

---

1. De Zéelande, comte de Nassau.

fille, par lettres; M. Duplessis qui les vit à Thouars les leur fit en personne. Ce fut là qu'en mon absence, il receut lettres de nostre dit filz qui renvoioit son train à Saumur pour se faire secrètement panser à Paris par M. Turguet[1] médecin du Roy, de certain accident qui le travailloit, à luy avenu par un effort, lorsque, de Genève, il vint trouver le Roy en poste pour négotier leur secours. Le Roy ne sachant qu'il estoit devenu, et doutant qu'il ne fust allé à Sedan pour quelque dessein, en fit faire perquisition, et fut reconnu où il estoit, dont M. de Rosny voulut présumer une maladie honteuse, et le dit au Roy qui, soubz ombre de bon office, le fit dire à M. du Plessis par M. de Montaterre; mais il scavoit où il luy tenoit; ce que, pour ne luy faire tort d'ailleurs, il n'osoit déclarer. Et depuis la vérité n'en a esté que trop connüe.

J'avois séjourné quelque temps à Bodet, et estois en alarme que nostre fille de la Tabarière trainast plus longuement, quant elle accoucha heureusement d'un filz le vendredy 10ᵉ de Décembre 1604, pour le baptesme duquel se rendit tost après M. du Plessis au dict lieu, et le nommasmes Philippe; il s'y trouva fort honorable compagnie d'une et d'autre religion, et revinsmes les festes de Noël, M. du Plessis et moy, à Saumur.

En Janvier 1605, monsieur du Plessis receut lettres de M. de Rosny, par lesquelles il luy escrivoit, par commandement du Roy, qu'il envoyast nostre filz à

---

1. L'édition de M. Auguis, au contraire des deux manuscrits, porte « M. Turgot. ».

Paris, auquel il avoit procuré un Régiment pour le servir en la guerre des Estatz, ce qu'il devoit tenir secret ; et c'estoit sur la fin du régime qui luy avoit esté ordonné pour l'accident que dessus. Monsieur du Plessis donq l'en avertit à ce qu'au plus tost que sa santé le luy permettroit, il se présentast à S. M., ce qu'il fit, et en fut fort favorablement receu, et luy fit fort clairement entendre M. de Villeroy que cest honneur ne luy venoit que du propre mouvement du Roy; sa ditte Majesté donq luy déclara son intention de faire pour le printemps trois régimens, nomméement pour la guerre des Pays-Bas, qui se devoit entamer par la coste de Flandres, dont l'un seroit pour M. de Soubize, l'autre pour luy, et le tiers estoit en doute entre le filz du sieur de Favaz et le sieur de Béthune. Et là dessus nostre filz avoit jetté les yeux sur ceux qu'il avoit à emploier, à quoy s'offroient de toutes partz gentilzhommes et capitaines des meilleures qualitez. Ceste résolution néantmoins fut tost changée, tant sur la protestation que fit l'ambassadeur d'Hespagne, sy telle chose avoit lieu, que le lendemain son maistre déclareroit la guerre, au Roy, que sur les instances du nonce du Pape lequel se rendoit protecteur de la paix par luy faicte entre les deux Rois; joinct qu'en ceste saison, advint la mort du Pape Clément VIIIe auquel ayant succédé le cardinal[1] de Florence qui fut nommé Léon XIe, de l'élection duquel, chose paravant inouye en France, on avoit fait feux de joye, et

---

1. Léon XI, Alexandre Octavien, de la maison de Médicis, élu pape le 1er avril 1605, mourut le 27 du même mois à l'âge de 70 ans.

tiré le canon de l'arsenal ; le dit Léon vescut fort peu de jours, au grand regret du Roy et non sans en jetter larmes, auquel il avoit cousté plus de trois cens mil escus, distribuez aux cardinaux pour le faire eslire. Et la doute où on estoit d'en pouvoir avoir ung aussy favorable[1] n'aydant pas peu à allentir toute résolution qui pouvoit porter à la guerre.

Entrevint là dessus que le s$^r$ de la Martonie, gentilhomme de Périgord, avec lequel nous avions eu procez pour l'intérest mesme de S. M. et auquel nous le pensons avoir obligé de plusieurs courtoisies, fut instigué à prendre ce mauvais subject d'appeler en düel nostre filz ; ce qu'il fit au jugement de tous les gens du mestier mal à propos ; et s'y porta au contraire nostre dit filz avec tant de discrétion et de franchise qu'il fut reconnu de S. M. et de tous les grandz juges de telz affaires qu'il n'y avoit rien oublié, ny de valeur, ny de bon advis ; comme de faict, sa partie, par un commandement du Roy, fut mis prisonnier au Fort l'Evesque en danger de la teste, luy simplement gardé en son logis et peu après déclaré libre, pendant ceste garde visité avec offres de tant d'amis, d'une et d'autre religion et des plus grandz, qu'il sembloit que cest accident, bien que fâcheux, estoit né exprès pour faire voir combien en ceste jeunesse ceste vertu naissante estoit jà reconnüe ; il fut néantmoins fort remarqué de plusieurs que, contre toute coustume, il avoit esté mis en liberté et avec congé de s'en aller, sans l'accorder

---

[1]. Le nouveau pape élu le 16 mai 1605, fut le cardinal Borghèse, Paul V.

avec sa partie; et croioient aucuns que ce n'estoit sans mystère pour nous laisser au pied ceste espine; et quant à sa partie, quelque temps après, à la prière de M. le duc d'Aiguillon, le Roy luy donna la vie, avec pénitence de servir deux[1] ans en Hongrie, ce que touteffois il ne fit point.

Voyant donq nostre filz que ceste levée des trois régimens s'en alloit à néant, il se résolut, estant encor en garde, de faire demander sa liberté et son congé tout ensemble, au moins pour aller, personne privée, aux Païs-Bas, apprendre à servir S. M., puisque pour encor il n'y pouvoit estre employé pour son service; monsieur le marquis de Galerande, plein de bonne volonté, requit de sa part mons[r] de Rosny d'en parler au Roy, lequel tost après luy fit responce que l'un et l'autre lui estoit accordé, et luy fit assés connoistre le dit sieur marquis qu'on luy avoit octroyé ce congé fort gayement. Donq il se présenta au Roy pour recevoir ses commandemens, lequel, après plusieurs bonnes paroles, le congédia pour venir nous dire à Dieu. La vérité est que nous nous rendions plus faciles à ce voyage, parce que nous voyons que l'oysiveté le chagrinoit, qu'il mouroit sur les piedz quand l'occasion de monstrer sa vertu luy eschapoit, pour quelque bonne raison que d'ailleurs il fust retenu; et en avons eu beaucoup de peur, pour les siéges d'Ostende[2] et de l'Ecluse, pen-

---

1. Dans la guerre contre les Turcs, ce qui tenait alors lieu de croisade.
2. Le siége d'Ostende, fait par l'archiduc Albert et Spinola qui y fut tué. La place fut prise au bout de trois ans par les Espagnols en 1604.

dant lesquelz divers subjects importans le nous avoient faict retenir près de nous.

En Juillet 1604, lorsque monsieur de Rosny passa à Saumur, à la prière de M. le duc de Rohan et de madame sa mère, qui l'en avoient requis par gentilhomme envoyé exprès, M. du Plessis luy avoit faict ouverture du mariage du dit sieur duc de Rohan avec sa fille, ma petite niepce, lequel l'avoit rejetté assés brusquement; moy mesme en estoy entrée plus avant en propos avec madame de Rosny ma niepce qui m'avoit faict connoistre qu'elle s'attendoit à M. le conte de Laval[1], pour lequel madame de Fervaques sa mère la recherchoit, lequel estoit sur son retour d'Italie, et dans peu de jours, avoit à voir s'il seroit en mesme volonté que la ditte Dame sa mère; M. du Plessis donq, ayant trouvé le s$^r$ de Rosny sy froid, ne luy voulut point faire sentir qu'il en eust charge, et manda simplement à mons$^r$ et dame de Rohan qu'il pensoit ailleurs. En Octobre ensuyvant, messieurs de Rohan et Soubize frères, s'en allant à la court, nous firent cest honneur de nous venir voir à Bommoy, et là déclare mons$^r$ de Rohan à mons$^r$ du Plessis l'affection qu'il avoit vers la fille du feu comte de Chemillay, l'une des plus riches héritières du royaume, le priant de sonder par quelque amy s'il y seroit receu; surtout à ceste condition que la fille encores jeune fust mise ès mains de madame sa mère pour la nourrir en la vraye religion, car autre-

---

Le Prince Maurice se dédommagea de cette perte en s'emparant de l'Écluse.

1. Gui XX de Laval, né en 1583.

ment, ne luy conseilloit il aucunement d'y entendre, et luy en remonstroit les inconveniens et selon Dieu et selon les hommes. M. du Plessis donq luy promit d'y penser à bon escient (ne luy célant point les difficultés de persuader ceste condition à la mère), et de luy en mander des nouvelles dans un moys. Mais tost après que monsr de Rohan fut arrivé en court, M. de Laval revint d'Italie, branlant en la religion, lequel le Roy estoit prié par le Pape d'y pousser vivement ; pendant qu'il estoit en ce branle, douta S. M. que l'alliance de M. de Rosny fist obstacle à ce changement, parceque M. de Rosny, qui vouloit regagner crédit entre ceux de la religion, déclaroit qu'il n'auroit point sa fille s'il changeoit. S. M. donq s'adviza de recommander à M. de Rosny le mariage de sa fille avec M. de Rohan, lequel aussy, par ceste alliance, il astreignoit tant plus à son service, qui fut cause que M. de Rohan donna advis à M. du Plessis de ce pourparler, afin qu'il ne s'engageast point plus avant en l'autre, et tost après fut conclu le mariage de M. de Rohan avec la fille de M. de Rosny, nostre petite niepce, et nous fit cest honneur M. de Rohan de nous en envoyer les accordz, et ce faisant fut aussy le dit seigneur pourveu de la charge de colonnel général des Suisses.

Quant à M. de Laval, après plusieurs tergiversations, il quitta la Religion, faisant voir à l'œil à un chacun par ses procédures que la desbauche de sa vie, qu'il n'eust pu continuer telle parmy nous, le menoit là. En Italie aussy, il s'estoit adonné aux devins et sorteléges. Et d'ailleurs le Roy n'y oublioit point ses inductions, ce que le Père Cotton, jésuite, ne dissimula pas en une lettre à un amy en ces motz, qu'il espéroit bien de sa conversion, parce que les Majestez divines et humaines y coopéroient. Les escrits réciproques là dessus sont en publiq, et particulièrement M. du Plessis, que le père avoit aymé uniquement, estima de son devoir de lui en escrire vivement ; mais à la suggestion de M. d'Andelot, son oncle, instrument en partie de sa révolte, il monstra la lettre au Roy qu'aucuns taschèrent de piquer contre M. du Plessis sur ce subject. Nostre filz, qui lors estoit à Paris, luy dit franchement qu'il seroit plus blasmé de son peu de fidélité de l'avoir monstrée à S. M., qui touteffois en une telle cause nous estoit indifférente, que M. du Plessis de sa franchise ; et il luy nya fort, comme aussi le sieur de la Fin, l'un des siens, qu'il avoit laissé prisonnier en la tour de Nonnes à Rome, à la requeste de monsieur de Béthune, ambassadeur pour le Roy, et à l'instigation sans doute de la dame de Fervaques qui n'avoit trouvé bon qu'il fist le voyage avec son filz, eust trouvé moyen de dépescher à M. du Plessis un valet de la prison, allemand, jusques à Saumur, pour le prier de prendre soin de luy. M. du Plessis l'adressa à nostre filz à Paris, avec les lettres qu'il portoit pour luy, nostre dit filz, et M. de Laval, afin que sur les lieux, par les plus discrettes voyes qu'il adviseroit avec noz amis, il procurast sa délivrance ; mais pour l'heure il n'y eut que refus et rudesses, et M. de Laval qui promettoit tousjours beaucoup, ne l'assista ny de faict, ny de parolle. Ces lettres contiennent avec toute liberté le discours de sa prison, les disputes qu'il avoit avec divers docteurs, les tentations qui luy estoient présenteés à gauche et à droicte, les vives réparties qu'il y faisoit, les rigueurs qui luy estoient tenues, desquelles il n'attendoit la fin que par le feu ou par l'eau ; et n'est à croire avec quelle liberté et avec quelz termes il avoit prononcé tout ce qu'il s'ensuit du Pape, de la court, et de la doctrine romaine, ses lettres seules estans suffisantes pour le perdre. Depuis néantmoins, parce qu'il n'estoit prisonnier que du Roy, il fut délivré, après que l'on eut veu l'innocence de M. de Monbarot, gouverneur de Rennes, prisonnier à la Bastille, duquel on le vouloit faire complice, sur l'instance que les députez de la Religion eurent charge en l'assemblée de Chastellerault de faire vers S. M. pour luy, et que dès lors, ilz firent à M. de Rosny qui s'y trouva de la part du Roy, le tout principalement par le soin de M. du Plessis qui avoit recommandé cest affaire aux députez de diverses provinces. Retournant aussy de Rome, il vint droict de Lyon à Saumur pour le voir et l'en remercyer, d'où il prit son chemin pour s'aller présenter devant S. M. en Février 1606. Et quant à M. de Laval, il fut tué en Hongrie, en une retraicte près de Vienne, d'un coup dans le petit ventre en Décembre 1605, laissant pour héritier principal M. de la Trémouille, et, pour ce qui est de la maison de Rieux, M. d'Elbœuf, non sans quelques autres prétentions que le temps desmellera.

En Décembre 1604, décéda M. de Fontenay, beau père de nostre fille Élisabeth, d'une longue maladie ; Dieu luy fit la grâce de tesmoigner jusques à la fin sa foy, et à son filz de l'assister et recevoir sa bénédiction. Nostre fille estoit lors avec nous qui l'an 1605, le 12ᵉ de Février[1], accoucha, au chasteau de Saumur, d'une fille; madame de la Trémouille et M. de la Tabarière nostre gendre la présentèrent au baptesme, et fut nommée Charlotte.

Dès l'an 1604, les sieurs de Sᵗ Germain et des Bordes Mercier, députez généraux de ceux de la Religion près de S. M., l'avoient suppliée de leur accorder une assemblée générale pour en icelle nomméement pourveoir à leur descharge et à l'élection de nouveaux députez, parce qu'ils n'avoient esté nommez que pour un an et jà en avoient servy deux; et après quelques délaiz leur avoit esté icelle accordée pour tenir en la ville de Bergerac, en May; comme ilz en poursuivoient les expéditions, on leur déclare que l'intention de S. M. estoit qu'ilz envoyassent un mémoyre à toutes les provinces des conditions soubz lesquelles désormais il leur consentoit[2] leurs assemblées tant générales que provinciales, tant synodales que politiques; scavoir, pour les synodales qu'elles ne se tiendroient sans congé spécial de S. M. et qu'à icelles assisteroit tousjours un gentilhomme de la religion de sa part; pour les politiques, qu'il leur en accordoit une à Chastellerault, en laquelle de chaque province ne se pourroit trouver que deux députez, ne pourroient délibérer d'autre affaire que du changement des députez généraux; et pour voir

---

1. L'édition de M. Auguis, au contraire des deux manuscrits, porte: « le 22ᵉ de Février. »
2. Le manuscrit de la Bibliothèque impériale et l'édition de M. Auguis portent : « Il leur accordoit et consentoit. »

clair à ce qui s'y feroit, assisteroit et présideroit un gentilhomme de la Religion pour S. M.; mais pour l'avenir oster ce prétendu mauvais exemple, qu'il n'entendoit plus qu'il s'en tinst; ains que lors qu'il seroit besoin de changer les députez, les provinces par simples messagers envoyassent leur nomination en un billet en certain lieu; et que ceux fussent tenus pour esleuz qui auroient le plus de voix, sy mieux ilz n'aymoient en nommer tout à la fois douze, lesquelz eussent à servir deux à deux, de deux ans en deux ans, au choix de S. M.; et fut ce mémoyre dressé par M. Forget, secrétaire d'Estat, et par les députez envoyez en toutes les Provinces.

Ce mémoyre scandaliza plusieurs, et leur faisoit mal estimer de l'avenir, parce qu'ilz y voioient et la liberté de leurs synodes perdüe, contre le brevet qui leur en avoit esté exprès accordé, et le moien de faire entretenir l'Edict osté, ne pouvant plus s'assembler pour en remonstrer les inexécutions et contraventions; joinct que ce leur estoit, après la fidélité tant esprouvée de leurs services, une flétrissure qu'on n'imposoit pas mesme aux Jésuites libres en tous leurs conventicules et convaincuz néantmoins d'avoir entrepris[1] contre l'Estat et personne des Rois. Et sembloit à plusieurs que l'exil de M. de Bouillon et la mort de M. de la Trémouille donnoit advantage à faire ce changement, mesme en ce que le lieu de l'assemblée avoit esté remis de Bergerac à Chastellerault, depuis la mort du dit sieur de la Trémouille, duquel on doutoit le voisinage; ce qui ne se discou-

---

1. Les Jésuites avaient été rappelés en septembre 1603.

roit pas sans divers murmures, représentans quelques uns de quelle importance il leur estoit d'avoir ou n'avoir point des personnes éminentes, quand on en scavoit prendre ces avantages aussytost qu'elles estoient ou dépéries d'auctorité ou esteintes.

Monsieur du Plessis donq, désireux comme tousjours, et de prévenir le trouble, et d'empescher que la condition de l'Eglize réformée n'empirast, en communique avec M. de S$^t$ Germain Monroy, l'un de nos députez, qui le vint exprès voir à Bommoy sur la fin de l'an 1604, et luy en bailla des mémoires. Non content de cela en envoya par toutes les provinces, sur lesquelz icelles, en diverses paroles mais tendantes à mesme sens, fissent leur responce sur le mémoire envoyé de par S. M., remonstrant à bon escient leurs griefz, et la suppliant de ne leur imposer ceste rigueur, indigne de sa bonté et des fidèles services qu'Elle avoit receus d'eux ; et d'autant plus que les feus Rois ne les avoient jamais assujettis à telles choses qui touteffois n'avoient tant de connoissance de leurs actions. Toutes lesquelles pièces se voient en ses recueilz, et feurent les ditz mémoires par tout unanimement suiviz.

Mais particulièrement luy vint en main une bonne occasion sur ce que S. M. despecha vers luy le s$^r$ Hespérien, conseiller de Béarn, instruict particulièrement par M. de Sillery, aujourd'huy garde[1] des sceaux, et ce sur trois poinctz. Le premier estoit une plainte de S. M. de la trop grande accointance que M. du Plessis avoit eue avec feu M. de la Trémouille,

---

1. Et chancelier.

ne voulant touteffois en ce desservice, comme font, disoit-il, assés souvent les autres Princes, ensevelir ses services ; à quoy M. du Plessis fit responce qu'il avoit de l'obligation naturelle et civille à M. de la Trémouille, telle qu'en sy proche voisinage moins de hantise eust esté inimitié, mais qu'il l'avoit tousjours rendüe subalterne à son devoir vers S. M., et qu'il y avoit paru aux effectz, et en paroistroit davantage s'il plaisoit à S. M. les approfondir, et plusieurs autres raisons là dessus. Le second estoit une plainte de S. M. de certaines bizarreries de ceux de la Religion, prenant ombrage de ses actions, mesmes de ce qu'Elle avoit des Jésuites près d'Elle, dont quelques mauvais espritz vouloient abuzer ; sur quoy respondit M. du Plessis qu'ilz auroient tort de s'en plaindre veu la profession que faict S. M., et pour certaines raisons qu'Elle réserve par devers Elle ; bien auroient ilz à craindre qu'ilz luy jettassent quelques mauvais conseilz en l'oreille ; mais par la fidélité qu'il luy devoit, ne luy pouvoit il dissimuler que ceux de la Religion généralement estoient esbahis des mémoires par son commandement envoyés aux provinces, qui leur imposoient des conditions nouvelles, onéreuses et infamantes, ce qu'aucun des feus Rois en plus dur[1] temps n'avoit jamais faict ; marques qu'il se déffie d'eux, partant les hait et consequemment procurera leur ruine en temps et lieu, dont naissent des discours qui ne pourroient engendrer rien de bon ; et de ce ne falloit douter qu'au

---

1. L'édition de M. Auguis, au contraire des deux manuscrits, porte : « en plus *de* temps, » ce qui n'a aucun sens.

premier jour les députez ne fussent chargez de uy faire griefves plaintes, lesquelles il estoit plus à propos à S. M. de prévenir par sa prudence. Le troisiesme, en ce que S. M. luy faisoit entendre l'intelligence de M. de Bouillon avec le Roy d'Hespagne duquel, depuis peu, il auroit eu un messager avec lettres qui avoient passé par les mains de S. M.; sur quoy luy respondit M. du Plessis que ceste intelligence seroit tousjours condamnée de tous les gens de bien, de luy plus que d'aucun autre, comme estant et contre l'Estat et contre la profession de la Religion; mais qu'il ne se pouvoit tenir de luy dire qu'il importoit désormais au service de S. M. que telz crimes vinssent en évidence, parce que, depuis deux ans que ces accusations duroient, on avoit esté trop peu songnieux de les mettre au jour, qui les faisoit discroire à ceux qui d'abord les avoient ereües; et de ce fit recueillir au dit s$^r$ Hespérien ses propres motz pour les escrire à M. de Sillery avec plusieurs bonnes raisons sur chaque point qui se lisent en ses mémoires. Ceste dépesche fut en Mars 1605.

L'effect fut que, le tout bien pesé, peu de jours après S. M. envoya quérir les ditz sieurs députez de la Religion, et leur déclara que jamais son intention n'avoit esté de leur imposer ces conditions, et que celuy qui avoit faict la dépesche l'avoit mal conceüe, dont S. M. les chargeoit d'avertir ses bons subjectz de la Religion qu'il leur accordoit la liberté de leurz synodes à l'accoutusmée; pour l'assemblée politique, la leur permettoit de mesme, pour Juillet prochain, à Chastellerault; seulement qu'il y feroit trouver un gentilhomme de la Religion de sa part, pour leur y faire entendre sa volonté, dont ilz auroient subject de se louer, et de ce leur fut baillée l'expédition nécessaire. Le gentilhomme, c'estoit M. de Rosny, gouverneur de la province, et leur fut par S. M. exprimé qu'il n'y seroit, ny pour présider à l'assemblée, ny pour controller en aucune sorte leurs actions, ny mesme pour y assister, mais simplement pour y proposer la volonté de S. M.; et le dit sieur se fit entendre aux députez qu'il leur porteroit la continuation des places de seureté pour six ans, afin que d'eux mesmes ilz se disposassent à l'y faire présider.

En ce mesme mois receut M. du Plessis des lettres de l'université d'Escosse en date du mois d'Octobre 1604. Le subject estoit qu'au synode national tenu à Gap en l'an 1603, l'opinion du docteur Piscator, allemand, avoit esté condamnée en assés rudes termes, par laquelle il prétend que la seule mort de Jésus Christ est nostre justification et non aussy toute sa vie; et que le Filz nous soit né et donné tout entier, et que toute sa conversation en terre appartienne à notre salut : opinion néantmoins sur laquelle M. du Plessis avoit estimé qu'il falloit l'avoir ouy premier que de prononcer. Les pasteurs donq et professeurs de l'université de S. André le requéroient d'employer son aucthorité vers noz Eglizes françaises et par tout ailleurs pour modérer ceste sentence, et empescher que ce différend, d'ailleurs comme indifférend, n'esclattast en schisme. A cela leur promit M. du Plessis de mettre la main à bon escient, n'estant la saison d'ouvrir nouvelles plaies, mais de fermer les vieilles, les priant réciproquement de tenir la main vers le docteur Piscator et les siens, à ce qu'ilz ne vinssent point aux escritz publiqs; et de faict en escrivit à tous les synodes provinciaux qui furent réunis en cest an 1605 en France, leur remonstrant de quelle conséquence estoit cest affaire, et combien il estoit plus loisible de suivre l'exemple des Eglizes réformées de Pouloigne[1], lesquelles, en différends plus importans, s'estoient réunies en pleine concorde. Et de la plupart des ditz synodes provinciaux fut remercié, et chargés les députez, qui de leur part se trouveroient au premier synode national, de traicter des moyens de pacifier cest affaire, mesme en adoucissant la sentence trop rigoureuse du synode de Gap.

De mesme soin fit aux ditz synodes provinciaux entendre combien il estoit dangereux d'approfondir au synode national les questions que le synode de Gap y avoit remuées, s'il y a reste d'Eglize et de vocation en la Romaine, en quelle part qu'on conclust, et les inconvéniens, en danger mesme d'une division, qui de part et d'autre en arriveroient; sur tout parceque les décretz des synodes qui simplement affirment ou nient, approuvent ou condamnent sans s'estendre aux justices et raisons de leur décision, laissent beaucoup à deviner aux hommes; et de ce fit un petit escrit en latin qu'il leur envoya partout; mesme en conféra avec des plus apparens, et en la plus part des ditz synodes provinciaux fut trouvé bon de se tenir aux termes où on estoit, sans rien innover.

---

1. De Pologne.

Mesme à l'imitation de la réunion des Eglizes faicte en Pouloigne, mit en avant en Allemagne, par l'entremise de quelques grands personnages, les moïens de réconcilier les différends des Eglizes réformées; ce qui fut trouvé bon de quelques princes de l'une et de l'autre confession[1], jusques à parler de la tenüe d'un commun concile d'icelles; mais pour la longueur des délibérations d'Allemaigne, la chose n'auroit encor peu venir sy avant, bien que non hors d'espoir; et est à noter que comme ceux qui font les affaires du Roy en Allemaigne eussent entr'ouy quelque chose de ceste union négotiée par luy, ilz en donnèrent advis à S. M., estimans que ce fust une union politique des Eglizes françaises avec celles d'Allemaigne, dont S. M. entra en grand colère contre luy, jusques à parler de lui oster tous ses estatz; mais les dépesches qui vinrent depuis l'esclarcirent qu'elle ne regardoit que la doctrine, ce que M. de Villeroy luy reconnust lorsqu'il eut l'honneur de voir S. M. à Chastellerault en ce mesme an 1605 en Octobre. Les mémoires qu'il envoya en Allemaigne passoient jusques là que les princes soubz l'aucthorité desquelz se tiendroit le synode national en Allemaigne envoyassent vers le Roy d'Angleterre, luy fissent entendre le succes d'iceluy et le priassent de s'employer vers les princes ses alliez pour les rendre capables de ceste saincte union de doctrine; mesme prissent occasion de lui remonstrer l'avantage que les adversaires prenoient de la rigueur qu'il tenoit à ceux qu'en son royaume on appelle Puri-

---

1. Calviniste et luthérienne.

tains, estant de sa prudence, puis qu'en la substance de la foy il n'y avoit point de différend, de les supporter ès choses qui ne regardent que la police. Y ouvroit aussy un expédient, cas que nos Eglizes françaises y fussent conviées d'envoyer à ce synode d'Allemaigne, par lequel, avec le gré du Roy, elles le pouvoient faire, scavoir en l'en requérant très humblement, luy faisant apparoir des lettres des universités d'Allemaigne par lesquelles elles y fussent exhortées.

Monsieur du Plessis avoit achevé en l'an 1604 la version latine de son œuvre de l'Eucharistie, laquelle, en Mars 1605, il envoya à Francfort au sieur Claude de Marne, imprimeur, par l'entremise de M. de Bongars, agent pour le Roy en Allemaigne, lequel la dépescha pour la foire suivante de Septembre, et, la sçachant fort désirée des estrangers, en fit deux éditions à la fois, l'une in-folio, l'autre in-octavo. Et environ ce mesme temps vinrent en lumière ses Méditations, par luy reveües et augmentées de quelque nombre, qui furent imprimées à Saumur et bien recueillies de tous gens de bien, mesme de contraire religion.

Sur la fin de Mars aussi 1605, nostre filz nous vint retrouver pour se préparer à son voyage des Pays bas, lequel il commencea vers la fin de May. Plusieurs raisons le luy faisoient entreprendre avec quelque regret, le congé qu'il remarquoit luy avoir esté donné si gayement, le desplaisir que nous en recevions qui pensions au contraire à le marier, et estions en propos de la fille aisnée de la maison de Jarnac; moy surtout tousjours travaillée de maladie et de douleur, peu asseurée à ceste occasion de le revoir; et pour le publiq, l'incertitude de la condition de nos Eglizes jusques à ce qu'on vist l'yssue de ceste assemblée, et en icelle de la demande des places; la condition de M. du Plessis mesme abbayé à toute heure de calomnies auprès du Roy, lequel dès lors on disoit s'acheminer vers ces quartiers, pour de plus fortifier la négociation de M. de Rosny en l'assemblée et affoiblir le courage des députez des Eglizes. Mais à tout cela s'opposoit un désir incroyable de monstrer sa vertu, et d'en apprendre l'exercice, et le congé près du Roy luy estoit un commandement irrévocable; et nous qui estions chagrins pour luy quand nous le voyions se chagriner en oisiveté, l'y voyant résolu donnions nostre desplaisir au sien pour ne contrister son voyage. Tellement qu'ayant donné un tour en Poictou pour dire à Dieu à son frère et sœur de la Tabarière, il nous laissa recevant nostre bénédiction et prenant son chemin par le Maine et la Normandie avec son frère de Fontenay qui l'accompagna jusques en sa maison, où il fut arresté d'une fiebvre tierce aspre qui luy rompit son dessein de le conduire jusques à Dieppe où il s'alla embarquer. Il vit aussy son frère et sa sœur de la Verrie, lequel l'accompagna quelques journées.

Le Roy ayant accordé à ceux de la Religion une assemblée générale pour le mois de Juillet, les provinciales se tenoient en Avril et May, préparatoires à la générale; et estoit besoin que les bons conseilz s'y prissent de bonne heure qu'il eust esté trop tard de proposer en la générale; M. du Plessis donq dresse des mémoires et choisit quelques personnes d'auctorité et de confiance en chaque province, qui les représentent à chacune provinciale, pour sur iceux diriger les instructions des députez qu'ilz auroient à faire trouver en la ditte générale. Ces mémoires, en observant le respect deu au Roy et la considération du repos publiq, proposoient aux Eglizes les moïens de leur conservation en maintenant leur union publique, retenant la liberté de leurs assemblées qu'il plaisoit au Roy de leur donner, et surtout luy demandant avec toute humilité les choses nécessaires, spécialement la continuation des places baillées en garde ausditz de la Religion pour leur seureté; et y estoient déduites les raisons pour lesquelles il leur estoit juste de les demander et de l'équité de S. M. de les leur accorder; et sur ces mémoires assés amples furent dressés ceux de la plus part des provinces, partie desquelles mesme firent passer leurs députez à Saumur pour en conférer plus au long avec luy. Estoit question d'y renouveller[1] l'union des Eglizes réformées; il leur proposa d'y adjouster clause par laquelle ilz demeurassent uniz soubz l'auctorité du Roy et de monseigneur le Dauphin, prenant occasion des monopoles descouvertz dès l'an 1604, et plus esclarciz en l'an 1605, de la marquise de Verneuil[2] et du s$^r$ d'Entragues son père qui, soubz prétexte de se garantir et ses enfans

1. Déjà renouvelée à Mantes, lors de la conférence avec le roi.
2. Le comte d'Auvergne était également compromis dans le complot; il fut condamné à mort ainsi que M. d'Entragues, mais le roi leur fit grâce.

de l'animosité de la Reine, avoient traicté avec l'Hespagnol pour se mettre en la protection du Roy d'Hespagne et se transporter en pays de son obéissance, ce qui fut faict en la ditte assemblée sans que M. de Rosny, qui néantmoins en voulust avoir gré de la Royne, en ouvrist la bouche, ny en sceust rien que lors qu'il fust prest à partir. Estoit aussy question de nommer nouveaux députez, personnes sans exception; il disposa Monsieur de la Noüe, le venant voir avec Madame de la Tremouille qui s'en alloit en court, d'accepter ceste charge; et nonobstant que le Roy l'eust envoyé à Genève, sur certaine alarme qui s'y présentoit, pourvut qu'en l'assemblée provinciale de Poictou il fust entre plusieurs autres nommé député de la province et conséquemment, en l'assemblée générale, député général pour résider près S. M., ce qu'il n'eust peu autrement. Restoit que M. de Rosny désiroit fort estre gratifié de présider en la ditte assemblée générale, nonobstant que S. M. leur eust laissé la liberté entière; et cela estimoit-il indifférend au service du Roy, mais de dangereuse conséquence pour les Eglizes, qui fut cause qu'il ne feignit[1] point de leur en remonstrer les inconvéniens tant ès assemblées provinciales qu'en la générale, les admonestant au reste de luy rendre, hors cela, tout l'honneur et le respect dont ilz se pourroient adviser. Et ce fut sur cela que M. de Rosny se piqua contre luy, qui l'eust deu gratifier des bons esgardz qu'il avoit eüs pour le service du Roy et repos publiq, dont il lui escrivit assés brus-

1. Craignit.

quement que le Roy ne trouveroit pas bon qu'il ne se fust point trouvé à Chastellerault pour l'y servir, comme quelques autres, qu'il couroit certains mémoyres sous son nom dont il ne le vouloit pas garantir que S. M. ne se trouvast fort offensée, mais M. du Plessis en escrivit aussy tost à S. M. et particulièrement à M. de Villeroy, remonstrant qu'il ne s'y estoit point trouvé parce qu'il n'y avoit point de charge, que M. de Rosny mesme ne l'en avoit point requis, et, s'il l'eust faict, qu'on y eust donné quelque mauvaise interprétation, comme à ses meilleures actions, et maintenant luy estoit bien dur; que son respect luy fust imputé à crime; pour les mémoyres qu'il en avoit envoyés, et ne les désavoueroit point, quand on les luy feroit voir, et quand il plairoit à S. M. de se les faire lire, comme il l'en supplioit très humblement; qu'en y procurant le bien des Eglizes, dont il ne peut estre blasmé veu sa profession, Elle trouveroit qu'il n'y avoit rien oublié de ce qui regardoit le service de S. M. et le bien de son Estat; à quoy luy fust respondu que S. M. n'avoit jamais attendu autre chose de son ancienne fidélité, et qu'au retour de M. de Rosny, on luy feroit plus ample responce là dessus, ce qui touteffois ne se fit point.

L'yssüe fut telle que, de quinze provinces, les treze nommèrent monsr de la Case pour y présider, gentilhomme qualifié de la maison de Pons en Saintonge, et n'y eut que deux voix pour y faire présider M. de Rosny; mesme fut à son occasion exclus monsr de Parabère, lieutenant général en la province, non sans grand mescontentement; que S. M.

accorda à ceux de la Religion les places pour encor sept ans à compter de Janvier 1606, scavoir trois jusques à la dernière vérification faitte à Rennes, et quattre autres après que messieurs de la Noüe et de Craux, advocat de Grenoble, furent députez pour résider près de S. M. pour les affaires des Eglizes, pour un an, au bout duquel S. M. seroit requise d'une autre assemblée pour procéder à nouvelle élection, et iceux chargés des cahyers, des plainctes et remonstrances des dittes Eglizes. Et y fut remarqué qu'on avoit amolly les courages de plusieurs, en danger de n'y rien faire à propos s'ilz n'eussent esté relevez, les plus fortes provinces, bien souvent, par les plus faibles. Monsieur de Rosny voulut faire entendre au Roy qu'il luy avoit là empesché du remuement; mais la vérité est que nul n'y pensa onq qu'à requérir ce qui estoit nécessaire à la conservation des Eglizes et par les voyes légitimes de supplication vers S. M., ce qu'Elle leur accordoit librement selon son équité et qu'on leur vouloit faire trouver bon en barguignant. Particulièrement M. de Rosny n'y eust pas tout le contentement qu'il s'estoit promis de la ditte assemblée, ny la plus part de ceux qui s'y trouvoient de la variation de ses procédures, leur disant tantost qu'il n'estoit point venu pour eux, ne venoit que visiter son gouvernement, n'avoit rien à leur dire de la part du Roy, nulle charge pour les places, et tantost le contraire. La vérité est que la plus part des provinces avoient prié M. du Plessis de s'y trouver, mais il voulut éviter ceste jalousie. Entre le temps que l'assemblée fust accordée et qu'elle fut tenüe, madame de la Trémouille prit son occasion d'aller en cour, où de long temps elle estoit appelée. Il luy avoit esté parlé de mener monsieur son filz pour estre nourry près de monseigneur le Dauphin, ce qu'elle redoubtoit, craignant qu'en ce petit âage on ne luy instillast quelque chose contre la religion; et M. de Montaterre venant en ces quartiers n'avoit point celé que le Roy luy en avoit parlé clairement, adjoustant qu'il scavoit bien qu'elle n'en feroit rien sy elle croioit mons^r du Plessis sur lequel en tomboit l'envie. Arrivant touteffois sur ces entrefaictes en cour, la trouvant mesme brouillée d'ailleurs de plusieurs ombrages[1], elle y fut fort bien receüe, et n'en fut pressée en aucune sorte; à quoy ne servit peu, avec la circonstance du temps pris à propos, ce que M. du Plessis avoit dit à M. de Montaterre pour jetter en l'esprit de S. M., que ce jeune seigneur, en cest âage, ne luy pouvoit, auprès de monseigneur le Dauphin, servir, ny ailleurs nuire, et cependant que ceux de la Religion auroient subject de croire qu'on avoit soin de leur arracher tout ce qui estoit éminent entr'eux, pour les avilir et abaisser, ce qui les feroit entrer en déffiance et mauvaise créance des intentions de S. M.

Pendant tout cest an 1605 continuoit la disgrâce de M. de Bouillon, quelques moyens qu'il recerchast de se remettre bien auprès de S. M., ce qu'au jugement de M. du Plessis il eust mieux réussy s'il se fust teu du tout. Une grande légation donq vint vers

---

1. C'était le moment des affaires de M. d'Entragues et du comte d'Auvergne.

S. M., tant des Princes d'Allemaigne que des quatre principaux quantons évangéliques de Suisse, sur ce subject, représentans à S. M. les services et mérites du dit seigneur, lequel, n'en venant autre chose en évidence, ils croyoient estre innocent, veu mesme les sermens qu'il leur en faisoit, et supplioient S. M. en paroles assés fortes, les Allemans principalement, par les bons offices qu'ilz lui avoient rendus en la nécessité de ses affaires, de le recevoir en sa grâce. La responce de S. M. fut qu'il estoit prest de luy ouvrir sa justice s'il se sentoit innocent[1], ou sa clémence s'il confessoit sa faute; et sur leur réplique qui ressentoit quelque tacite menace, que, s'ilz faisoient peu d'estat de son amitié, il n'avoit que faire de la leur. Ceste légation de prime face[2] considérable en ce que les princes de la confession d'Augsbourg s'y voioient jointz avec ceux de la nostre, en ce aussy que les Suisses s'y rencontroient avec les Allemans, mais qui perdit beaucoup de sa force quand on remarqua que les Suisses n'y employaient que ceux qui sollicitoient leurs debtes en cour, et non gens envoyez exprès, et demandèrent leur audience à part. D'ailleurs, ayant besoin du Roy à cest instant, par l'alarme où ilz estoient du fort que l'Hespagnol faisoit construire à l'entrée des Grisons, que les Princes allemans aussy pour la plus-part faisoient faire cest office par leurs agentz résidans en cour à mesme fin, et porter leur parole au Roy par

---

1. Le manuscrit de la Bibliothèque impériale et l'édition de M. Auguis portent : « S'il estoit innocent. »
2. L'édition de M. Auguis porte : « Cette légation de prince fut.... »

un simple conseiller de monsieur l'Electeur palatin, qu'ilz devoient par quelque comte des plus notables, veu que le dict seigneur Electeur y avoit envoyé paravant de son seul chef un comte de Solme, avec le s$^r$ de Plessen, les principaux de son conseil.

Ceste légation venüe à néant, sembla qu'une plus basse entremise seroit moins odieuse au Roy qui ne prenoit pas en bonne part que les Princes estrangers se melassent entre luy et ses subjectz; et en mesme temps, diverses pratiques de l'Hespagnol se descouvroient en l'Estat qui faisoient penser à assoupir cest affaire; qui fut cause que M. de Monloüet, de la maison de Rambouillet, gentilhomme de la Religion des mieux qualifiez, soubz ombre d'aller voir ses enfans estudians à Sedan, eut charge de tenter cest affaire par quelques ouvertures esquelles, en rendant à M. de Bouillon la bonne grâce du Roy, l'authorité de S. M. fust conservée; mais après quelques allées et venues, la chose ne peut réussir, M. de Rosny ne feignant de dire qu'il n'avoit aucune charge, et qu'il se mesloit de ce dont il n'avoit que faire. Enfin touteffois monsieur le Landgrave de Hesse, duquel S. M. prenoit particulière confiance, luy ayant remonstré les mescontentemens que les Princes d'Allemaigne avoient conceus d'avoir esté si peu considérez en cest affaire, préjudiciables à son service, S. M. trouva bon qu'il s'y entremist, dont il amena la chose à tel point que S. M. lui donnoit sa parole que monsieur de Bouillon le pouvoit venir trouver en toute seureté pour se justifier devant luy, et luy seroit libre de s'en retourner chez luy sy S. M. n'en demeuroit satisfaicte; ce que le dit sieur s'estoit résolu de faire sur la parole que le dit sieur Landgrave luy en donnoit; et de ce envoya les concertz à monsieur du Plessis luy en demandant son advis, qui luy conseilla de ne point perdre ceste occasion, n'ayant apparence que le Roy voulut enfraindre sa parole à un tel prince, qui mesmes ne faignoit de la garentir envers les autres Princes d'Allemaigne, ses alliez. C'estoit vers la fin du mois de Juin 1605; monsieur de Bouillon cependant, sur divers advis qu'il avoit eus, et les remarques que luy mesme avoit observées, que le Roy avoit faict reconnoistre sa place[1] dedans et dehors, appréhendant un siége, il avoit pensé de préparer en ce cas une diversion, et sur les ouvertures que luy en auroient faict aucuns de ses serviteurs, auroit presté l'oreille à certaine noblesse mescontente en Périgord et Quercy, mesme faict distribuer quelques deniers à certains qui luy promettoient quelques places; et de ce estoit il résolu de se confesser au Roy s'il eust eu l'honneur de l'abboucher par l'entremise que dessus; mais avint sur l'entrée du mois d'Aoüst, pendant les allées et venües du s$^r$ de Widemar que M. le Landgrave emploioit en ceste affaire, qu'aucuns de ceux avec lesquelz ses gens avoient traicté, soit gagnez, soit craignant l'yssüe, vinrent le tout descouvrir à S. M., un Blanchard entre autres qui manioit la recepte des terres du dit s$^r$ en Auvergne, tellement que S. M. animée de plus belle, se résolut de tant plus à sa ruine que le crime venoit en évidence, et depuis ne voulut ouïr parler de la négotiation susditte.

1. Sedan, qui appartenoit en souveraineté à la maison de Bouillon.

Lors donq se résolut S. M. d'acheminer forces et canons en Limosin, pour opprimer d'abord ceste esmeute de noblesse qui touteffois ne se fit jamais à cheval dix ensemble. Ce que voyant M. de Bouillon, et qu'il n'y alloit de moins que de faire razer tous ses chasteaux et confisquer ses terres, estima plus à propoz, par le conseil de ses amis et non sans son grand regret, d'en offrir et faire l'ouverture luy mesme, pourveu qu'ilz fussent de la Religion ; ce qu'estant accepté de S. M., commanda aux siens qui estoient dedans de baisser les pontz à quiconque auroit charge de S. M. d'y entrer, ce que firent nomméement les sieurs de Rignac et de Barsignac, le premier catholique Romain, l'autre de la Religion ; mais se retirèrent d'avant, à cause des susdittes accusations, ne laissant que des soldatz dans les dittes places ; et furent envoiez par S. M., pour entrer au chasteau de Turenne le sieur de Villepion, en celuy de S<sup>t</sup> Seré le sieur de Vivans, et en ceux de Limeuil et Montfort le sieur de Brezolles, tous de la Religion, et d'ailleurs non désagréables au dit sieur de Bouillon. Ne fut contesté sur la condition qu'ilz fussent de la Religion, parceque les députez généraux des Eglizes remonstroient que ces places faisoient partie de leur seureté, estans de celles qui leur estoient baillées en garde, et les vouloit-on plus tost gratifier qu'offenser pour ne les intéresser avec le dit duc de Bouillon. Cependant S. M. s'acheminoit toujours le long de la rivière de Loire pour en favoriser de plus près l'exécution, qui fut cause que M. du Plessis, la sachant arrivée à Orléans, estima devoir dépescher vers Elle le sieur d'Ambesaigues qui la rencontra à Blois. Ses lettres portoient en somme que, sur le bruit de ces remüemens, il auroit pensé devoir envoyer recevoir les commandemens de S. M., ne pouvant croire que la cause n'en feust plus grande qu'elle ne paroissoit au dehors, puisqu'Elle la jugeoit digne d'y porter et ses forces et sa personne, qui par sa seule présence auroit autreffois calmé tant de tempestes. Et eust S. M. cest envoy aggréable et demanda pourquoy il n'estoit venu. Respondit le gentilhomme qu'il pensoit encor S. M. à Orléans; demanda s'il viendroit pas le voir; respondit qu'il ne doutoit point qu'il n'obéit à son commandement, sur tout s'il estoit assuré d'un bon visage de S. M. parce qu'un mauvais visage le désesperoit, et un indifférent ne le satisferoit pas. Répliqua S. M. qu'il n'en devoit douter, et qu'il la vinst trouver à Chastellerault, dont la dépesche fut commandée à M. de Villeroy, portant commandement à M. du Plessis de se rendre à Chastellerault, et que là il luy diroit les raisons de son voyage qu'il s'asseuroit qu'il trouveroit bien fondées. Le dit sieur de Villeroy et aussy M. de Fresne, secrétaires d'Estat, firent instance de le mander à Tours; mais S. M. persista à Chastellerault, soit qu'Elle le pensast voir en une ville de la Religion plus privéement, soit qu'Elle voulust avoir veu M. de Rosny premier, à cause de ce qui s'estoit passé entre eux sur l'assemblée de Chastellerault. Vint à propos au sieur d'Ambesaigues que S. M. se plaignant que, le précédent voyage qu'Elle estoit venüe sur la rivière de Loire, il ne l'avoit point veüe, respondit que la cause estoit qu'il estoit lors prest de mettre en lumière sa responce au livre de l'Evesque d'Evreux, et craignoit que S. M. luy en fist défence ; à laquelle désobéissant, il eust offensé tant plus S. M., obéissant eut faict tort à son honneur et à sa conscience. « Oui, respliqua S. M., à un livre qui ne fust, n'est et ne sera jamais. » Monstrant assés par là bien reconnoistre la charlatanerie du dit Evesque; luy remonstrant aussy comme on avoit voulu calomnier M. du Plessis sur certains mémoires par luy envoyés à l'assemblée de Chastellerault; luy respondit S. M. que cela n'estoit rien et qu'il n'avoit onq douté de sa fidélité; répliqua le gentilhomme que s'il eust pleu à S. M. de le voir, elle y eust trouvé du service [au lieu du déservice[1]] qu'on luy vouloit faire croire, la clause par laquelle nos Eglizes en leur union générale recognoissoyent Monsieur le Dauphin, laquelle néantmoins d'autres s'estoient attribuée comme procédante de leur soin et prudence; le Roy respondit, que pouvoient elles moins faire? et neantmoins ne laissa, par ses propos tenus depuis, de le reconnoistre pour notable service; mais c'est l'ordinaire des Princes de ne faire semblant de connoistre ce qu'ilz ne veulent pas reconnoistre. C'estoit sur la fin de Septembre.

A Tours eust nouvelles S. M. que les places de M. de Bouillon auroient obéy, et là dessus la plus part concluèrent à retourner à Paris, la Reyne mesme qui se faschoit de laisser le Roy; M. de Rosny qui avoit pris son chemin par le Berry, visitant ses nouvelles acquisitions vint en poste de

---

1. Manque dans le manuscrit de la Bibliothèque impériale et l'édition de M. Auguis.

Chastellerault à Tours qui résolut S. M. à continuer le voyage. La seule raison fut que par là S. M. feroit voir à ses subjectz qu'elle estoit aussy preste que jamais de porter sa personne là où le besoin l'appelloit. Et fut celle que S. M. mesme dit à Monsieur du Plessis. Tandis qu'il attendoit le jour certain que le Roy partiroit de Tours pour l'aller rencontrer, Père Cotton Jésuite, venant de la Flesche, passa à Saumur et demanda à le saluer avec cinq de son ordre. M. du Plessis le receut courtoisement, et ne s'y passa que propos communs du devoir qu'ilz avoient voulu rendre à sa réputation, sachant bien aussy qu'ilz feroient chose agréable au Roy de luy dire de ses nouvelles, à quoy il leur respondit qu'il espéroit le lendemain avoir l'honneur de luy en dire luy mesme. Les Catholiques Romains de la ville eurent pene à croire ceste visite, et vinrent en nombre jusques la porte du chasteau pour s'en asseurer par leurs yeux, et en divers lieux s'en fit des gageures.

Le  Octobre donq monsieur du Plessis part pour aller trouver S. M. et sans s'accompagner que de M. de Fontenay, l'un de noz gendres; et le lendemain matin, passant la Creuse devant le Port de Piles, sceut que S. M., qui avoit couché à S\ :sup:`te` Maure, y venoit disner. En l'attendant, y passèrent ou arrivèrent bonne partie de ses amys, mesme du conseil d'Estat qui monstrèrent beaucoup de joye de le voir, M. de Villeroy sur tous, qui ne le voulut aucunement abandonner qu'il n'eust veu le Roy. L'abord de S. M. fut assés gracieux, et après peu de propos ordinaires, attendant sa viande, le tire à part, et l'entretinst de griefves plaintes contre M. de Bouillon, pour rendre le présent plus croyable luy ramentevant le passé, et montroit bien que cest fascherie luy tenoit au cœur, par dessus toutes autres : M. du Plessis luy respondit que ses serviteurs estoient tenuz de croire ce qu'il luy plaisoit leur dire, et ne se fust pas mise en chemin sy Elle n'eust pas veu bien clair en cest affaire; mais que, de ce scandale, S. M. en pourroit tirer une grande édification, scavoir qu'il n'y avoit sy grand ny de naissance ny de créance en son Royaume, qui peust destourner ses subjectz de la Religion de leur devoir; ce qui luy paroissoit en ce qu'en tout ce remuement où S. M. disoit se trouver comprins plus de trois centz gentilzhommes catholicques, il n'y en avoit que deux de la Religion, l'un domestique de M. de Bouillon, l'autre qui en avoit donné le premier advis, ce que S. M. reconnust estre vray. Adjoustoit S. M. qu'on luy vouloit faire croire que l'argent qu'avoit faict distribuer M. de Bouillon estoit venu de l'Hespagnol, mais qu'il n'en croyoit rien, mais bien que, quelque avaricieux qu'il fust, la haine qu'il luy portoit avoit été sy puissante en luy qu'elle avoit forcé l'avarice, jusques à employer ses revenuz dont, ayant perdu ses pensions, il n'avoit pas trop, pour troubler ses affaires. Luy respondit qu'il estoit à la vérité malaisé à croire qu'il peust avoir liaison de ce costé là, veu les autres qu'il avoit de profession et de sang du tout contraires; mais bien estoit il croyable que doutant[1] un siége à Sedan, il avoit voulu se prémunir d'une diversion, et que ce luy estoit un

1. Redoutant.

grand malheur que le propos sy avant acheminé par
M. Landgrave fust rompu. Et lors luy dit le Roy que
c'estoit luy mesme qui par sa bonté avoit excité
cette négotiation, et que le dit s^r de Bouillon y voudroit bien revenir, mais que les choses estoient hors
de ces termes et qu'il n'en falloit plus parler. Et plus
ne se dit sur ce propos au Port de Piles. Après que
S. M. eust disné, se retira en sa chambre, où arriva
M. de la Tabarière, nostre gendre mandé par M. du
Plessis, et quelque heure après entra S. M. en son
carrosse avec les princes pour aller à Chastellerault,
auquel lieu son arrivée fut troublée par la dispute
entrevenüe sur le logis entre le fourrier de Monseigneur le comte de Soissons, le demandant en son
rang, contre M. de Rosny le prétendant retenir en
qualité de gouverneur de la province; ce que S. M.
ne trouva bon, et dit à quelques uns que ces fougues le ruineroient, luy commandant au reste, par le
sieur de Praslin capitaine des gardes, de faire place
au dit seigneur comte; et la vérité est que de toute la
court, cest entreprise fust trouvée estrange. Le jour
ensuyvant, S. M. en son cabinet remit sus à M. du
Plessis ce propos de M. de Bouillon s'en monstrant
extrêmement offensée; il luy dit que nul ne scavoit
mieux que S. M. qu'il n'avoit point d'obligation à
M. de Bouillon, mais qu'il parloit pour son service;
qu'il avoit toujours estimé que, tant pour le repos de
son esprit que de son estat, cest affaire devoit estre
accommodée, et qu'elle ne croyoit pas que celuy qui
avoit esté si prodigue de clémence à tant d'autres la
voullut tout à coup reserrer à l'endroict de cestuy
là seul. Respondit S. M. que non; au contraire, dit

il, je seray tous jours plus prest de luy pardonner que luy de s'amender; mais afin qu'il n'ait pas à dire, comme il fait, que je veuille opprimer son innocence, je veux que sa faute soit évidente à chacun. — Ouy, Sire, dit M. du Plessis, vous voulez que le péché abonde afin que votre grâce surabonde; et puis donq qu'il se soubzmet, comme on dit, à la confesser, je le voy en bon chemin. — « Ouy, dit S. M. s'il le faisoit comme il doibt; mais il ne confesse qu'à mesure qu'il se voit convaincu de ce qu'il ne peut plus nier, et qu'auparavant il avoit nié sy expressément; et ne regarde pas que je le voy tout à descouvert, » et là dessus force particularitez, et non sans grand esmotion; enfin, « mais quand je luy auroy rendu ma bonne grâce, ses estatz et ses pensions, ma chambre et mon conseil et mes affaires, quelle seureté puis-je prendre de luy? — Quelle autre, dit M. du Plessis, peut prendre un prince de son subject, un maistre d'un serviteur que celle qu'il a tousjours en sa main; vostre majesté n'a t'elle pas la justice et la force? Ne garde t'elle pas tousjours les gages? N'est il pas en vous, s'il forfaict à son devoir aujourd'huy, de le chastier demain, ou seroit il de la dignité de S. M. d'en prendre la caution de quelques princes d'Allemaigne, ausquelz il a l'honneur d'appartenir? Un sy grand Roy ne pouvoir que par la caution des estrangers s'asseurer d'un sien subjet! — Enfin, dit S. M., j'en scay une [moy[1]]; et à ce dernier propos appelle le s$^r$ Constant, autreffois ser-

---

1. Manque dans le manuscrit de la Bibliothèque impériale et dans l'édition de M. Auguis.

viteur domestique de M. de Bouillon, qui entra sur ce point; « c'est qu'il me mette sa place de Sedan entre les mains; aussy bien me sens-je la conscience de rien plus chargée[1] que de la luy avoir baillée, l'ostant à qui elle appartenoit, et j'y mettray un gouverneur de la Religion que tous vous autres aurez aggréable. Qu'en dittes vous? — Cette seureté, Sire, est bonne pour le service de S. M.; mais je doute qu'elle ne luy soit bien dure, et qu'il n'ayme mieux supporter sa maladie que subir ce remesde : je crains, Sire, que là dessus, il ne se cabre et ne se désespère; vous direz, Sire, que ce sera sa ruine, et et je le croy ainsy, mais prenez garde aussy qu'il ne mette le feu en vostre maison. » Et là dessus, entrant le Jésuite Cotton, « Cotton, dit le Roy, que vous voyez là, se loüe fort de la réception que luy avés faicte, mais il ne craint rien tant que vous le teniez pour un sorcier. « C'est à propos, Sire, de ces questions qui courent soubz ce nom? « — Ouy, dit il, où il dit qu'on adjouste tous les jours, comme à la Bibliothèque de la Royne mère; — « mais respondit il, Sire, V. M. les peut faire compulser sur l'original qui est ès mains de M. de Rosny. » Et en demeura on là; c'estoient certaines questions en Latin que le dit Cotton avoit dressées pour sur icelles interroger le Diable, impies, séditieuses et scandaleuses; entr'autres sur la vie du Roy, de la Royne, de M. de Rosny, la paix du Royaume, la disposition des subjectz et des voisins; nomméement quelz estoient les passages de l'Escriture plus propres pour prouver le

---

1. M. le duc de Montpensier l'avait réclamée.

Purgatoire, et l'invocation des sainctz et semblables; ne les ayant peu trouver en la Parole de Dieu, il les cerchait en celle du Diable, les questions escrites de sa propre main, par luy niées du commencement, et depuis reconnües en disant qu'en l'auctorité de l'Eglize elles se pouvoient licitement faire au Diable.

Monsieur du Plessis avoit occupé son après disnée à voir ses amys, singulièrement[1] messieurs de Sillery et de Villeroy, ausquelz sur le faict de M. de Bouillon il auroit tenu semblables propos, et concerté avec M. de Villeroy que, pour adoucir S. M., à son retour de Limoges madame de Bouillon le vint trouver; qu'en suite de cela, on achemineroit le surplus; que madame la princesse d'Orange n'y estoit propre[2] parceque le Roy ne l'avoit pas en assés de respect; et aussy tost en donna advis à madame de la Trémouille[3] par M. de Bessay, gentilhomme de qualité du Poictou, pour en advertir la ditte dame sa sœur, ce qu'elle fit; mais soit que sa couche ou autre considération la retinst, M. de Bouillon, comme il se verra cy après, ne fust d'advis qu'elle vinst, et prit son adresse vers la princesse d'Orange [sa belle-mère[4]].

Monsieur du Plessis, S. M. luy ayant parlé assez

---

1. Particulièrement.
2. L'édition de M. Auguis porte : « n'y estoit proche. »
3. La seconde femme du duc de Bouillon était la fille de Guillaume le Taciturne, prince d'Orange, de sa quatrième femme, Louise de Coligny qui lui avait survécu. Mme de la Trémouille était fille du même Prince et de sa troisième femme, Charlotte de Bourbon.
4. Manque dans le manuscrit de la Bibliothèque impériale et l'édition de M. Auguis.

franchement de cest affaire et mesme de plusieurs autres, luy dit : « V. M. m'a tantost faict l'honneur de me parler de tout le monde, fors que de moy; sy scay-je, Sire, qu'il n'y a pas faute de gens qui m'ont voulu brouiller vers V. M. Je la supplie donq très humblement de trouver bon que je l'en esclarcisse. » Mais le Roy luy respondit en général qu'il avoit tousjours reconnu sa fidélité, et n'avoit jamais attendu autre chose de luy, ce qui ne le contentoit point ; dont il redoubla, qu'il la supplioit de trouver bon qu'il luy dist que ceste trop générale déclaration de S. M. ne luy contentoit pas l'esprit s'il ne luy plaisoit approfondir les choses davantage. Et lors luy dit S. M. : « Quand vous estes loin de moy, on me parle de vous, et à vous de moy, mais tout cela n'est rien. — Ouy, Sire, répliqua-t-il ; mais le mal est que ce qu'on me dit de vous ne vous peut nuire, et que ce qu'on vous dit de moy me ruyne. » Et là dessus se prit S. M. à soubz rire ; néantmoins prit là dessus M. du Plessis occasion de luy particulariser les imputations passées, et comme Elle avoit reconnu la fausseté de la plus part, qu'aussy feroit elle de toutes autres s'il luy plaisoit de voir jusques au fondz ; qu'enfin, il ne craignoit point sa justice, parce qu'il ne craignoit pas son injustice ; et se monstra S. M. satisfaicte de tout ce propos. Le lendemain, lundy matin, Octobre, S. M. partant pour continuer son voyage de Limoges, il prit congé d'Elle à la Tour d'Oyré[1] maison de la dame de la Boulaye ; et lors furent récapitulez tous les propos

---

1. L'édition de M. Auguis porte : Il prit congé d'aller à la Tour.... »

que dessus ; celuy nomméement de M. de Bouillon, du danger de le désespérer, et d'appeller les forces d'Hespagne sur la frontière, pour y faire bresche premier qu'on peust parer au coup ; et luy dit S. M. qu'Elle y pourvoirroit et voudroit desjà en estre là, parce que l'Hespagnol luy faisoit pis à couvert qu'il ne pouvoit armes descouvertes, et que lors ceux de son conseil n'auroient plus rien à alléguer pour empescher la guerre ; qu'aussy il renforceroit au printemps le secours des Estatz de deux régimens françois, desquelz il donneroit l'un à nostre filz ; sur quoy M. du Plessis lui respondit : « Que V. M. me pardonne sy je ne l'en remercye qu'à demy, parceque je n'ay qu'un filz. » Et là dessus luy dit que le sieur de Buzenval, son ambassadeur, luy envoyoit ordinairement en ses dépesches les lettres que nostre filz lui escrivoit de l'armée du prince Maurice, de laquelle et de tout leur estat il escrivoit avec beaucoup de jugement. L'adieu[1] fut que M. du Plessis le vinst voir à Paris et passast quelque partie de l'année auprès de luy, que lors il verroit mieux dans ses bonnes intentions, pour en asseurer les autres ; et de là revint M. du Plessis à Saumur, bien veu autant que jamais de la cour et de ses amys, ausquelz touteffois il fit alors entendre qu'il n'y avoit aucun dessein.

Avec M. de Rosny, à cause de l'assemblée de Chastellerault, il y eust de la froideur ; M. de Rosny se plaignit à luy qu'il avoit envoyé ses lettres au

---

1. Au contraire des deux manuscrits, l'édition de M. Auguis porte : « l'*advis* fut.... »

Roy; il luy dit qu'il ne pouvoit se justifier de bonne grâce de la calomnie qu'en envoyant ses lettres qui luy en avoient donné cognoissance; austrement eust dist qu'il se fust accusé luy mesme; mais qu'en ce qu'il avoit escrit au Roy, il n'y avoit rien dont il deust estre offensé. Répliqua M. de Rosny qu'il ne luy en pouvoit dire autre chose sinon qu'il l'avoit faict par commandement du Roy: « Allégant le Roy, dit M. du Plessis, vous me fermés la bouche; je pense touteffois que S. M. est satisfaicte là dessus. »

Fut remarqué que, tandis qu'il fut là, il ne se passa repas que S. M. n'entretinst la compaignie des notables services qu'il luy avoit faictz, en les plus difficiles temps, en paix et en guerre, directeur presque seul de ses conseilz et entreprises, et continua tout ce voyage; mesme de Limoges, monsieur de Rohan et monsieur de la Force, capitaine des gardes de S. M., luy escrivirent plusieurs bons propos à eux tenuz par S. M. sur ce subject, desquelz le refrein estoit un regret de que ses escritz lui avoient osté le moïen de se servir de luy. A Limoges, pardonna S. M. à quelques ungz coulpables de remüement; autres furent pris, ausquels depuis M. de Roissy[1] fit le procès, et à d'autres par contumace, nomméement aux sieurs de Reignac et Bassignac, domestiques de M. de Bouillon, avec clause de dégradation, confiscation, et razement de maisons; autres, comme les sieurs de la Chapelle, de Biron, et Tayac se retirèrent en Hespagne pour renoüer ce

---

1. Au contraire des deux manuscrits, l'édition de M. Auguis porte : « M. de Rhosny. »

qu'ilz pourroient ; mais S. M. de retour à Paris, vers la Toussainctz, ayant pris plus de clarté par les procez susditz, mit le faict de M. de Bouillon ès mains de son procureur, et parla d'estre lui mesme exécuteur de l'arrest qui se ensuivroit ; qui fut cause que M. de Bouillon, auquel en ce dit temps Dieu avoit donné un filz, employa madame la princesse d'Orange vers S. M. pour l'addoucir. C'estoit avec offre de confesser ses fautes, en demander pardon, en prendre abolition ; ce que S. M. luy accordoit, laissant à deviner la seureté qu'il désiroit de luy, puisque de sa part, il la luy donnoit toute entière ; sauf que quelquefois, M. de Sillery, garde des sceaux, laissoit eschapper que cela regardoit Sedan, et pour Sedan, tant qu'enfin ce mot fut tranché au sieur de Teneuil, gentilhomme envoyé par M. de Bouillon à M<sup>e</sup> la Princesse d'Orange, que le Roy vouloit avoir un gouverneur et une garnison dans Sedan qui luy respondissent de la place, lesquels touteffois seroient de la Religion ; sinon, qu'il avoit la justice et la force en main pour le ruiner d'honneur et de biens. Ce que par un escript dressé exprès de l'advis de ses principaux amys à Paris, on luy conseilloit d'accepter, et se remettre totalement à la miséricorde du Roy ; conseil à luy dur, et non moins durement proposé au sus dict escript, parce qu'on avoit crainct qu'il ne sentist pas assés son mal, et de faict, il le rejetta aussy fort brusquement. Qui fut cause, craignant qu'il ne prist un party de désespoir, que la ditte Princesse d'Orange supplia le Roy d'avoir agréable que M. de la Noüe, lors député général des Eglizes, l'allast trouver de la part d'icelle sur ce subject ; ce que S. M. permit d'autant plus tost que le persuadant, il auroit ce qu'il prétendoit ; venant sans rien faire, l'auroit pour tesmoin vers ceux de la Religion du refus qu'il en auroit rapporté ; iceux mis hors d'intérest puisqu'il offroit que la place fust baillée à un d'entr'eux, et fut parlé de messieurs de la Noüe et de Monloüet.

Monsieur de la Noüe est quatre jours à Sedan avec luy, luy allègue là dessus tout ce qu'il peut, le trouve néantmoins résolu de retenir sa place, nullement porté à s'en dessaisir ; mais bien offre-t-il par sa bouche d'accepter les conditions de protection traictées avec le grand Roy François, d'y recevoir le Roy, fort ou faible, mesme avec une armée, dès le lendemain qu'il l'auroit receu en sa bonne grâce, ses lieutenans ou autres qu'il luy plairoit, de mesme fussent ilz ses ennemis, apportant un commandement de S. M. qui luy fust pour garant ; aussy de faire faire le serment à S. M. par le gouverneur, garnison et habitans du lieu, en les déclarant absoubz et dispensez de celuy qu'ilz luy avoient, cas qu'il forfist la ditte protection, et de bailler pour caution de sa foy les princes allemans ausquelz il avoit l'honneur d'appartenir. Toutes ces offres néantmoins réputées pour frivoles et paroles sans effect, et S. M. arrestée à la demande que dessus ; sur quoy fut promptement mis le canon hors de l'arsenal, expédié commission, les creües des régimens, et pour mettre sus quelques compagnies de gens d'armes, et dépesche en Suisse pour une levée de huit mil hommes.

Et n'avoit obmis cependant le dit sieur de la Noüe,

pour sa descharge, de représenter l'estat de la place, la fortification meilleure que d'aucune du royaume, garnie de vivres, munitions et argent, cinq mil hommes de guerre pour deux ans, et le dit sieur jà asseuré de deux mil cinq cens hommes, recherché d'ailleurs de voisins qui ne lairroient point perdre. Mais tout cela fut assez mal pris de luy, auquel M. de Rosny respondit par plusieurs fois : « je la prendray, fust elle imprenable comme vous la faictes, » et le sieur Erard mesme, ingénieur du Roy qui avoit conduit la fortification de la ditte place, luy en parla de mesme, messieurs de Sillery et de Villeroy, mesme en appréhendans l'yssüe, y sembloient cercher quelque expédient, et voyant qu'en vain, s'en lavoient les mains.

N'est à oublier qu'en ce mesme instant, les ambassadeurs du Roy d'Hespagne et de l'archiduc demandèrent congez au Roy; c'estoit pour faire penser à une rupture; mais on disoit que celuy d'Hespagne en avoit parlé y avoit jà quatre mois, pour certain procès d'importance qui le rappelloit, et de faict peu de jours après il partit. S. M. leur dit qu'ilz n'avoient point à prendre ombrage de ces préparatifs qui n'estoient que pour chastier un subject rebelle. Répliqua l'ambassadeur du Roy d'Hespagne que c'estoit bien faict de chastier telles gens, mais que S. M. se souvînt aussy de ne supporter pas les rebelles contre les princes ses alliéz; et au reste, puis qu'Elle avanceoit une armée sy près d'eux, ne trouvast point estrange qu'ilz en missent une en Luxembourg. Et là dessus se passèrent quelques aigreurs; ces choses joinctes avec les entreprises descouvertes en toute l'année 1605[1] sur Beziers et Narbonne en Languedoc, et naguère sur Marseille, dont les entrepreneurs avoient esté exécutez par justice, qui ne sembloient aux plus sages promettre que du bruit sur le printemps, pour tant plus faire peser les suites du désespoir de M. de Bouillon; et cecy se passe en janvier, février et la my-mars de l'an 1606.

Monsieur du Plessis d'une part déploroit d'y voir engagée la personne du Roy en laquelle consistoit humainement la vie et le repos de cest estat, qui fut cause que M. de la Varanne, serviteur privé du Roy, le venant voir à Saumur, il luy en dit fort librement les conséquences. De l'autre, le hazard de ceste pauvre Eglize qui, en tant d'orages passez, avoit servy de port aux plus grandes, et que ceux de la Religion fussent engagez par ce moïen en la ruine les uns des autres, ce qui, par la grâce de Dieu, ne s'estoit point encor veu. Ne pouvant se persuader que la prudence[2] de S. M. ne balanceast fort entre les submissions de M. de Bouillon et les difficultez de l'entreprise sinon, que c'estoit une fatalité manifeste de laquelle il falloit se remettre à la providence de Dieu. Donq M. de Rosny, se voyant seul chargé de la haine et du douteux succez de ceste entreprise, fit trouver bon au Roy que le sieur du Morier, secrétaire de M. de Bouillon, retournast de la part de la Princesse d'Orange à Sedan; et luy est donné charge d'offrir

1. Ces entreprises avaient été tentées par quelques gentilshommes du Languedoc et un Provençal de grande famille, M. de Meyrargues, qui voulaient livrer ces places à l'Espagne.
2. Le manuscrit de la Bibliothèque impériale et l'édition de M. Auguis portent : « Que S. M. sy prudente, ne balanceast.... »

au dit sieur récompense en terre et en argent pour sa souveraineté et place, scavoir deux cens mille escus en deniers et des terres à l'équipolent du double revenu, avec les dignitez compétentes dans le royaume; synon, qu'il acceptast M. de la Noüe avec une garnison qui respondît de sa place au Roy. Au premier respond qu'il ne peut vendre Sedan si on n'achète tout ensemble tout ce qu'il a dans le royaume; au second, qu'il ne peut recevoir personne, et aussy peu M. de la Noüe qu'un autre, plus fort que luy dans sa place. Et sur le retour du dit s$^r$ du Morier, s'acheminent toutes choses de part et d'autre à l'extrême; et déjà l'électeur Palatin avoit retiré son filz de Sedan; mad$^e$. de Bouillon se retiroit avec ses enfans en Allemaigne; le peuple des villages de la souveraineté avoit vendu son bestial, mis les femmes et enfans à couvert, résolu de se jeter dedans; demeuroit incertain sy M. de Bouillon s'y enfermeroit ou lairroit au conte de Nassau sa place.

N'est à oublier que le jour de Noël de l'an 1605, M. du Plessis receut lettres du Roy par lesquelles il luy commandoit de faire rendre grâces solennelles à Dieu, en l'estendüe de son gouvernement, de son insigne délivrance et luy envoyoit l'interrogat[1] d'un certain praticien de Senlis, devenu fol, et soy disant roy des François dès le commencement du monde, lequel auroit colletté S. M. sur le Pont-Neuf reve-

---

1. L'assassinat de Ravaillac fut la huitième tentative contre la vie de Henri IV; il n'avait jamais redouté le danger, mais dans les trois derniers mois de sa vie, un pressentiment funeste le poursuivit sans relâche.

nant de la chasse, pour le tuer d'un poignard, et pressé de sy près que S. M. avoit crié : « secourez moy, il m'estrangle; » et empoigné à l'instant, auroit dit qu'il le vouloit tuer parce qu'il luy retenoit son royaume. En quoy il auroit tousjours persisté au Four l'Evesque. S. M. à ceste occasion, n'a voulu qu'on le fist exécuter, mais bien qu'il fust gardé en une cage à la Bastille, où il tient mesme langage.

Aussy environ ce mesme temps fut descouverte ceste prodigieuse conspiration[1] en Angleterre, où quelques gentilzhommes papistes auroient, depuis deux ans, percé d'une cave qu'ilz avoient louée près du Palais de Westminster, lez Londres, jusques soubz la salle du dit lieu où le Parlement, c'est à dire les Estatz du Royaume ont accoutusmé se tenir; et ce dessoubz emply nombre de caques de [poudre à[2]] canon pour, à l'heure que le dit Parlement entreroit, faire jouer ceste fougade, et faire sauter ensemble le Roy, la Royne, le Prince de Galles, le conseil, tous les Seigneurs et personnes principales du royaume, et plusieurs milliez d'hommes de toutes qualitez qui lors se trouvent en une grande place qui est au devant. Ceste entreprise conduite à deux jours près et descouverte par le désir qu'eut un des entrepreneurs de sauver le vicomte de Montagu son amy, auquel il envoya un billet qu'il mit

---

1. Le complot des Poudres, découvert le 5 novembre 1605. Le souvenir en est resté si vif en Angleterre que la populace brûle encore le 5 novembre, dans les rues, un mannequin de paille représentant Guy Fawkes, celuy des conjurés dont le nom est connu du vulgaire.

2. Manque dans le manuscrit de la Bibliothèque impériale et l'édition de M. Auguis.

ès mains du secrétaire d'estat Cecil[1], et luy du Roy, lequel ordonnant de prendre garde secrettement aux environs, y furent surpris partie des ditz entrepreneurs. Leur bon zèle se voioit en ce qui est certain qu'ilz n'eussent pas moins faict mourir de catholiques romains de toutes qualitez que d'autres; et se considère icy à combien peu tiennent les rois et les royaumes. Le Roy d'Angleterre en commit la justice aux Estatz du Royaume, et au premier jour furent mieux connus les autheurs. Le Jésuite Cotton en voulut fort absoudre ses confrères; mais deux[2] d'entre eux furent accusez par ceux qui jà ont esté exécutez en février, pour principaux directeurs de ce monstrueux dessein, et lesquelz on cerche par tous les endroictz du royaume.

J'ai laissé mon pauvre Filz embarqué à Dieppe pour passer aux Païs bas. Tout l'esté s'y passa les armées du Prince Maurice et du marquis de Spinola tranchées l'une devant l'autre, les logis plus avancez à moins de deux cens pas, se saluant tout le jour de coups de canon, l'une couvrant l'Escluse et l'autre Bruges, sans autre chose entreprendre; et n'y fut mon Filz sans s'ennuyer, encor qu'il ne tenoit pas à se hazarder aux moindres occasions qu'il ne fist quelque chose. Une fièvre double tierce au sortir de là le travailla fort, et non sans pene de ceux qui l'aymoient; mais il ne laissa pas tout foible qu'il estoit, aussy tost qu'elle l'eust laissé, de suivre en sep-

---

1. Robert Cecil, fils de Lord Burleigh; celui-ci était mort en 1598.
2. Ces deux jésuites, Henry Garnet et Édouard Oldecorne, furent arrêtés et exécutés.

tembre l'armée en Frise, lorsque Spinola[1] quitta son tranché pour s'y acheminer, en espoir de plusieurs entreprises, et le Prince Maurice le sien pour s'y opposer. Le premier exploit de Spinola fut Olderzed, place de peu; puis Linghen, bonne, et de laquelle on attendoit assez de patience pour la pouvoir secourir, mais qui fut mal défendüe par le régiment des Frisons qui la gardoit; cette prise menaçoit Groninghe, ville d'importance; mais le comte Guillaume de Nassau, gouverneur de la province, s'y jetta pour soutenir le siége, et avec luy notre filz que particulièrement il affectionnoit fort; ce qui rompit le progrès de Spinola et lors le dit sr comte vint joindre M. le Prince Maurice à Wesel et Conworden, où l'armée estoit fort mal menée de maladies. Le neufviesme d'octobre, le dit sieur Prince part de son camp avec toute sa cavalerie et partie de son infanterie menée sur chariotz, pour enlever la cavalerie de l'ennemy commandée par le marquis Triulze[2], Milanais. Le malheur voulut que notre filz n'y put aller, qui deux jours auparavant, en la poursuite d'un convoy de l'ennemy, avoit receu un coup de pied d'un cheval qu'on menoit en main, à la cheville, dont y avoit eu grande contusion, inflammation et enfleure, et s'ospiniastrant nonobstant de s'y faire porter, fut retenu par ses amys. En ceste rencontre fust le combat divers, tuerie et fuite de part et d'autre, et comme de l'honneur pour quelques uns, de la

---

1. Frédéric Spinola, père du célèbre général de ce nom; celui-ci avait été tué au siége d'Ostende.
2. Trivulce.

honte pour d'autres, et n'y demeura en tout que quelques 200 hommes. Mais tant y a qu'encor qu'il nous le cachast en ses lettres, nous lisions assés son desplaisir que ceste seule occasion de quelque importance se fust présentée par delà pendant tout ce temps, et que par ce malheur, il n'eust peu s'y trouver, concluans assés de là que nous n'estions pas pour le revoir qu'il n'eust tasché d'en retrouver une autre. Le sieur Dommarville, l'un des colonelz des François, y avoit esté tué sur la retraicte; l'affection que luy portoient, à nostre filz, la plus part des capitaines, non sans envie, luy persuada de faire demander ce régiment au Roy, non tant pour l'obtenir, car luy mesme le donnoit au mérite du sieur de Béthune, mais pour se ramentevoir à une autre occasion semblable. Et là dessus nous dépescha un laquais exprès. Cela adjoustoit encor à notre appréhension, parceque, quelque protestation qu'il nous fist de n'y penser pas à bon escient, nous ne le croyons pas aysément, et le voyons s'engager par delà pour un long temps sy, en cest âage, il avoit une telle charge; et de faict, il ne parloit pas de son retour, comme ès précédentes, ésquelles, depuis trois mois, il nous l'avoit faict espérer, n'attendant que de scavoir de nous quel chemin il auroit à prendre, que nous avions laissé à sa discrétion, sauf qu'il vist le Roy à son retour pour luy rendre compte de son voyage. Le régiment ne fut point demandé pour luy, encor que nous envoyasmes sa depesche à nostre nepveu de Vaucelas, mestre de camp du régiment de Piedmont, lors près du Roy à Limoges, parcequ'une dépesche de madame de Rohan prévint, laissée à Paris en passant par le mesme laquais, qui dépescha en poste pour le faire demander au Roy par M. de Rohan pour M. de Soubize son frère, et lequel touteffois, bien qu'octroyé par S. M., ne l'eut point, parceque M. de Rosny, prétendant la promesse faicte au sieur de Béthune son cousin, par les Estatz, luy fit confirmer par S. M., qui à la vérité, l'avoit jà mérité par service faict à iceux, et avoit esté pris et blessé en ceste mesme charge.

Le 22ᵉ Octobre, on vint dire à nostre filz à Wezel, où il estoit encor détenu au lit de sa blessure, que M. le Prince Maurice devoit, la nuict ensuivant, exécuter une entreprise sur la ville de Gheldres; luy joyeux de penser avoir ratteinct sy tost une occasion meilleure que celle qui lui estoit eschappée, se résoult, nonobstant son incommodité, de s'y porter; et, pour n'y faillir, trouve moyen d'avoir place dans le chariot qui portoit les pétardz qui devoient faire l'exécution, et prend deux des siens pour l'appuïer de part et d'autre quand il seroit venu au lieu de l'exécution; La Grise que M. du Plessis avoit nourry page, et Jolivoy son homme de chambre. Arrivez devant la ville le 23ᵉ Octobre, l'aube du jour paroissoit desjà, et estoit la courtine bordée de flambeaux et d'harquebuzades. Nonobstant on ne laisse de s'y résoudre; les pétardiers s'avancent; le capitaine du Sault devoit donner le premier avec douze hommes armés de pistolet et de cuirasse; nostre filz, qui l'estimoit fort, se donne pour ce jour là pour son soldat, et avec luy s'avance à la teste, appuïé comme dessus. Le premier pétard joue à la première barrière et ne faict que noircir; le second y est appliqué, qui y faict ouverture par laquelle ilz entrent, mais non sans confusion, parceque le second pétard estoit destiné avec son pont faict exprès pour la porte, et celuy qui suyvoit n'estoit de mesme; avint que le pétardier allant quérir le troisième, cria : « Retirés vous » pour se faire faire place, ce qui par les moins asseurés est interprété à retraicte, lesquelz aussy tost laissent la place vuyde. Là, nostre filz qui estoit sur le bord du fossé, s'escriant l'espée à la main pour les rallier auprès de luy, est frappé à la poitrine et au cœur d'un coup de pièce, qui tombe sans jetter un seul souspir; et du mesme coup, La Grise, l'un de ceux qui l'appuyoient, blessé à mort, et à l'instant retiré et porté au gros qui aussy tost fit sa retraicte. Heureuse fin à luy né en l'Eglize de Dieu, eslevé en sa crainte, remarqué en cest âage de tant de vertu, en une juste querelle, en une action honorable; mais à nous, commencement d'une douleur qui ne prend fin que par la mort, ne trouve consolation qu'en celle que Dieu nous donnera par sa grâce en sa crainte, et à remascher en attendant ceste amertume.

Monsieur le Prince Maurice eut soin de faire enterrer les entrailles en la ville de Wesel, portées par les colonelz des gens de guerre de toutes les nations, l'armée en bataille devant la ville, parceque la neutralité ne luy permettoit d'y entrer, avec les solennitez accoustumées aux exèques[1] d'un notable chef, encore qu'il n'estoit que particulier en l'armée; et de mesmes fut conduit son corps jusques au bateau

---

1. Obsèques.

qui le menoit à Rotterdam, nomméement par le dit seigneur prince et tous les comtes de la maison de Nassau; chose non paravant veüe à l'endroit d'aucun autre de sa qualité; et fut escrit de plusieurs gentilzhommes de l'armée, mesme de religion contraire, que le deuil en estoit aussy grand parmy tous que s'ilz eussent perdu bonne partie de l'armée. En nostre court, ceste perte fut receüe d'un chacun avec tristesse, du Roy sur tous, tant la vertu a de force, qui prononcea, en lisant ceste nouvelle à luy escritte avec honneur par M. le prince Maurice : « J'ay perdu la plus belle espérance de gentilhomme de mon royaume; j'en plains le père; il faut que je l'envoye consoler; autre père que luy ne pouvoit faire une telle perte; » et à l'instant dépescha le s$^r$ Bruneau, l'un de ses secrétaires, avec lettres fort gratieuses pour nous en consoler; avec charge néantmoins de ne se présenter qu'il ne fust assuré que nous le sceussions jà d'ailleurs, ne voulant estre le premier de quy nous apprissions une sy triste nouvelle. Et de là en avant, plusieurs des plus grandz de la court, d'une et d'autre religion, seigneurs et dames, qui sentoient ou connoissoient nostre mal, nous envoyèrent ou escrivirent à mesme fin; mais particulièrement les Eglizes réformées, tant voisines que lointaines, nous en tesmoignèrent un vif ressentiment; mesme quelques estrangerz, et à l'heure encor que j'escrips, près de cinq mois après son décez, selon la distance des lieux, nous continuent tous les jours ces offices.

Ce fut la cause pour laquelle noz amys, qui la nous eussent voulu céler, se résolurent plus tost à la nous dire, craignans que d'ailleurs elle nous fust présentée plus rudement; et un Jeudi, 24ᵉ novembre, sur le soir, M. du Plessis sortant d'avec moy, plein de ceste appréhension pour quelques bruictz venuz à la traverse, luy tranchèrent ce dur mot, lequel l'ayant profondément navré, et scachant bien qu'il ne me pouvoit desguiser son visage, se résolut qu'il falloit mesler noz douleurs ensemble, et d'entrée : « Ma mye, me dit il, c'est aujourd'huy que Dieu nous appelle à l'espreuve de sa foy et de son obéissance; puisqu'il l'a faict, c'est à nous à nous taire. » Auquel propos, douteuse jà que j'estois et allangourie de longue maladie, j'entray en pasmoison et convulsions, je perdis longtemps la parole, non sans apparence d'y succomber, et la première qui me revint, fut : « La volonté de Dieu soit faicte! Nous l'eussions peu perdre en un düel, et lors quelle consolation en eussions nous peu prendre? » Le surplus se peut mieux exprimer à toute personne qui a sentiment par un silence. Nous sentismes arracher noz entrailles, retrancher noz espérances, tarir noz desseins et noz désirs. Nous ne trouvions un long temps que dire l'un à l'autre, que penser en nous mesmes, parcequ'il estoit seul, après Dieu, nostre discours, nostre pensée, noz filles, nonobstant la desfaveur de la court, heureusement mariées et mises, avec beaucoup de pene, hors de la maison, pour la luy laisser nette; désormais toutes nos lignes partoient de ce centre et s'y rencontroient. Et nous voyions qu'en luy Dieu nous arrachoit tout, sans doute pour nous arracher ensemble du monde, pour ne tenir plus à rien, à quelque heure qu'il nous appelle, et entre cy et là, estimer son Eglize nostre maison, nostre famille propre, convertir tout nostre soin vers elle.

Monsieur Bouchereau, nostre pasteur, nous rendit de grandz offices pour nous consoler en ce besoin, et luy en avons tous obligation ; à monsʳ de Haumont aussy, advocat du Roy, qui peu nous abandonnoit sur ces premiers élanz. Nos filles et gendres peu après y accoururent, arrivans l'un après l'autre de diverses partz ; c'estoit autant de nouvelles playes. Les regrets de la ville de Saumur, mesme entre ceux de contraire religion, se firent ouyr plus que nous n'eussions creu ; et est au dessus de toute créance combien partout ailleurs il se vist regretté, tant ce naturel, promt à obliger un chacun en ce peu qu'il pouvoit, importun d'ailleurs à personne, s'estoit faict reconnoistre en sy peu d'ans, presque en sa naissance ; tout cela qui sembloit devoir addoucir nostre douleur, et cependant la rengrégeoit, parcequ'il nous faisoit tant plus reconnoistre nostre perte, et selon la perte se redoubloient noz douleurs et angoisses.

Ce fut lors que monsieur du Plessis escrivit noz larmes en latin, par luy mesme traduites en françois, les désirant perpétuer à la postérité, comme en noz âmes elles sont perpétuelles ; lors aussy que renonçans du tout aux espérances de ceste vie, nous achetasmes et fismes bastir un lieu pour nostre sépulture, joignant le temple que nous avons basti pour l'Eglize réformée de Saumur, en laquelle nous espérons au premier jour pozer le corps de nostre filz, à nous ramené de Hollande par ses domestiques, conduit particulièrement par le sieur La Jaunage de Mirebolaiz qui avoit faict ce voyage avec luy, déposé en attendant en nostre maison du Plessis.

Le 21ᵉ d'Avril 1606, arriva le corps de nostre pauvre filz que nous avions envoyé quérir, qui nous fut amené et conduit par le sieur de Licques, le capitaine la Roche, et quelqu'un des domestiques de nostre filz; fut conduit par eux du Plessis au fauxbourg de la Croix vert de Saumur. Les magistratz, pour monstrer les effects de leur bonne volonté qu'ilz portent à monsieur du Plessis, et à l'honneur de la mémoyre du pauvre défunct, avoient proposé quelques jours auparavant à monsieur du Plessis et mesme prié qu'il trouvast bon qu'ilz allassent recueillir le corps avec tout le peuple, tant d'une que d'autre religion, à la Croix vert, ce qui fut faict par tous les magistratz, officiers du Roy, et tout le peuple ; et fut porté depuis le dit fauxbourg, jusques à la maison de ville de Saumur par le dit sieur de Licques et capitaines de la garnison et par les eschevins et officiers de la ville. Puis, s'estant séparés les officiers du Roy à cause de la religion contraire, fut receu en la ditte maison de ville par ceux de la Religion, et d'icelle porté au temple de l'Eglize réformée par les susdictz sieur de Licques et capitaines, et par les anciens de la ditte Eglize, et là mis en son repos au lieu destiné par nous à cest effect.

Ordonnans selon que Dieu nous appellera, d'y estre pozés après, et auprès de luy, puisqu'il a voulu qu'il y soit pour prémices, afin qu'en ce grand jour, tous ensemble par la grâce de Dieu, en Jésus Christ son bien aymé, nous resuscitions en sa gloire.

Et icy est il raisonnable que ce mien livre finisse par luy, qui ne fut entrepris que pour luy descrire nostre pérégrination en ceste vie, et puisqu'il a pleu à Dieu, il a eu plus tost et plus doucement finy la sienne. Aussy bien, sy je ne craignois l'affliction de monsieur du Plessis, qui à mesure que la mienne croist, me fait sentir son affection, il m'ennuyeroit extrèmement à le survivre.

# DISCOURS

## DE LA MORT DE DAME CHARLOTTE ARBALESTE

FEMME DE MESSIRE PHILIPPE DE MORNAY
SEIGNEUR DU PLESSIS MARLY [1].

Depuis le décez de Philippe de Mornay leur filz, avenu en l'entreprise de la ville de Gueldres, en l'an 1605, le 23 Octobre, il est certain que la dite Dame, travaillée d'ailleurs de ses indispositions accoustumées, n'avoit point eu une bonne heure; ce qu'aussy monsieur du Plessis, à l'instant que ceste triste nouvelle luy fut prononcée, avoit prévu en ces mots : « Je n'ay plus de filz, je n'ay donq plus de femme. » Mesme la constance et résolution qu'elle taschoit d'apporter contre ceste affliction luy tournoit en crève-cœur, ceste amertume s'enfermant au dedans plus forte que la vertu qui en avoit surmonté d'autres ne pouvoit digérer; ce que ressentant bien en elle mesme elle n'avoit plus autre estude, ny presque autre discours avec ses familiers que de se préparer à bien mourir.

Le 7ᵉ donq du mois de May 1606, jour de Dimanche, aiant esté au presche, elle commencea incontinent après disner à se sentir mal, ce que tou-

---

1. Ce discours n'existe pas dans le manuscrit de la Bibliothèque impériale.

teffois elle voulut forcer, à cause d'une sienne femme de chambre qu'elle marioit ce jour là. Mesme après le disner voulut aller au catéchisme; le mal néantmoins la pressant, elle s'arresta, passa l'après disnée en ses méditations ordinaires en son cabinet; et monsieur du Plessis, estant de retour du catéchisme, lui dit qu'elle désiroit tracer quelque mémoyre concernant la nourriture et instruction de ses petits enfants, pour laisser à ses filles, qu'elle le prioit de le revoir quand elle l'auroit faict, et y adjouster ce qu'il verroit estre à propos, ce qu'il luy promit volontiers, et peu après, elle se mist au lict.

Le mal extraordinaire qu'elle sentoit estoit en la région où se tient la colique-passion, et depuis six mois ou environ, elle en avoit eu des atteintes. Monsieur Dyssoudeau, son médecin ordinaire, y est appelé qui luy ordonne ce qui se pouvoit selon l'art; mais le mal ne cédoit point aux remèdes; et peu de jours auparavant monsieur du Plessis lui avoit dit qu'il prist garde qu'ilz ne faisoient plus leur effect, et qu'il sembloit que nature menaceast de luy faillir. Continuant, le dit s$^r$ Dyssoudeau est d'avis d'avoir du secours, et aussy tost sont mandez mons$^r$ Nancel, médecin de madame de Fontevrault, M. Milon, célebre à Poictiers, et M. Ferand, d'Angers, ce dernier touteffois qui n'arriva qu'après son décez; lesquelz firent leur devoir, tant par luy proposer des alimens qui luy donnassent force pour patienter les remèdes, en quoy elle estoit difficile, que par s'adviser de tout ce qu'ilz pouvoient pour luy ouvrir le corps par en bas, lequel jamais ne se peut descharger; et lors entrèrent en doute quelquefois d'un

[*Ilvoa,* autrement dit]¹ *miserere mei,* quelquefois d'un abcez aux intestins ; surtout luy vint le ventre demésurement à enfler, dont ilz commencèrent à peu espérer. Cela dura d'un Dimanche à l'autre avec des douleurs incroïables, une continuation aussi de remèdes qui ne la travailloient guères moins ; et pendant ce temps, elle monstroit assez désirer d'estre séparée de ce corps pour aller à Dieu, et le passoit en prières et lectures sainctes, à propos de ses souffrances et de son désir, assistée à cest effect de messieurs Bouschereau et Frochoregge nos pasteurs, ne plaignant que le regret qu'elle lairroit d'elle à monsieur du Plessis, en considération duquel, et non pour autre subject, elle protestoit de s'efforcer à trainer sa vie.

Le Dimanche au soir 14ᵉ de May, il s'estoit jetté sur un lict en sa chambre pour prendre un peu de repos, car jour et nuict, il ne l'abandonnoit gueres ; on le vint esveiller, l'avertissant de la part de monsʳ Dyssoudeau qu'elle s'abaissoit, ce qui se voïoit par une sueur froide et par le pouls qui remontoit. Et en mesme temps, elle luy manda ou qu'il se presparoit une grande crise, ou qu'elle estoit bien mal. Aussitost, il mande M. Bouchereau, et entre dans sa chambre résolu de ne luy céler, par ce mesme que souvent elle luy avoit dit qu'elle vouloit savoir sa fin, pour rendre, par la grâce de Dieu, confession de sa foy jusqu'à son dernier soupir. Approchant d'elle, il commence à l'embrasser, et du mesme instant elle à luy dire qu'il ne falloit plus

---

¹ Manque dans l'édition de M. Auguis.

penser au monde mais à Dieu, ce qui luy fit ouverture à luy dire, non sans un grand crêvecœur, qu'à la vérité bien que Dieu fust puissant pour la rendre à leurs prières, il estoit à propos de s'y disposer, ce qu'elle entendit incontentinent, et là dessus luy demanda s'il estoit vrai, et sy les médecins en jugeoient ainsi; et luy aiant dit qu'ilz la trouvoient en danger, l'interpréta à mort certaine, et monstra en recevoir la nouvelle non seulement avec résolution, mais mesme avec joie. Lors dit à monsieur du Plessis qu'après la connoissance de son salut en Jésus Christ, elle n'avoit de rien tant remercié Dieu que de l'avoir donnée à luy, qu'il prist constamment pour l'amour d'elle ce que Dieu la retiroit de tant de misères, qu'il vouloit encore se servir de luy, et que, par la tristesse qu'il retiroit de sa mort, il ne se rendist pas moins utile à son Eglize; qu'elle supplioit son Dieu de toute son affection de le vouloir de plus en plus bénir; pour elle, qu'elle s'en alloit à luy, résolüe que rien ne la pouvoit séparer de la dilection que Dieu luy avoit portée en son filz bien aimé; que son Rédempteur vivoit et estoit demeuré le dernier sur la terre, que le champ luy estoit demeuré, qu'elle avoit part par sa grâce à la victoire, et qu'en ceste mesme chair elle verroit un jour son Dieu; cela avec une voix forte, des paroles sy solides, des textes de l'Escriture qu'elle estendoit sy à propos que jamais on ne luy avoit veu l'esprit plus entier ny la mémoyre plus ferme; et selon que monsieur du Plessis luy répondoit en passages conformes, seulement pour venir aux atteintes des siens, car la douleur l'engloutissoit, elle ne manquoit jamais de répartie.

Arriva monsieur Bouchereau là dessus, lequel l'exhorta par lieux de l'escriture Sainte les plus consolatoires, très à propos, luy donnant tousjours lieu de parler à son tour, parce qu'il luy avoit souvent ouï dire qu'à la mort elle seroit bien ayse d'estre consolée de ceste sorte, non par un discours continu du [pasteur[1], mais par paroles entrecouppées, qui luy laissassent de l'intervalle pour prendre consolation dans] son âme propre, et rendre tesmoygnage de sa foy; et se passèrent quatre heures et plus, partie en ces propos réciproques, partie en saintes prières de fois à autre, partie en lecture de psaumes ou autres passages de l'Escriture, qu'elle même désignoit par exprès, nomméement se fit lire le Psaume 16, le 25, le 32, le 91e et le 130; et sur les versets qui asseuraient les fidèles de la grâce de Dieu et de leur salut, et qui luy touchoient particulièrement l'ame, remarquoit : « Cela m'appartient, cela est dit pour moi, » s'appliquant et très à propos, et avec pleine confiance, les promesses que Dieu fait à ses enfants. Quelquefois aussi prioit qu'on luy donnast trefve, afin, disoit-elle, de méditer seule en Dieu, d'eslever son âme à luy, à ce qu'œil n'a veu, oreille ouï, et qui n'est monté en cœur d'homme; puis peu après, revenoit d'elle mesme à ses saints discours, traversez quelquefois de quelques remèdes que les médecins luy bailloient, ne voulant désespérer de son mal, et qu'elle s'efforçoit de prendre, toujours en protestestant à M. du Plessis que c'estoit pour l'amour de lui, et que pour elle, son mieux estoit d'aller à Dieu;

---

1. Manque dans l'édition de M. Auguis.

et comme il luy disoit qu'à la vérité elle laissoit ces misères pour aller à une félicité éternelle, « oui, disoit-elle, je le scay, tout le bien est aujourd'huy de mon côté. » Monsieur Milon, médecin catholique romain, lui dit qu'elle prist courage[1]; [et haussant le doigt] « mon courage, luy dit elle, est là haut: » et voiant ceste résolution si ferme et telle qu'il disoit n'avoir veüe, fut d'avis de ne lui tenir plus propos qui la fit penser à ceste vie.

Tout ce que dessus avec des douleurs insupportables car elle y estoit de long temps sy accoutusmée qu'elle ne se plaignoit jamais des médiocres; et au milieu desquelles néantmoins elle monstroit la force de sa foy et de son esprit, contre ce qu'elle avoit tous jours requis à Dieu qu'il luy donnast une mort moins douloureuse; mais Il vouloit parfaire sa puissance en ceste infirmité, et tant plus faire reluire la force de son esprit en sa patience, sa patience en ses souffrances.

En ses angoisses elle advertit qu'on advisast comme on feroit scavoir la nouvelle de sa mort à ses filles, sur tout à madame de Fontenay, parcequ'elle estoit preste d'accoucher, leur recommanda la nourriture de leurs enfans en la vraie crainte de Dieu, et particulièrement pria monsieur du Plessis d'avoir soin du petit de la Verrie, filz de sa fille du premier lit; le requit aussy de ce qu'elle désiroit pour ceux et celles qui l'avoient servie, et tous et toutes les consoloit vivement par la misérable condition qu'elle laissoit et par la béatitude qui l'attendoit; et ainsi priant

---

1. Manque dans l'édition de M. Auguis.

Dieu de les vouloir bénir, leur dit à Dieu à tous, à mademoiselle de la Robinière, spécialement en ces motz : « Bonne femme, vous craignez la mort, nous allons à Dieu, il ne le faut pas craindre. »

Son heure s'avançant, elle sentit son ouïe s'affaiblir et demanda qu'on parlât plus haut; requist aussi monsieur Bouchereau de lui rammentevoir, approchant de la fin, les dernières paroles de Notre Seigneur en la croix : Père, je remets mon esprit entre tes mains, » pour mourir là dessus; mais il n'en fut besoin, car elle s'en souvint d'elle mesme, et les prononcea fermement, adjoustant les paroles qui suivent au Psaume : « Car tu m'as racheté, ô Eternel, Dieu de vérité! » et lors pria monsieur Bouchereau de dire: « Nostre Père, » scavoir l'oraison dominicale, après laquelle, tendant à sa délivrance avec de saintes paroles, tant qu'elle put parler, elle finit en sanglottant : « ô Jésus! » jusqu'au dernier soupir. Et ainsi rendit son âme à Dieu, le 15 may, entre cinq et six heures du matin, aiant accompli la cinquante et septiesme de son âage, et entamé en Febvrier la cinquante et huit. En toute ceste agonie, monsieur du Plessis ne l'abandonna point; et quand ou pour prier Dieu pour elle, ou crevé de douleur, il s'en retiroit en quelque coin de la chambre, elle le demandoit, et aussi tost luy tendoit la main, tesmoignant par quelque mot que la douleur qu'il sentoit pour elle lui estoit plus sensible que la sienne propre; particulièrement la recommandant à Dieu avec très ardentes paroles; il la pria aussy de le prier pour luy en ses dernières heures puisqu'il étoit réduit à la survivre, sans touteffois la laisser jusqu'au dernier soupir. Et lors il se retira en sa chambre où, n'en pouvant plus, se mit au lit pour se consoler avec Dieu.

Le corps fut visité par les médecins et embaumé. Par leur rapport, ilz trouvoient la cause principale de sa mort en un abcez ès intestins inférieurs, comme il se peut voir plus au long; mais la flestrissure extraordinaire du cœur monstroit bien que la tristesse y avoit fait une impression insigne. Et fut son corps, le mardy ensuyvant 16 May, déposé près de celuy de son filz, au lieu à ce destiné qu'elle avoit fait achepter et bastir avec grand soin, porté partie par les plus honorables gens de la famille et garnison, partie par les anciens de l'Église réformée de Saumur qui se vinrent volontairement offrir à cest office, la pleurant tous comme mère, et secondez en ce regret, sans distinction de religion, de tous ceux de la ville.

Ce qui nous en reste, c'est qu'après nous avoir esté longtemps en exemple de vivre en la crainte de Dieu, il nous l'a proposée en exemple de bien mourir en la foy de Jésus Christ son filz, dont par son saint Esprit, il nous fasse la grâce. Amen.

---

## ADJOUSTÉ PAR M. BOUCHEREAU.

Un jour avant son heureux décès, quittant le discours de sa maladie, et estant entrée en celuy de la mort avec monsieur Milon médecin catholique romain, elle se mit à parler de la consolation qui estoit donnée en ceste agonie à ceux de la Religion réformée, et combien elle est différente des propos qu'on tient aux malades de profession romaine ; « car, dit-elle, il leur faut parler, selon votre doctrine, du feu du purgatoire qui les attend après ceste vie, et qui est, à vostre opinion, un mal plus violent que tous les plus violents ensemble qu'on pourroit endurer en ce monde. Ce discours est plus propre à les faire engloutir à la tristesse et précipiter en désespoir qu'à les consoler et se partir d'icy avec joye. Mais quant à nous, on ne nous tient discours, après la remonstrance de nos fautes et exhortation à repentance et à demander pardon à Dieu, que du grand et profond abyme de sa miséricorde, de Jésus Christ mort et ressuscité pour la rémission de nos péchés, et intercédant pour nous à la dextre de Dieu son père, des promesses de l'Évangile, des paroles de l'Escriture les plus consolatoires, ce qu'estant par nous receu et appliqué en foy, nous fait sortir d'ici allégrement avec joie et paix de conscience. »

Estant en ce grand combat qui dura depuis le soir du Dimanche jusques à cinq heures du Lundy matin, heure de sa victoire, comme elle cerchait à se consoler en Dieu, et en ce qu'elle avoit retenu des choses qu'elle avoit remarquées pendant sa vie, elle jetta les yeux sur une de ses femmes qu'elle avoit tousjours près d'elle, et luy dit d'un visage asseuré et comme riant : « Maulevault, que c'est une douce sentence que celle que votre père avoit en la bouche un peu devant sa mort : « cest homme, cest homme, » qui est mort pour mes offenses et ressuscité pour ma justification, qui m'a esté faict, de par Dieu, sapience, justice, sanctification et rédemption. »

Et comme approchant de sa fin, elle se voioit en l'estat douloureux qu'elle avoit tousjours appréhendé, et que ceux qui estoient auprès d'elle luy disoient pour sa consolation ce que Dieu leur mettoit en bouche, que bien qu'elle ne fust exaucée des motz de la prière qu'elle avoit faicte d'estre exempte des douleurs en la mort, elle l'estoit et seroit au sens pource que Dieu lui donnoit, nonobstant ses douleurs, d'invoquer son nom et donner tesmoignage de sa foy en luy ; elle mesme prit la parole, et après avoir acacquiescé en joignant les mains à ce qu'on luy avoit dit, dit : « Il y a tant d'années qu'en la place où je suis mourut un homme de bien (entendant parler de monsieur de Bernapré,) qui, encore qu'il fust tourmenté griefvement et avec une incroyable douleur d'une pierre qu'il avoit en la vessie, touteffois par une grâce spéciale de Dieu avoit relasche de la douleur pour ouyr ceux qui lui parloient de son sauveur Jésus Christ, pour vaquer à prières et à oraisons, et pour faire confession de sa croïance[1] ; je m'asseure par cest exemple, que Dieu me fera aussy miséricorde en ce poinct, et la mesme grâce, malgré les grandes douleurs que j'endure. »

Un peu devant sa mort, comme sa parole s'abbaissoit et ses sens commençoient à défaillir, songeant non seulement à la consolation, mais à l'édification de l'Eglize, elle se tourna vers M. du Plessis qui estoit au chevet de son lict et vers les autres assistans,

---

1. L'édition de M. Auguis porte « de sa foy. »

et leur dict, « Cependant que j'ai le moïen de parler, je me veulx descharger d'une chose que j'ai sur le cœur; c'est que, demandant à M. Milon sy cest estat douloureux où je suis dureroit encore longtemps, et s'il n'y avoit point quelque médecine, il a prins mes paroles, que je ne peus achever à cause de la douleur qui me pressoit, comme sy par impatience je me fusse voulüe précipiter, qui est directement contre mon intention, ce que je désire qu'il sache, afin qu'il n'aille dire, à mon occasion, mal de la profession que je fai, et soit mal édifié de moi. »

Elle monstra un si grand désir que Dieu luy conservast l'entendement sain jusques à la dernière heure pour invoquer son nom et se consoler en luy avec ses amis, que d'autant que la lecture continüe et le discours trop long estourdissoit son cerveau faible, après avoir ouy lire quelque psaume, et qu'on luy avoit dit quelque bonne parole, elle demandoit d'estre laissée en repos pour méditer à part et remettre son repos et l'affermir, désignoit elle mesme les remèdes qu'elle vouloit qu'on lui donnast, afin que les vapeurs ne luy montassent au cerveau et l'embrouillassent, et l'empeschassent d'ouïr les consolations qu'on luy donneroit, et d'y respondre, et prier Dieu en commun avec ses frères.

# SONNETS DE M. DU PLESSIS

Non, ce n'est point mourir, c'est courir à la vie,
Discourir à froid sens des mystères des cieux,
En prendre investiture et du cœur et des yeux,
A sa voix en enpraindre aux plus faibles l'envie.

Non, ce n'est pas mourir, avoir l'âme ravie
Dans le sein paternel, d'un vol audacieux
Fendre l'espais du siècle, esteindre glorieux
Au doux d'un saint espoir des douleurs la furie.

Ame, pour te chanter, il me faut des sireines ;
Ame, pour te pleurer, j'ay besoin de fontaines ;
Mais mes pleurs en ton heur je tasche d'engloutir.

Dans le ciel tu vivois, dès ceste humaine fange,
De ce test mi-cassé tu esclouais un ange ;
Comment pourroit en mort telle vie aboutir ?

Ce coup qui te perça me transperça mon âme,
Qui te rendit à Dieu me laissa mille morts,
Tandis que mon esprit démenant ses efforts
Plus m'enfonce ce dard et plus avant m'entame.

Plus je baigne ma plaie et plus elle s'enflame,
Me hérisse [1] d'horreur, dès qu'on touche ses bords ;
Pour ces baulmes humains, garde les pour les corps ;
Dieu seul sait de mes maux trouver le cataplasme.

1. L'édition de M. Auguis porte : Elle hérisse....

Qui tous deux en un coup de sy loin vous [1] enserre,
De si loin rassemblés ensemble *vous* enserre,
*Vous* recueille en son sein, mais le tiers gist icy,

Navré de corps et d'âme, en son sang il se traine,
Père de tous les trois aies de lui merci
Tu as ravi sa vie, allonges tu sa gesne?

1. Le manuscrit comme l'édition de M. Auguis portent *nous*, mais c'est évidemment une erreur de copiste, comme le prouve le sens.

# LETTRES INÉDITES

DE

# DU PLESSIS-MORNAY

## A SA FEMME

### DE M<sup>ME</sup> DU PLESSIS-MORNAY

#### ET DE LEURS ENFANTS.

---

**LETTRES**

De M. Du Plessis-Mornay à sa femme (1585) au début de la guerre de la Ligue. Mme du Plessis était à Montauban.

---

### M. DU PLESSIS A SA FEMME.

M'amye, tu as sceu aujourd'huy par mon laquais mon arrivée en ceste ville et je t'envoie aussy ce que nous avions de plus nouveau, tellement que je ne puis gueres adjouster.

La peste a chassé le parlement de Bordeaux, tellement qu'ilz se resolvent de venir à S. Macaire ou à Marmande. Cela retarderoit un peu noz affaires, mais aussy ce ceroit plus pres de nous. J'en ay escript à M. de la Vallade qui s'est retiré en sa maison pres Nerac, ceux de la ville l'ayans prié de n'entrer point encor en la ville. Demain j'escripray à mons\* du Ferrier. Tu as veu de nostre verre. Le dernier faict est encor plus beau, et Beringhen me dict qu'ilz en feront autant qu'on en sçaura debiter, tant ilz y vont viste. Il y faut faire un reglement et avoir gens qui entreprennent de le vendre en baillant caution de ce qu'on leur prestera, car devant qu'on descouvre où il se faict pour en rabattre le prix, on en pourra avoir vendu pour grande somme. On ne faict point de doute que la terre de Mauvezin ne tienne. Ils y mettent un peu de salicot, et on pourra faire que ceux qui viendront querir le verre en apportent sans grandz fraiz, attendant qu'on s'en puisse passer. J'ay escript à Mons\* de Clervaut pour nous envoier les beaux freres. J'ai receu la replique à nostre responce. Je te la fay copier. Mons\* d'Orthomann m'a dit qu'il ne connoist pas fort les eaux d'Eincausse. Nous en avons fort devisé. Il ne te craint point pour le poulmon. Mais d'aillieurs je ne voy pas qu'il face grand cas des eaux pour toy, ains pense qu'elles t'ayderoient plus pour le changement de vie que pour leur vertu. Il s'en faut soigneusement enquerir de ceux qui y ont esté. Ce que je feray si je puis. Fay le de ton costé. Nous serons encor icy trois jours et ne sommes trop assurez d'aller à Bergerac. Un petit de mouvement d'aillieurs nous feroit prendre un bon chemin. Bien pensé je que nous irons à Nerac. Les nouvelles que nous aurons de la court pourront beaucoup en une part ou en l'autre. On escript au S\* de Rens pour se contenir et les siens. Il s'est acheminé plus outre. Di à mess\*\* les consulz, attendant que nous leur escripvions, specialement au sʳ Causse, que le Roy de Navarre a esté fort aise de ce que je luy ay tesmoigné de la bonne inclination d'un chacun d'eux envers la paix de la ville, et surtout qu'il leur recommande la garde et les fortifications; à monsieur de Gratenoix que je n'ay oublié à parler de M. de Courcelles; à tous nos amys mille recommandations. Nous avons plusieurs affaires. Ilz m'excuseront pour ce coup. M'amie, je te salue baise et embrasse de tout mon cœur et toute nostre famille, et prie Dieu qu'il te garde et conserve et eux tous aussy. De Leyctoure, ce 28ᵉ juing à unze heures du soir 1585.

Monsʳ Dorthoman faict grand cas de son gargarisme et craint qu'il n'ait esté faict trop à la haste et que cela ne l'ait rendu trop aspre. Il s'en faict pour le roy à Bergerac. Tu en auras ta part. Lansac et S. Luc sont au Bec d'Ombez qui est la rencontre de Garonne et Dordougne, et le fortifient. Cela tient monsieur le mareschal de Mastignon à l'erte. Mais ilz ne se battent point encor.

Vostre fidele et loyal mary à jamais
Duplessis.

---

## M. DU PLESSIS A SA FEMME.

*Au dessous est écrit :*
*Il a esté baillé à ce porteur XXXVI s. pour s'en retourner en Foix.*

M'amie, je te renvoie le porteur pour le redepescher en Foix. Tu verras mes lettres que j'ay laissé toutes ouvertes. Et ce jourd'huy j'en ay encor receu de noz gens par le capitaine Conte qui pressent extremement, encor qu'il me dit qu'ilz ne sont pas du tout si pressez et qu'il pense qu'ilz auront peu recevoir l'argent sur lequel il les avoit remiz. Cependant il faut prendre tout au pis. Ce que j'ay peu faire, c'est que j'ai traicté avec le pourveoyeur du roy de Navarre qui a assignation de neuf mille livres sur le thresaurier de Foix lequel est content de m'accommoder par de là de mille livres et plus si plus en avons besoin, sauf à les luy rendre à Paris es mains de son frere quand je les auray touchez en Foix. Entre cy et là Durand aura faict quelque chose en noz affaires, et peut estre reuscira il quelque chose du rachapt de la Tremblaye etc. Au moins desiré je toujours pourveoir au plus necessaire attendant monsieur de Clervaut duquel le retour me tarde beaucoup pour plusieurs raisons. Je desire que cest expedient succede, et en escrips de bonne encre à la Borde. Dedans peu de jours je tascheray de faire eschanger mon assignation de Pageot des 1000 ⁂ qui restent sur quelqu'autre nature plus claire. Et cela nous viendroit à propos pardeça. De Brissac mons$^r$ le chancelier m'escript que le faict est seur et j'ay declaré mon interest particulier au s$^r$ de Vicose afin que plus volontiers il s'employast de l'accord, ce qu'il m'a fort promis. Nos incertitudes sont extremes et m'ennuyent estrangement et pour moy et pour toy. Je t'escripray peut estre demain au matin plus seurement. Supportons ce temps puisqu'il plaist à Dieu et surtout je te recommande ta santé. Mande m'en des nouvelles. Je te baise et embrasse de tout mon cœur et prie Dieu qu'il te garde et conserve et toute notre famille et nous doint bientost nous revoir ensemble. De Leyctoure ce 12ᵉ juillet 1585 à 5 heures du soir.

Vostre fidele et loyal mary à jamais,

Duplessis.

---

### LETTRES

De M. Du Plessis-Mornay à sa femme (décembre 1587), pendant qu'il marchait au secours du roi de Navarre, incommodé par le maréchal de Matignon, à son retour du Béarn.

### M. DU PLESSIS A SA FEMME.

Mamye, nous somes arrivez d'hier au soir en ce lieu du Mont de Marsan, en tres bonne santé, sauf que je suis travaillé en mon esprit de l'estat où je t'ay laissée. Tu auras veu Pedesclaux qui me rencontra à deux lieues d'icy, hors de tout danger. J'ay faict plaisir au maistre de le venir trouver, car il aura beaucoup d'affaires et divers à demesler. Tout va bien graces à Dieu, lequel je prie, m'amye, qu'il te garde et conserve. Je t'embrasse de tout mon cœur. Et surtout que j'aye de tes nouvelles. Du Mont de Marsan, ce mercredi à 8 heures du matin.

Tu feras tenir mes lettres où elles s'adressent. Mes humbles recommandations à M. le chancelier.

Vostre fidele et loyal mary à jamais,

Duplessis.

## M. DU PLESSIS A SA FEMME.

M'amye, je n'ay point de tes lettres depuis mon partement. Ces gentilzhommes te diront de noz nouvelles qui sont bonnes graces, à Dieu. Nous nous portons tous bien et esperons bien tost estre par delà. Je ne suis pas icy sans exercice. Je crain que ces pluyes ne t'ayent incommodée en ta santé. Oste moy de pene et sois en soigneuse à bon escient pour l'amour de moy. Je t'embrasse de tout mon cœur et prie Dieu qu'il te garde et conserve. Du mont de Marsan, ce 11e decembre, au matin, 1587.

Retirez mes chevaux des sieurs de Mommartin et de Monglat.

Vostre fidele et loyal mary à jamais,

Duplessis.

---

## M. DU PLESSIS A SA FEMME.

M'amye, je t'escripvis hier amplement tout ce qui se pouvoit. Au soir je receuz tes lettres par Vioz et loue Dieu de ton estat ; mais tu ne me mande rien de ta fille et te semble que j'en soy moins soigneux que d'un filz. J'escrips à monsieur de Pujolz et t'envoie les lettres ouvertes que tu bailleras bien cachetées à monsr de Merargues. Il ne me semble pas propre instrument, je dis le porteur, pour negotier là ; car il y faut, avec vieilles gens, beaucoup d'habitude pour ces propoz là. J'escrips aussy à madame d'Usez et à monsieur de Claveronne, et suis d'aviz que tu faces escrire mon filz, comme je t'avoy dit. Tu sçauras bien prendre le subject et sera à propoz qu'on luy remarque son aage. J'espere bien tost te voir. Ne t'ennuye point; Dieu conduit toutes choses à nostre mieux, lequel je supplie, m'amye, t'avoir en sa garde et toute nostre famille que je saluë particulièrement, et t'embrasse de tout mon cœur. Du mont de Marsan, ce 12ᵉ decembre 1587.

Il n'y a moien que j'aille en Bearn, car il me faudra desrober 4 jours, et nous n'avons tant à estre icy.

Vostre fidele et loyal mary à jamais,

Duplessis.

---

LETTRES

De M. du Plessis-Mornay à sa femme (du 1ᵉʳ janvier au 4 février 1588), pendant le voyage du roi de Navarre à Montauban, à la suite de la défaite des Reistres qu'il avait levés en Allemagne.

M. DU PLESSIS A SA FEMME.

M'amye, nous arrivasmes hier à Leyctoure, et demain continuons nostre voiage. Ce premier jour de l'an a esté donné à Dieu, qui vueille nous benir toute l'année. Chacun se porte bien. J'ay receu tes lettres et suis bien ayse que le faict de Martin soit prest. Il m'en avoit asseuré ce matin. Advise et consulte avec monsʳ Bertrany si une diete sera propre à ta santé, mais courte et legere, car grandes purgations et desechemens te sont contraires. Je me suis souvenu que si tu me pouvois envoier copie des memoires que tu trouveras en ma boette, concernans les monnoies de Bearn, ils nous pourroient venir à propos sur les propositions de Prantignac ; aussy de certain discours escript et minuté de ma main, de ce qui s'est passé lorsque j'ay esté absent du roy de Navarre. Mais il est si brouillé qu'il sera besoin que tu veilles sur la copie. Tu sçais à quelle intention je le dis. C'est en cas qu'il en soit question. Les mesmes deliberations continuent. Je t'embrasse de tout mon cœur, et supplie le createur, m'amye, qu'il te garde et conserve et nostre petite famille. Mande moy entr'autres des nouvelles de ta petite. De Leeictoure, ce 1ʳ de l'an que Dieu nous vueille benir pour toute l'année par sa grace.

Tu fermeras celles que j'escrips à monsieur le chancelier.

Vostre fidele et loyal mary à jamais,

Duplessis.

M. DU PLESSIS A SA FEMME.

M'amie, je t'escripvis de Leyctoure. Les eaux nous ont arrestez tout ce jour en ce lieu de Mauvezin; aussy, que le roy de Navarre y a faict la cene. Et s'il pleut tant soit peu, nous y pourrons encores sejourner demain, car il n'est pas croiable come les ruisseaux sont enflez. J'ay eu lettres de S. Leger, conformes à celles qu'il t'escripvait cy devant. Je luy ay mandé que je ne voy point, pour l'heure presente, occasion qui merite qu'il en rompe ou incommode ses affaires. J'ay aussy escript à madame de S. Germain. Je ne voy point d'empeschemens en nostre voiage ni de changemens pour nostre retour. Je t'ay escript que je desiroy que tu m'envoiasses (mais par voie seure) copie des memoires concernans les monnoies de Bearn ; aussy d'un certain discours des choses passées à Montauban, minuté de ma main ; mais il faudra que tu veilles qu'il soit correct. C'est en tout cas, s'il en estoit besoin. Mande moy de ta santé, de noz enfans et de la petite. Si tu fais une diete, qu'elle soit legere et sans purgations. Je salue bien humblement les bonnes graces de monsieur le chancelier et t'embrasse de tout mon cœur, priant Dieu, m'amye, qu'il te garde et conserve et toute nostre petite famille. De Mauvezin, ce 3º de l'an 1588.

Le roy escript à mess{rs} de Nerac et de Casteljaloux pour haster leurs fortifications, et à monsr le chancelier pour y tenir la main.

    Vostre fidele et loyal mary à jamais,

                            Duplessis.

---

### M. DU PLESSIS A SA FEMME.

M'amye, par celles que j'ay receu ce jourd'huy du 2º de cest an, tu me fais mention de 3. Je n'en ay veu que 2. Le mesme te pourra estre avenu, car voicy ma troisiesme. Je voudroy fort sçavoir si le faict de Martin est achevé ; aussy, si les commissions ont été scellées, et si tu as receu les miennes de Leyctoure et de ceste ville ; car je te demandoy quelques papiers. De tout cela il n'y a nulle mention en celles que j'ay recues. Le temps a esté et est tel pour la grandeur des eaux que nous sommes à l'ancre et non sans s'ennuyer. D'aillieurs, je suis en pene de ton catharre. Voy si une legere diete te peut ayder. Nous n'attendons que l'abaissement des eaux et sommes tousjours au reste en mesme deliberation. Escrips moy souvent. Mad{e} de S. Germain se porte bien. M. de Sauvillan est chez luy, qui a eu quelqu'esquille nouvellement sortie de sa playe et n'a peu venir icy. M'amye, surtout commettons toutes choses à Dieu lequel je prie te vouloir garder et conserver et nostre petite famille. De Mauvezin, ce 5e janvier 1587 [1].

Je pourveoiray à monsr de la Brouchiniere.

Vostre fidele et loyal mary à jamais,

Duplessis.

---

### M. DU PLESSIS A SA FEMME.

M'amye, 76. 92. 50. 6. 12. 7. 19. M. 52. Je t'ay escript par toutes voies. Voicy la quatriesme. Ne te metz, je te prie, en pene de rien que de ta santé et de m'en mander souvent des nouvelles. Je suis marry de M. de Maisons. Les Suisses et compagnies de gendarmes qu'on disoit sont les forces que le mares-

---

[1]. Datée probablement par erreur de 1587, l'endos (toujours de la même main dans toute la série) porte 5e 88.

chal d'Aumont amenoit au Blanc en Berry, qui se sont retirées. Jusques icy il ne s'esbranle rien de nouveau. Je t'embrasse de tout mon cœur, m'amye, et supplie le createur qu'il te garde et conserve et nostre petite famille. De Mauvezin ce 6ᵉ janvier, au soir, 1588.

Vostre fidele et loyal mary à jamais,
Duplessis.

---

### M. DU PLESSIS A SA FEMME.

M'amye, nous passons ce jourd'huy la Garonne pour aller coucher à Montauban. Rien ne s'y oppose. Monsieur de Turenne n'y est point encor arrivé, mais il n'en est pas loing. Les pluyes ont rendu nostre chemin un peu plus long. Tout se porte bien en nostre trouppe et en mesme deliberation. J'envoye à monsieur le chancelier des lettres de monsʳ de Pujolz, son frere, et pour madᵉ de Pujolz aussy. Le sʳ de Valarnaud, secretaire de monsʳ de Monmorency est à Montauban. Il s'est faict quelque ouverture de paix à monseigʳ de Monmorency de la part de la Reine, mais c'estoit devant la desroute des reistres.

Monsʳ de Chastillon et monsʳ de Mouy sont arrivez depuis quelques jours à Mompelier. Ne t'ennuye point et sois soigneuse de ta santé. Je t'embrasse de tout mon cœur et supplie le createur, m'amye, qu'il te garde et conserve. Du Maz de Verdun ce 8ᵉ janvier, à midy, 1588.

Adresse tes lettres *à mons^r le chancelier* parcequ'elles vont de ville en ville.

Vostre fidele et loyal mary à jamais,

Duplessis.

---

M. DU PLESSIS A SA FEMME.

M'amye, nous arrivasmes hier en ceste ville de Montauban où le roy de Navarre a esté reçu avec une alegresse incroiable de tout le peuple et plusque jamais. 17. 21. 92. 28. 52. h. 17. Nous eusmes difficulté à gayer la Garonnette au Mas, mais sans perte, sauf le pauvre du Rieu qui se noya le soir venant apres nous, par avoir failly le guay. C'est grand dommage. Monsieur de Turenne n'est point encor icy. Nous le hastons 83. 40. 47. 50 ce. 132. 102. 17. Je crain que 74 ne le rappelle ailleurs. Mons^r le conte de Mongommery est marié. 32. 19. 32. 24. 93. 117. 6. η. 95. en est tres mal avec les dessusdictz. Nous avons nouvelles de Dauphiné où ilz ont pris quelques fortz et chasteaux de nouveau. Je ne voy point grand fondement aux propositions de 2. Mande moy ce qui s'est passé en noz affaires domestiques, tant de Martin que de M. de la Marsiliere. Je t'envoie force lettres; aussy à mons^r le chancelier. Je pense que nous verrons icy son frere 94. 83. 67. m. 87. Les mesmes choses continuent pour F. 102, η. 19. 64. Mons^r d'Yolet se plaignoit mesmes de la lettre que tu luy as escripte. Il a reconnu que cela luy venoit des artifices d'autruy. Je n'ay point de tes lettres depuis le 2ᵉ de ce mois. Je te prie, sois soigneuse de ta santé. Je t'embrasse de tout mon cœur et prie Dieu, m'amye, qu'il te garde et conserve et toute nostre petite famille. De Montauban, ce 9ᵉ janvier, au soir, 1588.

Je suis logé chez M. Mirabet, tout aupres de M. d'Arjat.

Vostre fidele et loyal mary à jamais,
Duplessis.

## M. DU PLESSIS A SA FEMME.

M'amie, ton messager est arrivé depuis mes lettres escriptes. Je parleray à Martin pour rhabiller la promesse. Les lettres ont esté baillées à M. Paulet. J'ay retiré la clef. Je n'ay point receu les lettres de monsʳ Prouillon pour l'estude de mon filz. Je feray cercher une carte universelle et n'oublieray nostre affaire avec monsʳ de Pujolz. Je t'embrasse de tout mon cœur et prie Dieu qu'il nous donne quelque meilleur temps, m'amie, et qu'il te garde et conserve et nostre petite famille. De Montauban, ce 13ᵉ janvier, à 4 heures apres midy.

Vostre fidele et loyal mary à jamais,
Duplessis.

## M. DU PLESSIS A SA FEMME.

M'amye, j'ay receu des lettres par le porteur de Leictoure, et depuis celles de l'unziesme par un de Nerac que je retiendray encor un jour ou deux. Je t'y ay respondu par un homme de 255. 15. 89. qui alloit seurement. Aussy j'ay veu l'extraict de ce qu'a apporté l'homme lequel je voudroy pouvoir venir icy. Le courrier que j'avoy depesché de Nerac nous a rapporté le semblable. Monsieur de Monloue est icy qui vient des dissipations de l'armée estrangere. Il donne la faute à eux et non à nous, pour n'avoir pas suivy les commandements du roy de Navarre, ains la violence de quelques uns. Noz amys ont tous réservé leur conscience et la liberté de porter les armes, et ceux qui ne l'ont point exceptée la voudroient retenir (mesmes les colonelz des reistres) pour faire mieux que jamais, ce qu'il sera bon de dire audict homme. Monsieur de Turenne sera demain icy. Monseigneur de Mommorency y veut venir aussy. Je pense que l'on se battra bien devant Burglerolles, si jà on ne l'a faict, car mons$^r$ d'Odoux en a entrepris l'avictaillement et monsieur le grand prieur de l'empescher. Monsieur le mareschal de Mastignon arriva hier à Moissac. F. 102. η. 19. 16. 64. ρ. ςτ. ι. 152. 47. 40. Peut estre que 76. 119. 33. 7. 90. 102. 12. 83. Monsieur de Steinay, de l'Isle et de la Brouchiniere, venans de Bergerac icy, furent bien pris aupres de Mondenard. En un autre lieu les s$^{rs}$ de Badonville et de Heucourt, qui est grand desplaisir. Nous y ferons ce que nous pourrons. J'y ay perte particuliere pour l'amitié et parenté. Je n'ay point veu lettres de monsr de Prouillon concernans les estudes de mon filz. Il n'y a point icy de carte universelle, mais bien ay je receu de Paris le Nomenclator et Gaza *de senectute* en grec. Je parleray à Martin pour la promesse. J'ay retiré 130. 35. 87. 45. Nous nous portons tous bien graces à Dieu, sauf que je voudroy plus particulierement sçavoir ton indisposition dont je suis en pene. Sois soigneuse de ta santé. Je t'embrasse de tout mon cœur et supplie le createur qu'il te garde et conserve et nostre petite famille. De Montauban, ce 15e janvier 1588.

Vostre fidele et loyal mary à jamais,
Duplessis.

---

### M. DU PLESSIS A SA FEMME.

#### A Nerac.

M'amye, je t'ay escript deux fois depuis nostre arrivée en ceste ville. Graces à Dieu nous nous portons bien. J'ay receu tes lettres par les srs de Serillac et de Vicose avec les memoires, mais, quant au messager, je crain qu'il soit pris. Aujourd'huy monsr de Monloué est arrivé de la desroute de l'armée estrangere. Il nous en a conté les particularitez. Il y a bien eu de la faute partout. Baste que les Allemans mesmes nous justifient et se donnent le tort de n'avoir pas creu ny suivy nos advis. Le pauvre Badonville a esté pris en venant. Monsieur de Guitry est à Geneve 19. 32. 81. 42. 7. 5. 28. 79. s'en vient qui ne perd point courage. On a fort maltraité les Reistres en s'en retournant, et n'y a doute pour beaucoup d'occasions que nous n'en ayons, comme desja nous avons nouvelles, que la seconde levée s'avance fort. Tu auras veu ce que je t'en ay escript par un messager de Nerac. Monsieur de Bouillon n'est obligé ny en sa conscience ny en sa liberté. Aussy le Roy ne l'a point voulu recevoir en sa protection. Et maintenant le Roy ne parle que d'estre maistre des uns et des autres, dont Dieu sçaura tirer du fruit. Il est certain que monsieur du Maine a tué Sacromoro en son cabinet, entrant en mescontentement de ce que la fille de madame du Maine se marioit au jeune Carses. Mais la verité est que M. du Maine ne la luy voulant bailler en mariage, et à faute de cela craignant que de despit il ne revelast tous ses secretz au Roy, s'en est voulu desfaire. On dit aussy que la fille estoit entrée en promesse, et plus avant, avec Sacromoro. Et de faict, M. du Maine la met en monastere, et en retire l'autre sœur qui y estoit pour ledict s$^r$ de Carses. C'est un exemple qui leur nuira. Les deux freres sont mal ensemble. Pis que jamais contre mons$^r$ d'Espernon. Fort abbatuz tous des bons succez du Roy qu'ilz voient redonder contr'eux. Nous verrons 158. 32. 5. t. 6. 11. 100. 19. 64. 52. 83. 86. 80. 5. t. 14. 87. 76. Mons$^r$ Constans vient de Turenne aujourd'huy. M. de Turenne a pris Fons pres de Figeac et dix autres petis fortz et s'en vient ainsi balayant devant soy. Quant à S 71. ρ χ. je le pense retiré. Dieu nous fera la grace de prendre icy de bonnes resolutions. Mons$^r$ des 102. 7. 102. 31. 50. 71. 34. 87. Mongla aussy est revenu. On donne beaucoup de blasme à Cermont le pere qui, ayant esté prisonnier, a esté employé à traicter et a intimidé nostre armée de fantomes, car il est certain qu'ilz estoient hors de danger. Je t'envoie des lettres de monsʳ d'Yoles. Je t'en ay envoyé de plusieurs mesmes de Paris. 68. ζ. 10. γ. 27. 40. 88. 89. 101. 39. 32. 164. 130. u. 84. 40. 164. 94. Je t'ay jà escript come j'ay esté... 38. 40. 32. 119. 131. 164. ω. 6. 56. Je n'escrips point [à] monsieur le chancelier pour ce coup. Je feray une rech[an]ge d'icy à monsʳ de la Marsiliere et suis bien ayse [que] tu ayes envoié les lettres. M'amye, ne t'ennuye [point] et sois soigneuse de ta santé. Je t'embrasse de tout mon cœur et supplie le créateur qu'il te garde [et] conserve. De Montauban, ce 12ᵉ janvier a[u] soir, 1587[1].

Vostre fidele et loyal mar[y à] jamais.

Duplessis.

## M. DU PLESSIS A SA FEMME.

### A Nerac.

M'amye, je t'ay escript hier et aujourd'huy et n'ay rien ou peu qu'adjouster par le porteur. Je pense que nous retirerons noz prisonniers de Mondenard, et desjà ilz sont à rançon. Ce leur est un grand malheur. Il est venu ce soir une nouvelle de S. Antonin que Villeneuve de Rouergue auroit esté prise par monsieur de Turenne. C'est une jolie place, mais je

---

1. Datée probablement par erreur de 1587.

pense qu'il en eust averty. Ce devra estre par surprise. Nous attendons l'avictuaillement de Bourgherolles par monsieur d'Odoux. On s'y sera battu. Je t'envoye un petit memoire en chiffre que tu interpreteras à monsieur le chancelier. C'est chose qu'il faut faire promtement et seurement, car plus il y en aura et plus tost ce sera faict. Monsieur le conte a laissé quelques gens et chevaux à Nerac, qui pourront avoir faute d'argent. Je prie le receveur Mazelieres de leur fournir ou respondre jusqu'à 150 liv., dont je le feray deschargé. C'est chose privilegée et que je luy prie d'avoir en rec[om]mandation. Il faut s'enquerir qui est celui qui conduit là sa despence. Je suis en pene de ton rheume. Le temps a esté assez froid icy, mais beau. Contregarde ta santé par tous moiens, et que je te trouve en bon estat à nostre retour. Monsieur le mareschal est à Moissac. Qui est tout ce que je te puis dire, sinon que je t'embrasse de tout mon cœur et supplie le créateur, m'amie, qu'il te garde et conserve et nostre petite famille. De Montauban, ce 16e janvier au matin, 1588.

Le ministre de Villemur, c'estoit monsr du Mas qui est retiré à Castres; mais je feray fouiller toute ceste ville pour ce que m'escript monsieur Prouillon. Je t'envoie des lettres de Martin à son homme qui reparent la promesse.

Vostre fidele et loyal mary à jamais.

Duplessis.

## M. DU PLESSIS A SA FEMME.

### A Nerac.

M'amye, je suis esbahi de ce que tu m'escrips de n'avoir point eu lettres de moy depuis nostre arrivée, car voicy la cinquiesme. Je t'ai envoié des lettres de 255. 71. 60. 89. Aussy de Martin qui reparent l'erreur de la promesse. On m'a escript que tes dents t'ont fort tourmentée. J'en suis en pene; je voudroy bien que le medecin de monseigneur le conte t'y peust donner quelque soulagement. Je suis marry de la pauvre mad. Durand. Vous avez tous besoin de mon retour pour vous remettre. Graces à Dieu, nous nous portons bien. 76. ρ. 32. 103. 121. 6. 18. 83. 68. 101. 9. 71. 107. 128. 11. Monsieur de Turenne est icy depuis hier. Sa cuisse le fasche toujours. Monsieur d'Odoux estoit logé fort pres de Bourgherolles. Je pense qu'on s'y battra. On dit cependant qu'il a pris Belpech, petite ville appartenante à monsr de Mauleon. 68. 90. 32. ff. e. 118. 64. 90. 52. 98. 117. 80. 17. 87. 59. 14. 88. 19. 66. 87. 52. 5. 76. 7. 130. 10. 6. 9. 40. 50. 98. 92. ξ. 24. *Jusques à moitié chemin c'est pour 6 jours.* Cependant il laisse 255. 2. 41. 127. 64. 9. 52. 107. 128. 8. adviser 77. 76. 50. 102. 20. 92. 81. 52. 24. L 17. 164. 167. 168. 276. 275. 282. 116. 47. 6. 114. 17. 76. 88. 6. 40. 5. 30. 13. 119. 32. A. 135. 128. etc. Je pense que je feray 76. 7. 4. 164. 74. 40. 57. 79. 68. 119. 102. 59. 28. η. 64. ρ. 52. 243. 164. 130. 115. 60. 27. 87. C'est pourquoy je t'ay envoié deux billetz pour monsieur le chancelier par lesquelz il le prie de luy envoier le plus seurement et promptement qu'il pourra 8. 7. 80. 140. 51. 52. 77. ρ. 52. 24. 49. 103. 19. 29. Il est besoin qu'il se haste. Et ne te metz point en alarme si on envoie un passeport à 90. Car 68 avait par deux fois respondu qu'il n'estoit point besoin qu'il vinst deça, mais sa femme est fort malade 2. 32. 2. 19. 20. 164. 50. 14. 6. 114. qui désire extremement le voir, se sentant pressée de choses qu'elle lui veut communiquer etc. 74. 68. 6. στ. 136. 306. etc. M. de Tignonville est arrivé, M. de Pourpry chez luy. Congerville est avec moy, les autres aussy que j'avois laissé aux trouppes. Voilà tout ce que je te puis dire de nos petis affaires; sinon que 13. nous a envoié demander un passeport pour revenir chez luy. A mon advis c'est 8. 217. Nous venons de faire faire ce que tu demandes pour ton filz et recouvrer des grenes pour ton jardin, que Dieu nous donne faire en quelque autre lieu. Je t'embrasse de tout mon cœur et supplie le créateur qu'il te garde et conserve toute nostre petite famille. De Montauban, ce 18° janvier, à 11 heures du soir.

Recommande moy humblement à monsieur le chancelier, auquel j'escriray à la premiere commodité, et à M. Janvier. Je n'oublieray quelqu'expédient pour nostre vieille tante.

Vostre fidele et loyal mary à jamais.

Duplessis.

### M. DU PLESSIS A SA FEMME.

#### A Nerac.

M'amye, je t'ay escript plusieurs fois amplement, mais celle-cy en haste, pour celle du porteur. Je suis en pene de ta santé, veu tes dernieres. La nostre est tres bonne pour le temps. Hier, j'euz lettres de monsieur le chancelier. Il me promettoit des tiennes par une plus seure voie. Tu feras tenir celles que j'escrips à M. l'Allier, mieux que l'autrefois, car il en est besoin. Reposons-nous en Dieu qui nous ouvre des moiens tout autres que nous pensons. Je t'embrasse de tout mon cœur, m'amye, et supplie le createur qu'il te garde et conserve et nostre petite famille. J'escripray à monsieur le chancelier avec plus de loysir et de subject. Aujourd'hui mons$^r$ son nepveu a protesté nostre religion. De Montauban, ce 23$^e$ janvier apres midy, 1588.

Je t'ai envoyé lettres de Martin, telles que tu désirois.

Votre fidele et loyal mary à jamais.
Duplessis.

---

### M. DU PLESSIS A SA FEMME.

#### A Nerac.

M'amye, il y a 8 jours que je n'ai de tes nouvelles. J'en suis en pene. Toutesfois, monsieur le chancelier m'a mandé qu'il t'avoit retenu un paquet pour le m'envoyer par voie plus seure. Je doute que ces froidz n'ayent empiré ton rheume. Je t'escripvis hier ce qui s'est passé devant Burgherolles. Enfin la place s'est rendue après neuf mois de siége. 83. 40. 11. 98. 101. 39. 32. 59. 10. 137. C. 27. 87. 19. 16. Nonobstant 76. continue son voiage en 276. et. 255. 130. 172. 24. 49. 64. 167. Cela abrégera nos affaires et F. 102. η. 22. 64. ne nous restant que 164. 5. 58. 64. 141. 18. 19. 32. 111. 70. 71. 6. 5. 5. 122. 164. 52. dr. 47. 87. 131. 107. 59. u. 32. r. x. 32. se commence et φ. 50. 24. L. 119. 132. 12. 52. 32. 142. 85. 88. 52. c'est chose promise. J'ay fort esclarcy ceste matiere, car j'ay faict ouyr l'auteur mesmes de la chose. Vous avez veu vostre nepveu de Feuqueres à Nerac, come il m'escrivoit de Bergerac. Il semble que 71. se radoucisse. Nous aurons une 50. 138. 87. 70. 42. 40. 5. 57. η. στ. 70. 99. 106. 6. 32. γ. ε. 38. 50. 130. 82. 128. 92. M. 64. 52. Je pense que monsieur le chancelier ne viendra point icy. Au moins ay je veu mons$^r$ du Fay conclurre à le contremander. Toutefois sa femme desiroit fort l'y voir plustost qu'ailleurs. Nos chevaux de François ne sont point arrivez, qui fussent toutesfois venuz à propoz et viendroient encores. Surtout ne te travaille point l'esprit, car il n'y en a nulle occasion. Je t'escrips le mesme et de ce mesme jour par la mesme voie. Nostre armée s'avance fort en Allemaigne. Monsieur de Montagne est allé en court. On nous dit que nous serons bien tost recerchez de paix par personnes neutres. M'amye, je t'envoieray bientost le s$^r$ de Boinville. Croy le de ce qu'il te dira. Et sur ce, je t'embrasse de tout mon cœur et supplie le createur qu'il te garde et conserve et nostre petite famille. De Montauban, ce 24ᵉ janvier 1588.

J'ai parlé à bon escient à monsʳ de la Roche, de nostre affaire avec la vieille tante pour en parler à M. de Pujolz, à M. d'Orthoman et à M. de Claveronne, ce qu'il m'a bien promis de faire de bonne sorte.

Votre fidele et loyal mary à jamais.
Duplessis.

---

### M. DU PLESSIS A SA FEMME.

#### A Nerac.

M'amye, je suis bien ayse que tu ayes receu mes lettres pour t'oster de pene. J'ay aussy eu les tiennes du 25 par divers messagers. Enfin tu as creu ton opinion pour le cautere ; Dieu vueille qu'il te proffitte ! Tu auras toutes les drogueries que tu demandes, dont j'ay baillé memoire à Gilles. Je suis bien ayse que nostre filz proffitte en toutes sortes, mesme à monter à cheval. J'en suis tenu à l'escuier de monseigneur le conte. Je ne puis trouver, come jà je t'ay escript, ny carte ny globe pour luy, encor que j'aye faict tourner tout Montauban ce dessus dessoubz et Villemur etc. Il faut essayer d'en avoir de Bordeaux. On m'a donné à Montauban un jeune garçon qui est joliment avancé ; c'est le filz de monsʳ Corneille advocat qui l'a habillé et monté. J'en ay esté très instamment prié de plusieurs de noz amys. Il semble avoir de l'esprit. Je n'ay receu lettres des consulz, aussy peu de l'affaire du marchant. Quant au receveur Mazelieres, je suis son amy et luy feray tousjours volontiers plaisir. Mais ses lettres nous ont trouvé aux tranchées, où il n'estoit pas à propos de parler de cela au roy de Navarre, joinct que c'est petit à petit redresser la chambre des comptes de Nerac qu'il a voulu esteindre. Aussy bien l'autre, duquel il allegue l'exemple, n'est pas encores passé. J'en communiqueray avec monsieur le chancelier. Je trouve bon ce que tu as faict avec Auzerée. Au reste nous avons pris Mombequin, Diupantalz, Canalz, Orgueil, etc. Cansaz compose à présent, et desjà monseigneur le conte de Soissons est logé au Cloz. Il me suffit que le maistre est bien informé de la vérité, qui y scaura pourveoir. Fay tenir ma lectre à mons<sup>r</sup> Allier. Je t'embrasse de tout mon cœur et supplie le createur, m'amye, qu'il te garde et conserve et nostre petite famille. De la Bastide, ce samedy penultime de janvier 1588. Je n'escrips point à M. le chancelier, par ce que je l'estime parti.

Vostre fidele et loyal mary à jamais,

Duplessis.

---

### M. DU PLESSIS A SA FEMME.

#### A Nerac.

M'amye, tu n'auras que ce mot, car je t'ay escript amplement par deux messagers. Je fay traicter nostre affaire en Languedoc par mess$^{rs}$ de la Roche Chandiou et Constans. Je n'ay oublié de ramentevoir à monsieur de Turenne ce dont nous avions autresfois devisé ensemble. Nous avons pris icy les fortz que nous voullions et esperons te voir bientost. J'escrips un mot à monsieur de la Vallade, qu'il doibt bien deschiffrer; et dictes luy qu'il se souvienne de Leictoure. Que je te trouve en santé, come j'en prie Dieu, m'amye, et qu'il te garde et conserve et nostre petite famille. Je t'embrasse de tout mon cœur. J'ay escript à La Rochelle pour avoir une carte universelle por la mere et por le filz; aussy nous aurons le Theatre à Nerac, car on s'est resouvenu où il est. Adieu encor un coup. De Montauban, ce 2$^e$ février 1588.

Monsieur le chancelier n'est point encor arrivé.
Vostre fidele et loyal mary à jamais,

Duplessis.

---

### M. DU PLESSIS A SA FEMME.

#### A Nerac.

M'amye, c'est la quatriesme depuis 3 jours. Le capitaine Bidon te dira de noz nouvelles. Nous avons pris ce que nous voulions, et le mareschal de Mastignon menace maintenant quelques petis fortz de la Laveiron, mais je n'estime qu'il en reprenne. Je pense que tu verras bientost Boinville auquel je désire que tu faces bonne chere. Fay tenir seurement mes lettres à mons$^r$ de la Valade, car elles importent.

Alors tu sçauras toutes nouvelles, je dis par ledict Boinville. Monsʳ de Turenne est avec monsieur son oncle. Constans m'a bien promis de faire nostre affaire, s'il va jusqu'à Nismes. En son defaut M. de La Roche n'y manquera pas; et y a des particularitez qui m'en font bien esperer. Mʳ de Monlouet s'en retourne en France avec passeport de monsieur le mareschal. J'escrips par ce moien à nos amys. Les livres de geografie que nous cerchions tant sont à Nerac. Nous les aurons. Du reste, sois soigneuse de ta santé et ne te fie point en tes cauteres. Je t'embrasse de tout mon cœur et supplie le createur, m'amye, qu'il te garde et conserve et nostre petite famille. J'escrips à La Rochelle pour avoir une carte universelle pour nostre filz. De Montauban, ce 4ᵉ février, au matin, 1588.

Vostre fidele et loyal mary à jamais,

Duplessis.

## LETTRES

De M. du Plessis Mornay à sa femme. 20 février-19 juin 1588, de la Rochelle et de Saint-Jean d'Angély, avant et pendant le voyage de Mad. du Plessis en Béarn pour voir Catherine de Bourbon, sœur du roi de Navarre, et pour prendre les eaux des Pyrénées.

### M. DU PLESSIS A SA FEMME.

#### A Nerac.

M'amye, nous sommes arrivez à Castelgeloux, le roy deux heures apres nous, revenant du Maz. Il semble y avoir peu d'hommes. Cependant le pauvre

La Benardie de Clesar y a esté tué, sans commandement et par son plaisir. C'est grand dommage. La place est investie, mais sans obligation. Le roy n'y fera rien que prudemment et pourveoit tres bien à toutes choses. J'ay trouvé icy lettres d'Angleterre. On nous asseure que le duc de Saxe a faict tenir une assemblée de theologiens en ses pays, en laquelle les Ubiquitaires ont esté condemnez et depuis chassez. Mesmes à son imitation la duchesse Casimir s'en est desfaicte et hante maintenant les prestres de nostre confession. C'est une victoire qui ne vaut pas moins que Coutraz. Les pauvres Estatz des Pays Bas sont malmenez. L'Angleterre semble les abandonner. Le pis est qu'ilz sont en divisions estranges; ce que tu verras par celles que M. de S. Aldegonde m'escript. Et si espere on qu'ilz nous ayderont d'une notable somme de deniers, ce que toutesfois je ne m'ose persuader. M. de la Trimouille tient Vouvant en Poictou assiegé. Monseigneur le conte de Soissons est allé en Bearn. Ne t'ennuye point, je te prie; tu auras à toute heure de noz nouvelles. Je t'embrasse de tout mon cœur et supplie le createur, m'amye, qu'il te garde et conserve et toute nostre petite famille. De Castelgeloux, ce samedy 20ᵉ février, à 11 heures du soir, 1588.

Le roy a commandé à tous gendarmes de se retirer en leurs maisons jusques à ce qu'il ait deniers pour leur faire monstre. Jamais la ligue ne fut en moindre recommandation.

Vostre fidele et loyal mary à jamais,
Duplessis.

### M. DU PLESSIS A SA FEMME.

M'amie, je t'escrips piteuses nouvelles. Monsieur de Clervaut est mort; monsieur de Bouillon aussy, deux jours devant, tous deux à Geneve. Monsieur de la Noüe, suyvant le testament, est allé comme executeur particulier aux places. Ce ne sera sans difficulté. Il faut louer Dieu de tout. Tu auras eu de mes nouvelles à ce matin. C'est mons$^r$ de Malleroy qui rapporte cela, arrivé ce matin icy. Je t'embrasse de tout mon cœur et prie Dieu, m'amye, qu'il te garde et conserve. De Castelgeloux, ce 21$^e$ fevrier, à 8 heures.

Vostre fidele et loyal mary à jamais,
Duplessis.

---

### M. DU PLESSIS A SA FEMME.

M'amye, ne te metz point en pene; nous ne ferons rien que prudemment. 117. 22. 243. gt. 32. 59. 40. 47. 87. 127. 80. 115. 57. 52. 50. 118. 5. 80. φ. ψ. 52. 102. A. 132. 12. 52. 99. cc. 19. 17. 128. 59. partie 92. 52. 241. 71. 9. 40. 60. 32. 11. 115. 132. 27. 87. 94. 148. 213. Je t'ay escript le surplus. Ne t'attriste point de la perte de nos amis. Ils gaignent en mourant. Il s'y faut resoudre. Nous pourvoions à la consequence, ce par bons moiens. Advise aux blancz, come je l'ay escript, avec Bouliard. Je luy en escrips un mot de créance sur toy. Je t'embrasse de tout mon cœur et supplie le createur, m'amie, qu'il te garde et conserve et nostre petite famille. Je trouve l'humeur de ton cousin bonne, si elle dure. Nous en parlerons et du faict qu'il t'a recommandé. De Castelgeloux, ce 22º fevrier, à 1 heure apres midy lundi.

Le Roy m'a commandé d'escripre à monsʳ du Pui qu'il ne bouge. Je penseray à ce que tu m'escrips de Loriol et Andry.

Vostre fidele et loyal mary à jamais,
Duplessis.

---

### M. DU PLESSIS A SA FEMME.

M'amye, je t'ay escript 6 fois depuis nostre arrivée à la Rochelle, la plus part par Bordeaux, quelqu'une par le mont de Marsan, par un laquais de Madame, et ceste est la seconde par $S^{te}$ Foy. Nostre voiage s'est bien porté. Nous avons plus tost sauvé Marans que perdu, car au moins en avons nous retiré, par une honorable composition, 400 homes qui s'estoient engagez dans le chasteau sans vivres, tous les fortz estant laschement abandonnez, le tout avant nostre venue. Nous l'avions bien gardé en pire saison et contre plus grandes forces, mais l'ordre se monstre là où il est. Nous allons demain à S. Jehan, où nous trouverons de grands et misérables affaires dignes du miserable siecle où Dieu nous a faict naistre. Il nous y conseillera, s'il luy plaist. Je doute que tu n'ayes receu les miennes de $S^{te}$ Foy par le laquais de M. de Turenne, car il fut pris. Je n'en ay point de toy depuis nostre departement, et non sans pene, à cause de ta diete. J'ay prié Monsr du Faur de te faire tenir celle-cy; sinon, Mr Alliez le receveur, par home exprès. La court est brouillée de divisions, Mr d'Espernon peu asseuré de son gouvernement, M. de Believre non encor de retour de Lorraine. L'Allemaigne fort esmeue contre la Lorraine por les ravages commis en la conté de Monbeliard par Mr de Guise. On tient que 14 000 reistres marchent par nous. Nostre cousin est encor icy. Dieu nous aydera. Mande moy de ta santé. Que Chorin ne s'ennuye point, et mande moy des nouvelles de Mr Prouillon. Je t'embrasse de tout mon cœur et prie Dieu, m'a-mye, qu'il te garde et conserve. De Mozay [entre] la Rochelle et S. Jean, ce 28e mars 1588.

Vostre fidele et loyal mary à jamais

Duplessis.

---

M. DU PLESSIS A SA FEMME.

M'amie, je n'ay rien eu de toy, depuis mon partement, non sans pene, à cause de l'estat où je te laissé. J'estime que celle-cy te trouvera sur la fin de ta diete. Escrips m'en bien particulièrement. Voicy ma septiesme. Nous avons sauvé les hommes qui s'estoient engagez dans Mara[ns]. Ce n'a pas esté peu, veu les fautes faictes avant nostre arrivée. Maintenant sommes à S. Jehan pour cest affaire miserable 130 u. 84. 40. 87, 47. 68. 19. 71. 42. 5. On y verra bientost plus clair. On tient pour tout asseuré à la

court que les reistres marchent par nous au nombre de
14 000, en vengeance des affrontz qu'on leur a faictz,
mesmes des ravages que monsieur de Guise a faict en
la conté de Mombeliard. La Ligue mandoit tous ses
serviteurs au 26ᵉ de ce mois pour defendre la Lorraine, et y sera assistée du prince de Parme, si elle
peut. Toutesfois je ne voy pas que la paix entre l'Angleterre et luy s'avance fort. Bien m'escript nostre
amy qui est 64. 169. que tout y est bien pour nous,
et nommeement depuis noz malheur[s]. Ce qu'on disoit de La Fere prise en Picardie par M. d'Aumalle
est faux. Il y a bien quelques remuemens en Normandie, mais qui n'ont point encor esclaté. Messieurs de
Believre et de La Guiche ne sont point encor de retour de Lorraine. Les uns dient que leur voiage tend
à une paix generale, les autres à la reconciliation de
monsʳ d'Espernon avec eux. J'ay reccu des lettres de
madˡˡᵉ de la Borde. Elle se porte bien, sauf la goutte ;
nostre frere de la Borde tousjours mal sain. Monsieur de Beaulieu mort, et les parens ne sçavent où
en avertir le filz qui est desiré pour ses affaires. Voilà
comme noz amys nous laissent l'un après l'autre.
M. de Fonslebon est icy qui m'a promis de dresser
mon filz à cheval, s'il est une fois icy avec toy. Advise seulement de te bien porter. Je t'envoieray,
quand il sera temps, les lettres necessaires. Madᵉ de
Plassac se prepare desjà pour aller aux eaux, et pour-
riez vous en revenir ensemble. J'ay laissé mon coursier à Pons, qui n'en pouvoit plus, et aujourd'huy le
mignon m'est mort des avivres. Tu es cause de tout
ce mal. Que Chorin ne s'ennuye point, je l'en prie.
Je t'embrasse de tout mon cœur et supplie le crea-

teur qu'il te garde, m'amye, et conserve avec nostre petite famille. De S. Jehan, ce 29° mars, à 11 heures du soir.

Vostre fidele et loyal mary à jamais,
Duplessis.

---

### M. DU PLESSIS A SA FEMME.

M'amie, je me fais à croire, veu ma diligence, que tu as force lettres de moy. Charin est arrivé sur le partement de mons<sup>r</sup> de Monglat. Il m'a fort assuré la santé de M. de Prouillon, mais non tant la tienne qui me tient au cœur. Je suis entre crainte et esperance de ta diete. Par Dieu, n'y obmetz rien, car ce n'est pas chose dont on ait tousjours loisir. Tu auras madame de Plassac aux eaux, Mons<sup>r</sup> de la Serre aussy. Je t'envoie des lettres par luy. Ce sera de quoy plancter ton voiage auquel je persevere, si rien ne survient entre cy et là, dont je t'avertiray et de toutes les circonstances. Le roy de Navarre recommande aussy tes passeportz à mons<sup>r</sup> le mareschal. De la dame dont tu m'escrips je reconnoy son affection en ses lettres, mais il me semble que sa parole t'esclarcira davantage. Je ne suis d'avis de laisser une de noz filles sans asseurance, et considere d'ailliours qu'elle a faict ce qu'elle a peu pour son nepveu. Quant au choix, je te diray volontiers que c'est une maniere de dire, et tu ne le sçaurois lire sans rire. J'ay perdu l'un de mes courtaux et le meilleur, et mon coursier ne vaut pas mieux. Tu me vaux cela.

Selon le proverbe, il s'en faut consoler sur la nourriture des chevaux qui est chere. Le reste te sera mieux dit par mons<sup>r</sup> de Monglat auquel j'ay procuré ce voiage pour l'envoier aux eaux. Je t'embrasse, m'amye, de tout mon cœur, et supplie le créateur qu'il te garde et conserve. De S. Jehan, ce 2<sup>e</sup> apvril 1588.

Vostre fidele et loyal mary à jamais.
Duplessis.

---

### M. DU PLESSIS A SA FEMME.

#### A Nerac.

M'amye, depuis ma lettre escripte j'ay receu lettres de monsieur de Turenne. Je le voy en quelque bon espoir de sa playé, non toutesfois encore fermée, et résolu d'aller au Bas Languedoc. Je ne sçay ce que Mons<sup>r</sup> de Chandion y aura faict pour nous; tant y a que je n'en ay point de responce; mais M. Constant me mande qu'il donnera jusques là et y frappera coup, s'il peut. C'est pourquoy, ne sachant si tu en auras eu nouvelles ou d'une part ou de l'autre, premier que tu reçoives la presente, j'ay pensé de remettre à ta discretion d'en parler à mons<sup>r</sup> de Monglat, nostre amy, et l'y emploier si tu appercoy qu'il soit à propos et qu'il y puisse quelque chose, car de son affection je n'en doute point. Mons<sup>r</sup> de La Serre nous a envoié demander un passeport pour aller aux eaux, Mons<sup>r</sup> le mareschal pour faire venir madame sa femme à Agen. Cela me faict esperer qu'ilz ne t'en seront pas chiches. Je te redepescheray dans deux jours le messager. Et sur ce t'embrasse de tout mon cœur et prie Dieu, m'amye, qu'il te garde et conserve et nostre petite famille. De S. Jehan, ce 3ᵉ apvril 1588.

Vostre fidele et loyal mary à jamais.
Duplessis.

## M. DU PLESSIS A SA FEMME.

M'amye, je ne puis rien adjouster à ce que je t'ay escript aujourd'huy par le sieur de Monglat et à ce qu'il te peut dire. Je desire fort que tu le voies; j'ay faict son affaire. Pense s'il pourra quelque chose pour nous vers nostre vieille tante. De nostre commère je pense qu'elle a disposé de ce qu'elle pouvoit par son nepveu. Je suis tousjours en pene de ta santé quoy que Chorin me die. Delivre m'en en m'escrivant la verité. Le Roy de Navarre escrit encor à monsieur le mareschal en recommandation de tes passeportz. Il ne s'y rendra difficile puisqu'il en a demandé pour madame la mareschale. Tu verras aussy monsʳ de La Serre aux eaux, qui en a eu un, et auquel S. M. escript; et madame de Plassac s'y en va aussy. Il y a brouilleries à la court contre la ligue, mais qui s'appointeront. Je t'envoie un memoire de nouvelles tirées de lettres interceptées de tous pays, dont tu feras part à noz amys. Et sur ce, m'amie, t'embrasse de tout mon cœur et prie Dieu qu'il te garde et conserve et nostre petite famille. Je suis bien ayse de la santé de M. Prouillon et prie Dieu qu'il benie les estudes de nostre filz et la nourriture de nos filles. Vien nous voir et tu seras la bienvenue. De S. Jehan, ce 4ᵉ apvril 1588.

Vostre fidele et loyal mary à jamais.
                                        Duplessis.

---

M. DU PLESSIS A SA FEMME.

M'amye, tu auras veu Monsʳ de Monglat qui t'aura dit toutes nouvelles. Depuis nous sommes de retour en ceste ville, où je n'ay point trouvé des tiennes depuis Chorin, et non sans doute du succez de ta diete. Je suis esbahy que monsʳ de la Roche ne nous ait rien escrit de la vieille tante. Bien ay je de ses lettres de Geneve, mais rien de cela. J'ay sçeu qu'elle a, de son premier mariage, une tres belle terre en Poictou et bien bastie. On en refuse 21 000 liv. de la moitié, et l'avoit donnée en faveur de mariage au feu prince de Carancy. Notez aussy qu'on assure qu'elle auroit tout donné à sa niepce par contract en la mariant. C'est pourquoy il y faut voir clair. Tu verras si par le voiage du Sʳ de Monglat tu pourras faire ton proffit de ce que dessus, ce que je remetz à ta discretion. Je desire fort que les eaux te profitent. Je voy beaucoup de gens se disposer à y aller. De moy je regarderay que tu trouves quelque commodité en ceste ville. Il se trouve un logis assez commode, mais sans meubles ; c'est pourquoy il y faut adviser. Tu pourrois envoier les tiens par eau, et pour les personnes j'aymeroy mieux que tu prisses la droiste traverse vers S^te Foy, dont je t'escriray encor plus particulierement. Je te garde de l'ambre gris, si tu en as besoin. Tout se porte bien icy, et je t'envoieray ton messager de Nerac au premier jour qui est demeuré malade à S. Jehan. M. d'Aumalle s'est logé aux fauxbourgs d'Abbeville. Le Roy l'a trouvé mauvais qui s'y achemine avec ses forces. Je doute qu'ilz s'appointeront, et peu de temps nous l'apprendra. Nostre cousin est encor icy qui n'en peut partir. On parle de reistres. Je t'embrasse, m'amye, de tout mon cœur et supplie le createur qu'il te garde et conserve et nostre petite famille. De la Rochelle, ce 10° apvril 1588.

Vostre fidele et loyal mary à jamais.

Duplessis.

---

M. DU PLESSIS A SA FEMME.

M'amye, je pense que tu as souvent de mes nouvelles ; au moins t'escrips je souvent. Tu auras veu le S^r de Monglat qui t'aura tout dict. Je pense que tu t'en vas hors de ta diete, de là en Bearn où tu seras bien receue, et apres tu pourras nous venir voir. Mons^r le mareschal te baillera volontiers passeportz, M. de la Serre aussy, car ilz nous en ont demandé l'un pour aller aux eaux, l'autre pour faire venir sa femme à Agen, qui leur ont esté accordez, nomméement à monsieur le mareschal, pour la conduite de mad^e sa femme depuis Niort jusques à Agen, deux des gardes du Roy de Navarre. Mon adviz est que tu envoies tes hardes par la riviere et la mer jusques icy par le moien de Martin; que tu laisses à Nerac, au chasteau, dedans quelque cabinet fermé à cadenaz, ce que nous avons de plus dangereux et non necessaire, come papiers etc.; que tu prennes ton chemin avec ta famille par Clerac, S$^{te}$ Foy, Coutraz, Monguyon, Jonzac, Pons, Taillebourg où je t'iray rencontrer etc.; que tu ayes un des gardes de M. le mareschal pour ta conduite surtout. Entre Clerac et S$^{te}$ Foy, pour eviter la longueur de la journée, tu as Momeiges, maison du S$^r$ de Boisdemain, Amet, maison de M. de La Force, Eymet, la maison et ville du marquis de Trans; entre S$^{te}$ Foy et Monguyon tu as Gurson et S. Seurin, où commande le capitaine Roux, que tu peux gaigner pour abbreger la journée de Monguyon. Je suis après à te trouver et accommoder logis et peut estre mieux. Je ne suis d'advis que tu menes noz enfans en Bearn, si ce n'est avec une grand commodité tienne, car je voy que tu as peu de chevaux. Je te commetz le fait. Et voy si tu as bezoin d'autre chose. Ceste n'est que pour cela et pour te dire que je ne desire rien tant que te voir en repos. Les affaires de la court sont brouillées, la ligue mal avec le Roy, peu de forces preparées contre nous. Je t'embrasse de tout mon cœur, et prie Dieu, m'amie, qu'il te garde et conserve et nostre petite famille. C'est de La Rochelle, en haste, par un laquais de madame qui promet de laisser la presente à Durance. Ce 13$^e$ apvril 1588.

Vostre fidele et loyal mary à jamais.
Duplessis.

## M. DU PLESSIS A SA FEMME.

### A Nerac.

M'amye, tes dernieres sont du 8ᵉ apvril esquelles je voy que ta diete t'a affoiblie. Il faut se remettre un peu premier qu'aller en Bearn. De nous, graces à Dieu, nous portons bien. Je pense que tu te seras pourvue d'un bon passeport de monsieur le mareschal. Il n'y aura pas fait difficulté car nous en avons donné à madame la mareschale pour l'aller trouver, qui passa il n'y a que 8 jours par S. Jehan et Pons. Je te voy en pene de chevaux, mais je pense que tu seras resolue de ne mener tous noz enfans. Je te dis au partir comment 85. 7. 121. 6. 5. 50. 61. 1. 87. 130., et depuis t'ay escript amplement par le petit messager. Aussy t'ay avertie que 142. 119. 33. 40. 5. 47. ε. 18. 11. 24. 49. 18. 51. 128. et presques non recouvrable. Les logis malaysés à trouver commodes; toutesfois, nous en avons un, mais non si large qu'à Nerac, neantmoins bien logeable. Mon advis est que de bonne heure, par le moien de 50. 18. A. 12. tu envoies tes meubles par eau jusques à Royan, et pour ce faudra m'envoier copie du passeport qu'il estimera necessaire afin que je te l'envoie, car il y faudra le nom du bateau et du maistre et le port, etc. En faudra avoir un pareil de monsieur le mareschal et de M. de la Serre qui te l'envoiera volontiers. Je lui en fis donner un hier h. 24. 17. 6. η. 5. qui s'en vont 7. 184. et je pourveoiray que de Royan il soit conduit seurement icy en estant averty. Je ne suis d'advis que tu y charges

rien de 158. 32. 129. 102. 19. 31. Quant à 143.
89. 149. 18. 52. 71. 102. 40. 40. 52. 81. T. 64.
52. mon advis est que tu les laisses en garde avec
bon ordre et inventaire au chasteau de Nerac ψ.
143. 89. 149. 18. 52. w &ct. separeement du reste,
en quelque cabinet, en quoy mons<sup>r</sup> de la Vallade
t'aydera 74. 152. 56. 40. 115. de mesmes, sauf
ceux que tu desireras pour toi où 34. 88. 19. 51.
90. 19. h. u. 32. δ. 58. 52. dont il faudra faire un
petit memoire. Les mandemens ou papiers necessaires pour conter avec les thresoriers les faut apporter. Escrire aussi à Vasquieux, thresorier d'Armaignac l'an passé, qu'il me mande le prix du cheval
qu'il paya au capitaine Marsolan pour M. de Pourpry afin que je m'en face payer sur son estat. Je lui
en escrips un mot. Particulierement ayes soin de
mes 152. 56. 104. 52. 164. 28. 17. 6. 102. 52. 8.
servir un jour 7. F. δ. 52. Je seray bien ayse d'a-
voir 88. 24. 27. 12. Ayant faict tous tes affaires
pour partir, je suis d'advis que tu pries monsieur le
mareschal de te donner un de ses gardes pour te
conduire jusques icy, et qu'en son passeport soient
compriz nommeement ces motz α. P. 40. 32. L. 32.
52. Et feras bien de m'avertir quelques jours auparavant de ton partement 64. 24. 27. 72. 87. Tu as
deux chemins à choisir: Agen, Pujolz, Villeneuve,
Monflanquin, Bergerac, ou bien Monhurt, Clerac,
Eymet, S<sup>te</sup> Foy, et prendre conduite, en noz places,
de quelque honneste homme que le gouverneur te
baillera de lieu en lieu. Le dernier me semble plus
à propos. Entre Clerac et S<sup>te</sup> Foy tu peux coucher à
Eymet, petite ville appartenante à M. le marquis de

Trans, ou à Theaubon, maison de madame de Theaubon, tenue à ferme par M. de Melon, si tu peux aller si loin. La journée aussy seroit longue de S^te Foy à Monguyon ; mais tu peux aller à Coutraz où sera M. Morin, commandant au chasteau, qui est mon amy, ou bien avancer jusqu'à Gurson et le lendemain tirer jusqu'à Monguyon. Le capitaine Roux est à S. Surin sur l'Isle qui te dira toutes adresses. De Monguyon en avant les journées sont courtes et taillées ; et en estant averty je t'envoieroy Boinville au-devant à Taillebourg. A Clerac tu verras mons^r de l'Estelle, M. de Rossanes pere et filz ; à Bergerac, mess^rs de S. Genez, Toustal et Fedeau, conseillers de la court de Parlement de Bordeaux, ×. A. 60. 32. 59. 121. 6. 18 ; à Pons, mons^r de Plussac (je pense que madame sa femme sera aux eaux de Bearn. Tu feras bien d'envoier quelqu'un devant à Pons l'avertir) ; à Taillebourg, M. des Essarts fort mon amy ; tu prendras advis audict Pons de passer à Xaintes ou non. J'escrips à M. de la Vallade pour haster les deniers de Foix, de Gironde, de Tournon et tous autres qu'il pourra, car nous avons trouvé de grandes charges icy. Ils auraient commodité de 74. 40. 32. 121. 6. 87. 64. Aussy nous voulons, si les vins sont par delà à bon marché, avoir passeport de mons^r le mareschal pour 100 tonneaux. Nous en ferions amener pour nous par mesme moien. J'ay eu lettre de M. de Chandiou, de Geneve. Il ne m'escrit rien de madame nostre tante. Je ne sçay s'il l'aurait oublié ; M. Constans y est allé qui m'assure de ne l'oublier pas. Elle a une belle terre en Poictou de son premier mariage, qui vaut 5000 de rente, tres bien bastie, qu'elle avoit donnée en faveur de mariage au feu sieur de 98. 84. 32. 128., filz du sʳ de 58. 103. 19. 159. 6. 88. 12. On dispute qu'elle ne pouvoit parcequ'elle auroit jà disposé en mariant sa niepce. Je t'escripvoy par le sieur de Monglat que tu regardasses si tu en pourrois faire quelque ouverture, ne sçachant si tu en aurois receu nouvelles par le dict sʳ de la Roche ou autres. Quant à la 50. 102. η. je ne pense pas qu'elle puisse beaucoup et doute qu'elle a jà faict ce qu'elle a peu pour celuy que tu sçais. En telles choses il faut estre asseuré et voir clair. S'il y a commodité bien assurée de 58. 121. 6. 64. j'en suis bien d'aviz. Je t'envoie des lettres de noz amys. On nous a brouillé Bourville. Patience avec les autres. Je ne pense que tu doives 102. y. 101. 18. η. 32. 160. 141. 5. S'il y a occasion quelconque de changement je t'avertiray. Voilà en somme ce que j'ay pensé pour noz particularitez. Je t'envoie deux lettres de madame la Princesse douairière à madame la Princesse de Condé et à M. de la Trimouille que tu seras bien aise de voir. Il les faut envoier à madame la Princesse. J'escrips un petit mot au sʳ Allier que tu luy feras tenir seurement. M'amie, sois soigneuse de ta santé et seureté surtout. Je t'embrasse de tout mon cœur et supplie le créateur qu'il te conduise et conserve. Guenbout ne me parle point de le laisser aller. S'il demande congé, je le luy feray donner. De La Roche[lle] ce 24ᵉ apvril 1588.

M. des Preaux est revenu, je dis l'aisné qui a faict bon voiage.

      Vostre fidele et loyal mary à [jamais],

                    Duplessis.

*Au dos est écrit de la main de Mme de Mornay:*

Lettre du 21 par laquelle je say comme je me doibts gouverner en mon voyage de Poictou.

---

### M. DU PLESSIS A SA FEMME.

M'amye, je t'escripvis hier tres amplement de tous noz affaires particulieres par le moien de monsieur de S. Colombe; je t'envoie aussy des lettres de noz amys et escrips au s$^r$ L'Allier. Ce que je te puis adjouster en ceste cy, c'est que, graces à Dieu, nous nous portons bien, nos affaires aussy. On dit que la ligue se brouillera avec le roy, que les regimens qu'on envoioit deça sont contremandez. Je ne l'ose croire. Cela nous donneroit beau jeu. Mons$^r$ d'Harambures, si tu l'enquers, t'en dira d'avantage. Je presuppose que tu es preste à partir pour Bearn; sois soigneuse de ta santé. Et s'il vient à propos tu pourras dire à Madame que, si elle me faisoit tant d'honneur que de me faire connoistre ses intentions, je m'y affectionneroy d'avantage, mais qu'il se presente quelquesfois des occasions, que je jugeroy estre pour sa grandeur, que je n'ose mesnager si je ne scay qu'il luy soit aggreable. Cela se doibt dire, selon la confiance et privauté qu'elle prendra de te parler de ses affaires, et plutost come de toy mesmes que de moy. M'amie, je t'embrasse de tout mon cœur et supplie le createur qu'il te garde et conserve et nostre petite famille. De la Rochelle ce 22$^e$ apvril 1588.

Je t'envoie une lettre pour Madame, suyvant laquelle tu te conduiras, et come dessus; aussy pour M. de S. Geniez.

Vostre fidele et loyal mary à jamais,
Duplessis.

---

### M. DU PLESSIS A SA FEMME.

M'amye, j'ay connu ta diligence par plusieurs lettres que j'ay receues de toy tout à coup. Mais elles ne m'ostent pas de pene par ce qu'elles t'ont laissée au lit malade au lieu que la fin de ta diete me promettoit un amendement. Je te prie que j'en sçache bientost des nouvelles en attendant que Dieu nous rassemble avec quelque repoz. J'ay veu le latin de nostre filz qui se façonne fort. Je seray bien aise aussy de revoir noz filles bien sages. Je t'ay envoié une rescription pour le s$^r$ de Scrillac; aussy deux passeportz du R. de N., l'un pour ton voiage en ça et l'autre pour la seureté de tes meubles; le tout par M$^e$ Jaques le chirurgien qui s'est embarqué par Baionne et te verra aux eaux. Ton messager t'en portoit un autre pour ton voiage de Bearn. Je me suis tousjours douté que tu serois en pene par ton equippage. Si M. le mareschal estoit à Bordeaux tu y pourrois passer, et cela t'accommoderoit. Je remercie par mes lettres M. de la Vallade. La maison qu'on t'a louée à La Rochelle n'est point celle que tu craignois; c'est une autre tout devant la place du chasteau, assez logeable. De jardin, il n'y en a comme point ; mais j'ay asseurance, quand tu seras venue, de pouvoir faire une porte pour entrer, de dedans la maison, en celuy de la voisine qui est le plus beau de la ville. De meubles j'ay donné charge à M. de la Garde d'y pourveoir et le fera; aussy de prendre quelques 39. 16. 28. 17. h. φ. Du reste de ton memoire je l'ay fort commandé à Gilles, mais il ne peut plutost que à la Rochelle, où nous serons dans dix jours. De tapisserie nous en aurions bien besoin, mais je ne voy point de moien de faire venir celles qui te servoient. Je verray si nous en pourrons estre accommodez d'aillieurs. Je trouve bonne la depesche que tu as faicte en France pour noz affaires. Ce seront autant de debtes acquitées. Tu seras avertie de jour en jour, mais ne t'arreste point aux bruitz, car je t'escrips la verité. M. de Mouy m'a bien promis de ne rien oublier en noz affaires si l'occasion se presente. J'ay grand envie aussy de sçavoir que voudra dire nostre tante. Nous avons conté M. Pedeschaux et moy. Nous verrons si les 40 escuz que te demande le Gouy y sont compris, ce que je pense. Je t'ay aussy envoié une lettre par Vaquieux, thresorier d'Armaignac, por sçavoir ce qu'il avoit payé por M. de Pourpry, à ma requeste. Je t'envoie des lettres de Mad<sup>elle</sup> de La Borde et de M. Morin. Et c'est tout por nostre particulier, sauf que le pauvre Loyal est mort, Loriol en France et Daniel malade. Le R. de N. est party ce matin pour mettre des poudres dans Fontenay. Il m'a commandé de demeurer icy por plusieurs causes. La court est troublée. Un gentilhome y a esté pris de M. de Lorraine qui a esté ouy du Roy et de M. le chancelier, et a descouvert une entreprise sur la vie du Roy. On adjouste que Boisdauphin a esté pris la dessus qui en a conté tout du long. Gardes au Louvre, chacun armé. A quoy nous somes reduitz qu'il faille que un roy de France s'arme dans sa maison! Les cardinaux sont revenuz de Soissons sans rien faire. Aucuns dient que là dessus le Roy mande 40 compagnies de gendarmes, mesmes les trouppes qu'il avoit deça. Et de faict elles sont jà proches de Saumur. On bruit fort les uns de la mort du R. d'Hespagne, les autres de son indisposition qui l'ait rendu incapable de gouverner, dont l'infante et l'imperatrice sont en dispute de la regence, pendant la minorité du filz. Il auroit failly un peu bien tost à mess$^{rs}$ de la ligue. Et quand tout est dit, Dieu a des coups que les hommes ne peuvent parer. La ville de Jametz a esté battue, bresche faicte, l'assaut donné. En une fougade ilz en ont faict mourir 800, c'est à dire qu'apres l'avoir faict jouer ilz sont sortiz sur l'estonnement. Ceux de Sedan ont taillé en pieces et devalisé 300 italiens, gens de cheval qui estoient en garnison à Douzy. Voilà comment la ligue faict ses affaires. Je resens mille choses, mais il vaut mieux que tu viennes, et puis je t'escriray encores au premier jour. Je t'embrasse de tout mon cœur et supplie le createur, m'amie, qu'il te garde et conserve. Surtout ayes soin de ta seureté et santé. De S. Jehan d'Angeli, ce 7$^e$ may 1588.

Gilles est allé avec S. M. pour servir son quartier.

Vostre fidele et loyal mary à jamais,
Duplessis.

## M. DU PLESSIS A SA FEMME.

M'amie, je t'ay escript amplement par le moien de M⁰ de S. Colombe et du sʳ d'Harambure. Je seroy marry que mes lettres eussent esté esgarées, car je t'instruisoy de ton voiage fort particulierement. Et cela est cause que je ne t'en feray redite, sauf que si M. le mareschal est à Bordeaux lors de ton partement, je suis bien d'avis que tu y passes; et de là jusques à Blaye par eau ce n'est que Garonne, et la saison est belle, et tu n'aurois plus que 10 lieues par terre jusqu'à Pons, tout plat pays, et entre deux Montandre et Jonsac, maisons et terres des sieurs de Monguyon et de Congnée. Ton coche et chevaux pourront descendre à Blaye où commande M. de Lussan que tu verras aux eaux. Tu y verras aussy madᵉ de Plassac et peut estre 52. 32. M. 118. Cas que tu prennes la traverse par Clerac et Sᵗᵉ Foy, tu pourras t'y reposer pour avoir un passeport de M. d'Aubeterre jusques à Pons et un gentilhomme pour te conduire. Là tu sçauras s'il en faudra un de M. de Tagen qui est à Angoulesme, et peut estre serons nous lors en ces quartiers; et en tout cas si je suis averty de ton acheminement, come je le desire, je t'envoieray le sʳ des Boves audevant. Je t'envoye par Mᵉ Jaques, chirurgien du Roy de N. qui s'en va en Bearn par voie de la mer, deux amples passeportz du R. de N., tant pour ton train que pour le bateau qui portera tes hardes. S'il y faut quelques autres circonstances tu m'en avertiras. J'escrips au receveur Mazelieres pour acquiter les 50 liv. au sʳ de Serillac et luy en envoie la rescription de Pedesclaux 92. 5. 133. 12. 52. Nous y adviserons et pour 68 et pour φ. Mais on craint fort que les fraiz n'aillent bien loin. Toutesfois les 57. 142. 87. 52. qui ont esté depuis peu de jours nous y pourroient resoudre. En ce cas il nous faudra passeport de M. le mareschal dont nous donnerons la charge à M. de la Vallade. Guenbout ne me presse point fort de luy faire donner congé. M. le chancelier est arrivé à S. Jehan. Nous l'allons voir. Le pauvre Loyal est mort d'une fievre continue, Daniel malade mais il luy est amendé aujourd'huy. Nostre logis s'accoustre, mais tu n'y trouveras pas le jardin de Nerac. Bien un assez beau tout aupres. C'est, m'amie, ce que je te sache dire par ce coup, sinon que je suis en pene et m'ennuye que je ne sçay le succes de tes remedes, car je voy de la doute et je ne m'en sens point bien esclarci par tes lettres. Je desire que ta santé soit ton soin principal, et du reste Dieu pourveoira à noz affaires. De moy je l'ay tres bonne, graces à luy, lequel je prie te benir et conduire en tout, saluant nostre petite famille, sans nul excepter, et t'embrassant de tout mon cœur. Je t'en ay escript autant par M$^e$ Jaques en Bearn. Je suis marry que tu n'ayes veu Monglat mesmes por le faict de nostre tante, dont je ne sçay ce que devons esperer. Loriol est allé en France, M. de Mouy party hier pour le pays d'Elizabeth à qui on garde une guenon. Je salue M. Prouillon et prie Dieu qu'il benie nostre filz. C'est le 7$^e$ may, à la Rochelle 1588.

Vostre fidele et loyal mary à jamais,
Duplessis.

## M. DU PLESSIS A SA FEMME.

M'amye, je t'ay escript amplement par un messager de Nerac ; ceste cy est par mons$^r$ de Pierrefite qui t'asseurera de ma santé, si tu es encor à Nerac ; sinon, ceste-cy t'ira trouver en Bearn avec les autres. Je t'ay envoié plusieurs choses par M$^e$ Jaques le chirurgien qui est allé par mer. Je ne suis pas sans pene de ta santé. Escrips m'en par toutes voies. Je pourveoiray que tu sois bien accommodée à la Rochelle. Je t'ay envoié une rescription pour Serillac. Aussy un memoire des occurrences que nous sçavons. Ceux de la ligue ont receu une grand perte, si le R. d'Hespaigne est mort, come on dit ; autres dient insensé ; et parconséquent le gouvernement disputé par l'imperatrice et l'infante. Ilz ont esté aussy battuz à Sedan et Jametz, et leurs menées sur la vie du roy descouvertes. Dieu nous aydera et nous ouvrira un repos. Seulement pourveoy par tous moiens à ta santé et te souvien combien je l'ay chere. J'ay recommandé nostre filz à M$^r$ Prouillon et le reste de la famille. Je t'embrasse de tout mon cœur et supplie le createur de toute mon affection, m'amye, qu'il te garde et conserve. De S. Jehan ce 9$^e$ may 1588.

Le jeune des Preaux est arrivé. Noz amys se portent bien. Tu verras ce que j'escrips à Madame pour espargner car il est tard et le porteur haste.

J'escrips à mons$^r$ de Constans pour nostre tante et à M. de Clausonne par M. de Pierrefite.

Vostre fidele et loyal mary à jamais,

Duplessis.

## M. DU PLESSIS A SA FEMME.

M'amye, j'ay receu tes lettres du 3ᵉ et loue Dieu de son bon partement. Je me veux promettre que les eaux te feront quelque bien. Toutefois je n'oze, ne voiant pas grand succez de ta diete. J'ay veu ce que t'escripvoit monsieur de S. Pierre. Tu verras un plus certain memoire des nouvelles de la court que tu feras tenir à Madame avec ses lettres. Escrips moy bien amplement autant que ta santé le permettra. J'escrips encor et ay jà escript à mess$^{rs}$ de la Vallade et Prouillon. De jardin ne t'en metz point en pene, car nous en avons un la muraille entre deux, et y pouvons bien faire une entrée. Du reste j'ay jà pourveu que ton logis soit prest. Des vins on tient que les chaleurs les guasteroient sur la mer et j'y puis pourveoir d'une autre sorte. Seulement advise à ta santé et Dieu pourveoira à noz affaires. Je t'ay envoié des lettres de noz meres et de mon frere. Nostre fille se portait fort bien. Les brouilleries de la court nous pourroient amender le temps. Il est certain qu'elles sont venues à leur extremité et en faut attendre ou que bien tost le Roy se bande contre la ligue ou que bien tost il se jette à corps perdu entre ses braz. Chose toutesfois qu'il fera bien contre son gré et de tous ses serviteurs. Tu verras tout le discours de Sedan et Jamez. Dieu est protecteur des orphelins et des pupilles. Je te prie, m'amye, qu'il te garde et conserve et sur ce t'embrasse de tout mon cœur et salue tout ce qui est avec toy. De S. Jehan, ce 12ᵉ may 1588.

Le roy de Navarre a mis des poudres dans Fontenay. Il m'a laissé en ce lieu pour mille affaires. Nous l'attendons de retour au premier jour. L'empoisonnement au reste se commence bien à esbaucher. Dieu en ouvrira les voies que les pierres en parleront.

Vostre fidele et loyal mary à jamais.
Duplessis.

---

### M. DU PLESSIS A SA FEMME.

M'amye, je t'ay envoié aujourd'huy par voie de Nerac une ample depesche que je voudroy bien que tu tinsses. Il y a force nouvelles pour Madame et qui luy feront plaisir pour la diversité. Sans la haste du porteur qui va trouver le roy son frere à Chefboutonne, je les eusses faict recopier, mais cela estoit long et je me prometz qu'ils iront. Le porteur m'a dit que tu avois passé à Roquehort; aussy il m'a apporté lettres de Nerac de noz gens, que toute la famille se porte bien. Ayes soin surtout de ta santé. Nous aurons un jardin, la muraille entre deux, à ton commandement, et peut estre mieux. Ton logis s'accoustre et Dieu nous preparera quelque chose de mieux. La court est alarmée de la Ligue. Mons$^r$ de Believre en Lorraine, non sans pene; Jametz desassiégé; Sedan, triomfant; les Italiens desfaictz; les menées de ceux de Guise sur la personne du roy descouvertes; le Louvre en garde perpetuelle. Dieu nous donne une peur qui nous face hardiz! M'amye, je t'embrasse de tout mon cœur et supplie le créateur qu'il te garde et conserve et toute nostre famille et qu'il benie ton voiage. De S. Jehan, ce 13ᵉ may 1588.

Vostre fidele et loyal mary à jamais.
Duplessis.

---

### M. DU PLESSIS A SA FEMME.

M'amye, tu recevras ceste seconde par ce mesme laquais, escrite à la Rochefoucaut, parce que le Roy de Navarre, m'ayant laissé à S. Jehan pour plusieurs affaires, me commanda de le venir trouver en toute diligence icy, ce que j'ay faict avec ce qui estoit resté de noblesse audict lieu. La cause est que le sieur de Tagen, joinct avec M. d'Aubeterre à son avenement au gouvernement de Xaintonge et Angoulmois, entreprenoit d'aller forcer les Bories dedans Momberon petit lieu fraischement pris par luy en Angoumois. La diligence du R. de N. les a tellement surpris qu'ilz ont eu pene à retirer leurs trouppes et non sans laisser force bottes et esperons. Aussy hier une compagnie de 100 homes des leurs, assiegée par 60 des nostres, se rendit à discretion la vie sauve. Maintenant nous reprenons noz erres vers le lieu accoustumé. Je ne suis icy que d'hier à midy. La court se brouille tousjours. Dieu nous tirera de ces tenebres quelque lumiere. Le filz de feu monsʳ Verdavaine est icy venant de Sedan, où il a laissé toutes choses assez bien contre la force. M. le Prince d'Ombes desire et presse le mariage. Ceste heritiere ne sera pas sans party. M'amie, que j'aye au plus tost de tes nouvelles. Je t'embrasse de tout mon cœur et supplie le createur qu'il te garde et conserve et nostre petite famille. De la Rochefoucaut ce mardi 17ᵉ may au matin 1588.

Vostre fidele et loyal mary à jamais.
Duplessis.

---

### M. DU PLESSIS A SA FEMME.

M'amye, tu verras par le memoire que je t'envoie d'estranges nouvelles. Nos amys y auront beaucoup souffert et nous beaucoup perdu. Dieu sçait le fruict qu'il en veut tirer pour son eglise. Envoye le à Madame de ma part avec celle que je luy escrips. Si le roy est bien conseillé il y a de la resource, et si j'ay quelque jugement tout retournera sur leur teste. Nous n'obmettons rien de nostre part. Je persiste en ton voiage de plus en plus. Tu recevras plusieurs lettres à la fois. Il faut que je te die qu'arrivant à la Rochefoucaut apres une grand corvée j'euz 34 heures de fievre, pendant lesquelles je me fis seigner, et partiz avec le R. de N. nonobstant icelle. Ayant faict deux heures de chemin elle me quitta et depuis n'en ay ouy parler. Je me suis faict à ceste occasion fort bien purger. Et graces à Dieu ne me portay jamais mieux. J'en estoy plus en pene pour toy que pour moy. Je t'embrasse, m'amye, de tout mon cœur et supplie le createur qu'il te garde et conserve. Je suis en extreme pene de tous noz amys. Dieu les nous conservera, s'il luy plaist. De S. Jehan ce 21ᵉ may 1588.

Je crain bien noz papiers de Paris.

Vostre fidele et loyal mary à jamais.
Duplessis.

*Au dos, au dessous de l'adresse est écrit :*

Monsʳ de Tagen vous envoiera volontiers un passeport et conduite. Il est à Angoulesme.

---

### M. DU PLESSIS A SA FEMME.

M'amye, je n'ay qu'une lettre de toy depuis ton arrivée aux Eaux, du 24ᵉ may. Mais Madame m'a faict cest honneur de m'en escrire par deux fois. Je desire fort sçavoir quel amendement tu y auras trouvé. N'espargne point d'aller aux baings de Cauderez, si tu en esperes bien. Je crain seulement que le lieu est fort mal logeable. Je plains l'incommodité de ton equippage. Il faut plus tost achepter tout de nouveau, et si tu en as besoin come je doute, employe noz amys que je rembourseray icy à qui il leur plaira. Je pensoy ton cocher plus habile home qu'il n'est. Mazelieres m'a escript qu'il a receu la rescription pour Serillac, mais il ne m'asseure pas de l'acquiter. J'ay faict une depesche à nostre tante par Vicose. Le Roy en escript à M. de Clausonne et à elle d'une bonne sorte et sans toutesfois specifier. Haste toy autant que ta santé le permettra car je voy que la saison nous retiendra icy. Ton logis est prest. Et j'ay quelques choses en l'esprit que j'entameroy si tu estoys icy pour noz affaires. On ne voit encor clair à la court. Il n'y point d'accord, mais aussy ilz ne s'aigrissent point; cependant les ligueurs s'affermissent. Toutes raisons veulent que le Roy en vueille avoir raison. Le destin de ce royaume et le naturel particulier en font douter. Mons$^r$ de Guise faict tout sans respect et ne parle d'autre chose. Tu verras les belles lettres qu'il escript et faict escrire aux villes par ceux de Paris. M. d'Espernon s'est desmis de ses gouvernemens de Normandie, pays Messin, et de l'amirauté es mains de monseigneur de Mompensier, de mons$^r$ le conte de Brienne son beaufrere et de M. de la Valette. Mesmes il sort de la court pour faire place à l'envie, et s'en vient à Loches avec sa femme et puis à Angoulesme. On doute qu'il vueille racquerir credit à noz despens qui luy seroit un tres mauvais conseil. C'est pitié qu'on ait plus tost travaillé à sa ruine que de la Ligue; ceux mesmes qui gouvernent la court, tant est puissante l'envie plus que la vengeance mesmes. Mons$^r$ de Monlouet est en court. Je ne sçay s'il sera escouté. De Huguenotz on ne s'en veut servir; cependant ilz penseront à leurs affaires. Je desire fort te voir icy avec ton petit peuple. M'amye, je te prie, sois soigneuse de ta santé, seureté et conduite. Je me porte bien et m'en va proumener un jour en Rhé. Je t'embrasse de tout mon cœur et supplie le createur qu'il te garde et conserve. De la Rochelle ce 8° juing 1588.

Vostre fidele et loyal mary à jamais.

Duplessis.

## M. DU PLESSIS A SA FEMME.

M'amye, je n'ay point de tes nouvelles depuis ton partement de Pau pour aller aux eaux. Seulement Madame m'a faict cest honneur de m'escrire par deux fois que tu t'en portois bien. Je luy ay envoié les depesches qu'elle a desirées d'icy, aussy toutes nouvelles, et par la presente la requeste de messieurs de la Ligue au roy, où ilz ne parlent bas en petis compagnons. Tu verras le tout, car je mande à la Fonds de t'en envoyer copie, ne sachant si tu seras à Cauderez ou desjà sur ton retour vers Nerac. Quoy qu'il en soit, advise à ta santé et que je te voie honneste femme et le plustost que tu pourras, afin que le temps n'empire tes chemins. Je pense, si Mazelieres ne te les a portez, que Bicose te portera les passeportz de mess$^{rs}$ de Tagen et Aubeterre. A Pons tu en envoieras querir de mons$^r$ de S. Luc en Brouage ou de M. de Patonville son lieutenant, car il est en court; et à Taillebourg tu en trouveras de M. de Malicorne; seulement avertis moy par expres du jour de ton partement et de ton chemin. Je prevoy tes difficultez de chevaux par terre, en quoy tu ne dois rien espargner. Si tu prens le chemin de Bordeaux à Blaye et à Roian, la riviere est aysée et le temps beau; mais ayes quelqu'un de la part de M. le mareschal pour te conduire et pren advis de noz amys sur les lieux. J'ay quelques choses en la teste pour nostre particulier que je n'entameray point que tu ne sois venue. Tu plaindras ton jardin, mais nous en aurons deux, la muraille entre deux. Le Roy n'a point voulu voir M. de Monlouet. La qualité de Huguenot luy a faict peur. Il se prepare, mais lentement. Pendant les autres s'affermissent. Ilz se sont saisis de Meulan, et de Mantes peu s'en est fallu. On dit que le Roy y est maintenant. Encor en doute je. Ce pauvre prince ne sçait en qui se fier, et tous s'entreregardent, se doutant l'un de l'autre. M. d'Espernon s'est despouillé en telle sorte toutesfois que les principales places luy demeurent. Il est à Loches et s'en vient à Angoulesme. Noz amys se portent bien jusques icy, et je n'ose escrire pour ne les mettre en pene. Si tu es encor en Bearn, ramentoy à Madame qu'elle se souvienne de signer par son chiffre les choses qu'elle recommandera d'affection, car je m'appercoy qu'elle ne s'en souvient pas et j'y pourroy faillir. Aussy vien le mieux instruite que tu pourras de ses volontez et intentions afin que je la puisse mieux servir. Mon filz aura icy moien de monter souvent à cheval; et peut estre, ayans devisé ensemble, trouverons nous moien d'accommoder aucunement noz affaires de France. Saches de Madame si elle veut quelques singularitez d'icy. Nous les luy envoierons. Nous avons faict de rechief depesche à M. d'Orthoman pour l'aller trouver. Au reste nous nous portons tous bien, graces à Dieu. Je ne suis en pene que de toy. Je t'embrasse de tout mon cœur et prie Dieu, m'amye, qu'il te garde conserve et conduise. De La Rochelle ce 12ᵉ juing 1588.

Je salue bien affectionneement les bonnes graces de ta niepce. Ses freres se portent fort bien.

Je revins avant hier de Rhé où il faict beau.

Vostre fidele et loyal mary à jamais,
                                        Duplessis.

---

### M. DU PLESSIS A SA FEMME.

M'amie, outre celle que je t'ay escripte, je t'envoie un petit memoire de nouvelles, aussy la responce à la requeste presentée par ceux de Guise que tu bailleras à Madame. Un peu de courage les rueroit. Mercredi dernier le peuple faillit à se mutiner à Paris contr'eux pour ne recevoir point de soldatz, disanz qu'ilz ne vouloient souffrir d'eux ce qu'ilz n'avoient voulu du Roy. Tous les corps de conseil de Paris sont sortis, toutes les receptes; n'y reste que le parlement, qui n'est pas une petite faute. Plus de 40000 personnes s'en sont retirées et des plus notables. Je pense que noz amis icy auront esté des derniers. Les artisans ne gagnent plus rien. Le pis est que M. de Villeroy y est allé, les mareschaux de Biron et d'Aumont crians au contraire. Il nous pourra engendrer un autre edict de juillet. C'est pitié que par lascheté un tel estat se ruine. Je t'embrasse de tout mon cœur et supplie le createur, m'amye, qu'il te garde et conserve et nostre petite famille. De La Rochelle, ce 13ᵉ juing 1588.

Vostre fidele et loyal mary à jamais,
                                        Duplessis.

## M. DU PLESSIS A SA FEMME.

*Au dos, au dessous de l'adresse est écrit :*
[S]i je puis, et je l'espere, je vous envoieray un des gens de François avec des chevaux.

M'amye, nostre Basque est arrivé ce soir, qui m'a mis en pene de ta pene. Tu as tort, car je ne te desguise rien. Ma fievre ne fut que de 36 heures, et depuis ne m'en suis senty et ne portoy jamais mieux; et ne t'en eusses escript n'eust esté que je craignoy que quelque laquais ne te dist la chose autrement qu'elle n'estoit. Je te prie, metz ton esprit en repos et pense seulement à ta santé et à me venir trouver. N'espargne rien pour ton equippage. Nous avons des amys par de là et je donneray charge à un de noz amys, qui partira dans 4 jours, de t'accommoder de ce que tu auras besoin. Estans ensemble nous penserons à nostre mesnage plus à nostre ayse. Du reste j'espere beaucoup mieux que les apparences ne sont, et non sans raison. S'il avient chose digne, je te depescheray un de noz laquais. Sinon, je retiens le Basque pour te l'envoier au devant. M'amye, de rechef, si tu veux que les eaux et les baings te servent, repose ton esprit. Je t'embrasse de tout mon cœur et supplie le createur de toute mon affection, m'amye, qu'il te garde et conserve. De la Rochelle, ce 14ᵉ juing 1588.

Nous tenons icy que l'armée d'Hespagne est

ruinée de maladie et le Roy d'Hespagne languissant.

Vostre fidele et loyal mary à jamais,
Duplessis.

---

SANS ADRESSE.

M'amye, nostre Basque est arrivé, non encor le petit laquais qu'il dit que tu m'as envoié. Tu as tort de t'estre mis en pene d'un accez de fievre que j'euz à la Rochefoucaut. Je ne me portay jamais mieux, graces à Dieu, et t'en avertiz non pour t'en mettre en pene, mais pour t'en oster, craignant que tu n'en fusses avertie indiscretement d'aillieurs. Hier arriva monsr d'Harambure. J'ay veu tes lettres. Madame connoistra tousjours que je suis son serviteur. 142. 68. 32. γ. η. 50. 38. h. 71. 5. et non d'aujourd'huy, mais je n'y puis que faire. Je voy l'incommodité de tes chevaux. J'ay faict avec François qu'il te menera quatre des siens à Nerac et te ramenera si besoin est. Il aura aussy un de ses gens avec luy et aura soin de toy. C'est un bon garson. J'ay envoié querir un passeport pour luy, et pourra arriver à Nerac huict jours apres la reception de la presente. Je pourveoiray aussy que tu ayes de l'argent si tu en as besoin, come je n'en doute. Je t'en ay escript plus amplement par un laquais de Madame. J'ay eu souvent des nouvelles de noz enfans et du progrez de nostre filz. Je desire fort sçavoir quel sera celuy de ta santé apres les eaux et les baings, car je n'ay rien

plus cher. Je t'ay envoié des passeportz, au moins de
M. d'Aubeterre et en ay un tout prest de M. de Tagen.
Ce sera par pluseurs voies du publiq. Le Roy est
allé à Rouen. Paris se despeuple. M. de Villeroy est
envoyé vers la Reine pour un accord. Il ne sera pas
bientost faict. Melun s'est rebequé contre la Ligue.
Corbeil aussy ne leur a ouvert. Je t'ay envoié tout
ce qui s'y est passé jusqu'à present. Nostre tante est
tousjours en Languedoc. Le Roy de Navarre luy a
escript et à mons<sup>r</sup> de Clausonne, et de bonne encre,
pour nous. Je t'envoie un petit memoire de certaines
ouvertures pour noz affaires. Mais je n'entameray
rien que tu ne soies icy. Je t'embrasse de tout mon
cœur, m'amye, et supplie le createur qu'il te garde
et conserve et nostre petite famille. De la Rochelle,
ce 16<sup>e</sup> juing 1588.

M. de Paroy est chez luy, M. du Lac à Nevers, etc.

Vostre fidele et loyal mary à jamais,

Duplessis.

---

### M. DU PLESSIS A SA FEMME.

M'amie, je pense que les montz Pirenées ne nous
laisseront jamais. Dieu vueille qu'ilz t'ayent rendu ta
santé. Je voy la difficulté de ton equippage. C'est
pourquoy je t'envoie François avec ses chevaux. Il
est de tres bonne volonté. De passeportz tu en as
jusques à Taillebourg où tu en trouveras pour le
surplus. Souvien toy de ce que je t'ay escript cy devant pour ton voiage et choisis bien. Si tu as besoin

d'argent, j'ay prié mons^r Pedeschaux de t'en faire recouvrer. Si on te veut charger d'argent du roy de Navarre, n'en fay rien ; mais bien si on te veux bailler quelqu'un qui s'en charge, couvre le de ton passeport. Je desire infiniement t'avoir icy et nostre famille. Ton logis t'attend. Je me doute que les choses aigriront plustost que d'adoucir. Et je veux pourveoir à noz affaires, ce que je ne puis sans ta presence. Le sieur Pedeschaux te dira de noz nouvelles. Nous nous portons aujourd'huy tous tres bien, graces à Dieu, et ne suis en pene que de toy. Tu verras le reste en mon memoire.

M'amye, je t'embrasse de tout mon cœur et salue tous noz amys, et supplie le createur qu'il te garde et conserve. De La Rochelle, ce 19^e juing 1588.

Tu trouveras icy de quoy faire des confitures, car le Roy de Navarre te donne une caisse de sucre.

Vostre fidele et loyal mary à jamais,

Duplessis.

---

### LETTRE

De M. du Plessis Mornay à sa femme, 4 avril 1590, après la victoire d'Ivry ; il s'occupe de faire payer les sommes promises à M. de Chavigny qui a remis entre ses mains le cardinal de Bourbon, et à messieurs de Lessard et de l'Estelle qui lui avaient ouvert les portes de Saumur.

### M. DU PLESSIS A SA FEMME.

M'amye, je t'ay escrit amplement de tous nos affaires particuliers. Ilz s'avancent petit à petit. Toutesfois assez bien, comme tu auras veu. Mais je ne veux point partir que je ne les aye bien esclarciz. Le faict de mons$^r$ de Chavigny est expedié. Je suis apres celuy des S$^{rs}$ de L'Estelle et Lessard. Escrips à madame d'Avaugour que mons$^r$ de Hallot et moy avons obtenu mons$^r$ de Boisdauphin pour l'eschange de son mary, moiennant qu'ilz en facent avec celuy qui le tient. Il a aussy esté ordonné que Cigoigne seroit affecté pour mons$^r$ de Sardini. C'est celuy qui portoit la cornette blanche de mons$^r$ de Mayenne. J'ay presenté les lettres de madame d'Angoulesme pour nostre veufve, adjoustant ce que j'ay deu. Il n'y a moien icy d'argent contant. S. M. luy continue ce qu'il avoit donné à son feu mary. Il en faudra avoir les expeditions pour les faire renouveler. Il y a un estat de secretaire donné à luy et à mons$^r$ de Clairville, mais on y veut faire une bricole que nous tascherons de vaincre. Ce seroit argent contant, attendant quelque autre expedient. Mons$^r$ de Paz eust bien faict de s'arrester un peu icy. J'ay l'expedition pour les fruitz de la Madelaine de l'an passé, telle qu'il l'a faict. Non sans pene car il ne s'en faict plus. J'ay la promesse de S. Florent, et il est certain que le cardinal de Joyeuse est de la Ligue, mais on parle de le reconcilier, ce que je pense qu'ilz feront tous l'un apres l'autre. Je tasche à m'esclarcir de ce qui nous est deu de Corbeil. Melun à mon advis ne nous eschappera point. Lagny a obey. Parainsi Paris ne tire plus rien que par Pontoise. Aussy sont ils en grand tumulte. Les plus sages pour la paix, quelques estourdiz, soudoiez de l'Hespagnol, pour la guerre. Le S. L'Allier te communiquera ce que je luy escrips.

Ne t'ennuye point, m'amye. Je t'embrasse de tout mon cœur et supplie le createur qu'il te garde et conserve et nostre petite famille. De Celi pres de Melun, ce 4ᵉ apvril 1590.

Vostre fidele et loyal mary à jamais.
Duplessis.

---

### LETTRES

De M. du Plessis Mornay à sa femme, 19 nov.-27 déc. 1593, après l'abjuration de Henri IV et pendant la conférence de Mantes avec les protestants.

### M. DU PLESSIS A SA FEMME.

#### A Saumur.

M'amye, Durand arriva aussy tost que moy à Dourdan. Il m'a suivy jusques en ce lieu de Monfort pour l'instruire plus à loisir de toutes choses selon ton memoire, sur quoy il te satisfera plus amplement. Je regarderay à faire amplifier la garnison de Dourdan de quelque chose, car elle est fort escarse, et mesmes d'en tirer quelque commodité. J'ay veu le Plessis et pourveu aux reparations necessaires. Nostre jardin est beau et seroit dommage de le laisser gaster. Selon les lieux où je passeray j'iray expediant noz affaires, come aujourd'huy à Mantes et puis à Buhy, où je n'ay esté d'advis que Durand me suivist, parce qu'il faut du temps à mettre noz papiers à part. Du Tans t'escrira de madame de Guitry, qui se resoult à comprendre sa vente. Je luy envoie à

Vendosme pour renouer noz marchez. Il y en a desja un comme conclu. Il te fera tenir argent à Tours assez à temps pour rachepter Ollier. Je pense aussy faire quelque chose à Mantes, où ceux de Chasteauneuf doivent venir. J'envoieray par la première voie seure procuration au sieur de Lamberderc et luy escrips cependant ce qu'il a à faire. S'il y a moien de payer l'argenterie d'ailllieurs, j'en seray bien ayse. Le roy est encor à Diepe, par lettres que j'ay de M. de Bouillon du 13ᵉ, incertain et de son chemin et de son partement. J'en ay veu depuis icy qui dient que la trefve pour Fescamp est resolue avec Villars et qu'il revient faire sejour à Vernon et Louviers. Il a failly à venir à Gaillon où monseigneur le cardinal se porte mieux. Je ne voy pas que la paix s'achemine fort. Semble au contraire que 312. δ. 105. 84. α. 53. 128. On tient que monsieur de Mommorency vient; monsieur de Ventadeur commandera en sa place et madame d'Angoulesme en Limosin, demeurant monsieur de Chambaret lieutenant en la province. Son secretaire Conches luy en porte les depesches. Il est entré depuis peu plux cens Hespagnolz dans la Fere. Le conte Maurice a investy Groeninghe; Monsieur de Mompensier est retourné en son gouvernement bien content du roy. Qui est tout ce que je sçache pour ce coup. Je t'embrasse, m'amye, de tout mon cœur et supplie le createur qu'il te garde et conserve et nostre famille. De Monfort, ce 19ᵉ novembre 1593.

Je n'oublieray noz responsions. Les créanciers de
. . . . . . . . . . . . . . .
[La lettre est ici déchirée.]

come j'ay escript à noz freres, se doivent adresser....
pour les arrerages; pour le principal nous le cercherons.... Durand a des 71. 9. 40. 73. 18. 5. Fay
qu'on en use [avec] discretion. Avanceons au reste
noz fortifications à toute bride, car les Hespagnolz
preparent un effort.

Vostre fidele et loyal mary à jamais.
Duplessis.

## M. DU PLESSIS A SA FEMME.

### A Saumur.

M'amye, je t'escripvis hier de Mantes partant pour
venir en ce lieu de Buhy où j'ay trouvé mon frere
en bonne esperance d'achever bientost de guarir par
ce que les esquilles sont sorties. C'estoit un horrible
coup. Nous partirons nos debtes et mettrons les papiers à part. Ceux du Plessis et de Boinville sont jà
à Dourdan. J'adviseray à y faire tenir ceux cy. Je
fay aussy cercher partout ceux qui sont esgarez. J'ay
bien instruict Durand sur toutes choses. Mons$^r$ d'Argouges entreprend de nous fournir nos tapisseries;
mesmes si nous en voulons du Bergamo il nous en
fera venir. J'en resoudray avec luy à Mantes, où en
un jour de sejour je n'ay pas perdu temps, car
M. d'O m'a promis l'assignation de 4600 liv., compris la partie de M. du Buisson; mais par ce que
M. de Rhosny est en Bourgongne je desire sçavoir
que c'est de la prevosté de Saumur. Avec M. Calignon fondé de pouvoir de M. d'Esdiguieres j'ay ac-

cordé que des 50 000 liv. de Pecaiz il m'en demeuroit 10 000, sur quoy est à reconnoytre M. Pageot, et n'attendons que les partizans pour arrester l'affaire au conseil et avec eux. Par le moien de mons\* de Fresne j'ay aussy faict reformer nostre estat pour les monstres de ceste année, et n'ay oublié d'esbaucher quelque chose pour Dourdan, qui nous soulagera un petit. M. Erard n'est point encor venu. L'affaire de M. de Crukenbourg est entamé, mais il faut voir le roy, où je m'en vay demain pour le rencontrer entre cy et Diepe. J'escrips aussy à M. de Tumberel. Du Tans, par le laquais duquel j'escrips, te fera tenir de l'argent et des nouvelles de Madame de Guitry. Je t'embrasse, m'amye, de tout mon cœur et supplie le createur qu'il te garde et conserve et toute nostre famille. De Buhy, ce 22ᵉ novembre 1593.

Vostre fidele et loyal mary à jamais.

Duplessis.

SANS ADRESSE.

Le roy doibt partir le 24ᵉ de Diepe pour venir à Mantes, là où il oïra les deputez des Eglises; mais il est incertain s'il prendra son chemin par Quillebeuf ou par Gournay. Il y a plus d'apparence au premier.

Monsʳ de Believre l'est allé trouver apres avoir communiqué avec M. de Mayenne, et semble porter bonnes paroles, mais dont les effectz sont referez à ce qui viendra de Rome, où on tient qu'enfin le

Pape passera outre à l'absolution du roy, mais avec quelques conditions et modifications 58. 103. 102. 27. 40. 87. 25. 92. hh. *n*. 71. 64. 2. 5. 12 on s'est u. 5. honorablement 11. 96. 71. 107. 12. 87. 127. 18. 70. d. 78. 5. 102.

Monseigneur le cardinal se porte mieux et pense on que S. M. prend ce chemin pour le voir en passant. L'Hespagnol faict de grands preparatifz et faict mine de s'appuyer maintenant sur 124.

Il sera bon à tous inconvénients, selon le commandement de S. M., de tenir nos compagnies en bon estat et d'avancer les fortifications, mesmes redresser noz arquebuziers à cheval pour la fin de la trefve.

---

### SANS ADRESSE.

M'amye, je te depeschay du chemin la Courbe pour t'oster de peine ; mais je crains que Du Tans l'ait retenu longuement pour avoir moien de t'écrire plus certainement. Depuis t'ay escript par l'homme de mons. le commandeur qui me vint trouver jusques à Buhy d'où je pris mon chemin pour aller trouver S. M. à Diepe, et n'en suis de retour que du 2 de ce mois, ayant repassé à Buhy pour voir mon frere tandis que S. M. a visité monseigneur le cardinal à Gaillon. J'estime que le roy arrivera icy aujourd'hui pour ouyr les députez de la Religion et y fera quelque séjour, où nous tascherons aussi de faire nos petis affaires. Nous avons partagé nos debtes et convenu ensemble pour les bois qui seront prisez par arpenteurs et marchans jurez. Parainsi nous n'avons plus rien à demesler ensemble. Celles qui courent à rente dont nous sommes chargez seront acquitées premier que je parte. Pour les autres nous pourvoirons de fondz à nostre premiere commodité; mais de nos affaires je t'envoye un ample memoire afin de n'en remplir ceste lettre. Je suis bien ayse de nos Bourguignons et suis d'advis, tant pour le temps que pour les entretenir plus ayseement, que la massonerie cesse. Mettons aussy vivement la main à la Billange, car le roy ne m'en a jamais parlé plus expressement, prevoyant bien, par les préparatifs des ennemis, que nous ne sommes pas au bout du mauvais temps. Nous aurons noz tapisseries dans le 15$^e$ de ce mois à S. Denis. Je pourveoiray aussy tost au transport. Elles seront, s'il se peut, selon le memoire; sinon, au plus pres qu'on pourra. Ne te metz point en pene d'argent pour moy, car j'en toucheray icy, comme aussy j'ai donné ordre que Du Tans t'en baille de là pour employer à ce qui sera le plus pressé. Surtout que j'oye dire que tu sois en bonne santé et nos enfants pendant que je travaille icy et au publiq et au particulier pour te revoir au plus tost qu'il me sera possible. M'amye, je t'embrasse de tout mon cœur et supplie le créateur qu'il te garde et conserve. De Mantes, ce 4 decembre 1593.

Le Normand est arrivé; mais, sur le poinct que je vouloy te depescher le Bidet, s'est presenté le porteur, homme seur qui me l'a fait retenir pour te l'envoyer dans 3 jours sur nouveau subject.

Vostre fidele et loyal mary à jamais,
        Duplessis.

---

### M. DU PLESSIS A SA FEMME.

#### A Saumur.

M'amye, je suis venu à Nogent le Roy pour faire plus commodement avec ceux de Chasteauneuf. Nous scaurons vendredi ce qu'ilz auront faict, dont j'espere quelque chose de bon. Et cependant, je pars ce matin pour Dourdan et de là à Mantes, où ilz me viendront retrouver. Nonobstant, pour avoir deux cordes à nostre arc, nous envoions Du Tans à Vendosme avec charge d'arrester et achever ce que nous avions esbauché, auquel j'ay donné charge de t'escrire. J'espere que de part ou d'autre il nous reuscira pour sortir de nos responsions. Monsieur le chancelier me promet de ne haster rien pour le faict de Rhé que nous ne soions pres du roy. De l'office d'Esleu il m'en doit avoir faict responce par Le Normand, mai[s] cependant je luy en escrips encor par Du Tans. Je n'ai point passé à Chartres, mais bien luy qui a vu madame de Guitry et la verra encor pour la disposer. Elle ira à Mantes dès que S. M. y sera, et se resoult d'y comprendre la rente. Nostre frere de Neron est allé en Brie, mais je luy fais tenir les lettres, comme aussy à nostre sœur. La Courbe m'a apporté lettres de mon frere. Il s'est faict charpenter la jambe, dont est sorti 3 esquilles. Il se promet de monter à cheval dans un mois. Il avoit jà envoyé vers le roy, pour abbaye procedante de mesme, bien proche de sa maison, qui vaut 6000 et n'a encor laissé de depescher pour l'autre. Je pense y venir encor prou à temps. Mons' de la Vallade m'est venu voir icy, qui n'a encore responce de Madame. Tu auras veu maintenant Durand, car il partit des le 3ᵉ de Dourdan avec noz meubles et peut arriver à Tours aussy tost que toy. J'estime que tu le renvoieras et sera à propos parce que je seray distraict ailleurs. Les enfants du feu fermier de Bourville demandent la ferme. Je les ai remis à son retour pour ne rien guaster. Si Du Tans faict chose qui vaille, je l'ai chargé de t'envoier 500 liv. et m'en apporter autant. Monsieur de Boinyes est icy qui nous donna hier à disner. Le chef de Cisteaux est de la ligue, mais le mesme se peut faire par l'evesque de Xaintes. Il faudroit avoir quelque secretaire favorable en luy faisant une honnesteté. Ce m'a esté beaucoup de consolation de voir icy monsieur de Montlouet plein de zele et de vertu. Mons' du Faur s'y est aussy rencontré; je crains que la trefve ne se terminera point en paix, et pourtant avançons noz fortifications par tout. Nos deputez n'ont point encore envoyé demander audience. Ilz m'attendent. S. M. est à Diepe et ne passera outre. Il faudra que je l'aille trouver jusques là pour gagner temps. Si les choses sont encor en leur entier, Monsieur de 60. 22. 64. 57. 52. me prie de demander 259. h. 62. ce que je feray à condition que 1. luy propose de hh. 140. 23. 153. 80. 90. 65. s. d. 24. L. 58. On tient que l'Hespagnol a failly à surprendre

Calaiz et qu'il arme fort. Dieu veuille avoir pitié de ce royaume. Je t'embrasse, m'amye, de tout mon cœur et supplie le createur qu'il te conserve et nostre famille. De Nogent le Roy, ce 16ᵉ novembre 1593.

Vostre fidele et loyal mary à jamais.
Duplessis.

---

**M. DU PLESSIS A SA FEMME.**

A Saumur.

M'amye, c'est en haste, car je te depescheray des que j'auray veu mon frere où je vay presentement. mons d'O m'a promis l'assignation à part de ce qui m'est deu par Belenger jusques à 4500 liv. J'y fay incorporer l'affaire de M. de Spina. Mais monsʳ de Rhosny est en Bourgoigne. Et pour ce mande moy que c'est de la Prevosté. J'ay faict reformer nostre estat en ce qu'il manquoit pour la garnison. Pour l'affaire du sel de Pecaiz, nous en avons faict monsʳ Calignon et moy, avec pouvoir de monsʳ d'Esdiguieres, lequel se retranche, à mon occasion, à 40 000 liv. et m'a laissé le surplus sur quoy faudra contenter Mʳ Pageot. C'est tout ce que je puis dire, sinon que nous attendons le roy dans 8 jours icy. Mais je l'iray rencontrer. Je te prie de faire cercher dans mes papiers, es liasses de Navarre, certaine procuration que les sieur de la Vallade et de la Fons me baillerent à Tours pour recouvrer 1800 liv. pour Madame, et de là m'envoyer par ce qu'ilz en sont en pene. Je t'embrasse de tout mon cœur et supplie le créateur, m'amye, qu'il te garde et conserve et nostre petite famille. De Mantes, ce 21° novembre 1593.

Voste fidele et loyal mary à jamais.

Duplessis.

---

### M. DU PLESSIS A SA FEMME.

#### A Saumur.

M'amye, je t'escripvis amplement hier par un laquais de M. Constant et aujourd'huy par le moien de M. le président Vergnes. Je ne puis qu'adjouster sinon que le roy est party pour s'approcher de Meaux. Paris en est en grand pene. Le roy a commandé ce matin qu'on mist une fin à l'affaire que nous avons avec mons. du Gaz. Enquerez-vous que c'est de la prevosté de la Rochelle. Quand noz Bourguignons travaillent dehors le chasteau, qu'on face tousjours tenir la porte du Secours fermée et le pont levé, car on nous pourroit jetter de mauvaises gens en noz atteliers soubz ceste ombre là. Je desire aussy que monsieur de Monguyon soit accompagné jusques à Touars. J'attens Du Tans. Je t'embrasse, m'amye, de tout mon cœur et supplie le créateur qu'il te garde et conserve. De Mantes, ce 27° décembre 1593.

J'ai presté 100 liv. à M. de la Bastide qui m'a dit qu'il les rendra à Saumur.

Vostre fidele et loyal mary à jamais.

Duplessis.

## LETTRES

De M. Du Plessis-Mornay à sa femme, d'Ancenis (12 déc. 1594-12 mars 1595), pendant la négociation de Bretagne avec le duc de Mercœur.

### M. DU PLESSIS A SA FEMME.

#### A Saumur.

M'amye, nous sommes heureusement arrivez en ce lieu d'Anceniz où nous avons esté fort bien receuz de la Royne. Ce mesme jour les deputez de monsieur de Mercœur sont arrivez, tellement que nous commenceons des demain à entrer en negotiation. Le s$^r$ de la Coste m'a attrappé seulement aupres d'Ingrande et a passé outre pendant que j'y repaissoye. Le s$^r$ de Puygreffier a pris 4. ou 5. des siens repaissans sur le bord de l'eau attendant le bateau où ledict la Coste estoit passé. Ilz les avoient chevalez depuis Angers et ont passé au moins les capitaines à Ingrande. Comme j'en partoy, ilz m'ont salué. Ne t'ennuye point, car il y a apparence de te revoir bientost et bien. Le Bidet est en l'armée de monsieur le mareschal d'Aumont pour certain. Je t'embrasse, m'amye, de tout mon cœur et prie Dieu qu'il te garde et conserve. Il me tarde que je ne sache ton voiage. De Anceni[z], ce 12$^e$ decembre 1594.

Votre fidele et loyal mary à jamais.
Duplessis.

## M. DU PLESSIS A SA FEMME.

### A Saumur.

M'amye, je te renvoye le Basque. Je crains que ton arriver tard t'ait faict dommage. J'en attens nouvelles par le Bidet. De moy je n'en suis point plus mal de mon flux, graces à Dieu, mais plustost mieux. Aussy me gouverné je comme tu sçaurois desirer. Ce jourd'huy madame de Mercœur est partie pour nous envoier les deputez. Il semble qu'elle connoisse le mal de leurs affaires et y veuille remedier. Tous ses propos ont tendu là. Je luy ay parlé fort librement, et pense mesme qu'elle s'en va satisfaicte de moy. C'est une humeur brusque et libre et néantmoins qui se peut manier. On nous fera grand instance sur Heurtaut. Les deputez de Rennes seront demain icy. Nostre but et le commandement du roy est d'abbreger. M. de Mercœur se met en campagne. M. le mareschal y est. Cela arreste M. de S. Luc, ainsi qu'il m'a escript. 74. 7$^{les}$. 17$^{a}$. 22$^{m}$. 18$^{ou}$. 5. 92$^{r}$. 4$^{s\ de\ Madame}$. et 9$^{M.\ le\ conte\ de\ Soysons}$. se reschauffent, et y en a qui les veulent persuader à 1$^{le\ Roy}$. comme utiles à 142. 25$^{l'e}$. 50$^{st}$. 11$^{a}$. On est apres d'employer la 34$^{pr}$. 39$^{o}$. 78$^{cu}$. στ$^{ra}$. A. 88$^{ti}$. 32$^{o}$. 8$^{n}$. 70$^{pour}$. 313$^{le}$. 2$^{mariage\ du\ Roy}$. 1. lequel neantmoins est fort φ$^{mal}$. 164$^{de}$. 106. 98$^{sa}$. 18$^{ca}$. η$^{r}$. τ$^{si}$. 19$^{te}$. Tu as veu le reste. Je desire fort sçavoir des nouvelles de M. de Bernapré. Il faut entretenir M$^r$ Pena là dessus. J'estime que ce qu'on nous escript pour les articles de nostre mariage sera le plus seur, seulement que nous en fussions là. De noz autres affaires nous en apprendrons d'avantage par Durand auquel il sera bon d'en escrire, nommement des responses de la Roine, et du moins, si aucun y en a, que M$^r$ Marion nous aydast vers madame de Guise pour noz affaires d'Harcy selon la proposition faicte à son filz. Je plains fort qu'il n'ait peu estre rien faict pour M$^r$ de Cugy. Je suis bien ayse que tu ayes Cazelet. Nous renvoions M$^e$ Jehan partant d'icy. Je pense que Marthe n'aura pas failly d'envoier mes lettres à Fontaines par son laquais qui a passé à Saumur; cela nous importe. Je t'embrasse de tout mon cœur et supplie le createur qu'il te garde et conserve et nostre famille. De Anceniz ce 17$^e$ fevrier 1595.

Je desire que le paquet que j'adresse à M$^r$ de Lomenie soit envoyé par la meilleure voie.

Vostre fidele et loyal mary à jamais.
Duplessis.

## M. DU PLESSIS A SA FEMME.

### A Saumur.

M'amye, je te renvoye Guillaume. Il eust eu envie de sejourner pour se reposer un petit. J'escrips à M. de Lomenie fort amplement pour l'affaire de 97; à M. de Villeroy aussy, mais remettant sur led. s$^r$ de Lomenie qui luy fera le tout mieux entendre. Je te renvoye les lettres de M$^{rs}$ Marcel et Prevost et les responces ouvertes, comme aussy celle de M$^r$ du Lac.

L'affaire particulier dont je luy parle c'est que j'ay estimé qu'il nous seroit à propos qu'il communiquast avec Mʳ Marion pour luy faire entendre noz droitz de Harcy et du testament parce qu'il en est instruict. Les deputez de M. de Mercœur arriverent hier au soir. Nous entrons en conference aujourd'huy et verrons ce qu'ilz voudront dire. Mʳ de Lomenie me mande que monsʳ de Fresne va à Lyon et jusques en Dauphiné. On tenoit icy qu'il s'en estoit excusé. Messʳˢ de la court de Parlement pressent le roy pour 5. 1. a dit à 160. 28. 101. 40. [le petit prince; le roy Lo me ni e] à propos de ma lettre χ. 12. η. 30. u. 9. 118. 87. 12. [qui l ne n t ra ri n] Il y a eu de la brouillerie à Beziers, si avant que Spondillan a mis hors les 50 Italiens qui estoient en l'Evesché. 4. 75. α. 1. τ. τ. η. ff. 7. 262. [Madame mél avec le roy sy elle ne va à Lion] dont 92 [elle] s'excuse et parle de 277. [la Rochelle] Je connoy le capitaine 24. 93. 7. 160. 32. 115. [C ba a lo n s] S'il peut ce qu'il assure, je desireray fort sçavoir où il est et pouvoir parler à luy. Mais je ne sçay qui le nous pourra apprendre. J'escrips à Mʳ Erard pour le haste. Nous adviserons de tout ensemble et, aydant Dieu, frapperons coup. Cependant j'escrips aussy pour la verification des contractz de Navarre au roy, à Mʳ de Lomenie et à M. Tanneguy. Je desire fort sçavoir ce qu'aura faict Durand, mais surtout des nouvelles du Bearn et de Mʳ Texier, et ce que font Mʳˢ noz deputez. Pour ma santé je suis, graces à Dieu, fort bien et non travaillé de mon flux. Il s'est bien voulu ramentevoir sur ceste gelée, mais ce n'a esté rien. Je voudroy estre aussy asseuré de ta migraine. Je t'embrasse, m'amye, de tout mon cœur et supplie le createur qu'il te garde et conserve et nostre petite famille.

De Anceniz, ce 21ᵉ fevrier 1595.

Vostre fidele et loyal mary à jamais.
Duplessis.

---

M. DU PLESSIS A SA FEMME.

A Saumur.

M'amye, je suis en pene que ceste journée est passée sans avoir de tes nouvelles, car depuis hier je suis en extreme pene ayant sceu ta maladie dont toutesfois tu ne m'escrips rien, et n'attens que le premier messages pour t'aller voir s'il ne t'est amendé, toutes choses laissées. Je pensoy voir le Basque ce soir. Cela me redouble encor ma pene ; je te prie, ne plains point d'envoyer à Fontevraux pour le medecin que tu connois experimenté. J'ay ce jourd'huy fort communiqué avec monsieur de l'Orme, medecin de la royne, tres honneste home. Il est Nyvernois. Il me loue fort les eaux de Pougues pour tout ce qui me semble qui te travaille. Toutesfois il desire te voir premier que d'en prononcer plus absolument, et m'a promis de te donner un jour quand la royne passera à Saumur, qui sera incontinent apres Pasques car elle s'y résoult. Nous dans huict jours, aydant Dieu, ou peu plus moy plus tost, et tout aussy tost si je n'enten que tu te portes mieux. Ne te metz en pene de mon retour, car nous peinerons de bonne sorte. Il suffit que nous connoissons tes volontez. Seulement advise que je te trouve en bonne santé pour nous consoler et resjouir ensemble. Je ne scay que t'adjouster sinon que mons$^r$ de Guillemaudiere est icy qui m'est venu voir. Je t'embrasse, m'amye, de tout cœur et supplie le createur qu'il te garde et conserve et nostre famille. D'Anceniz, ce 6$^e$ au soir 1595.

Vostre fidele et loyal mary à jamais.
Duplessis.

## M. DU PLESSIS A SA FEMME.

#### Au-dessous est écrit :

J'escrips à M$^r$ de Sancy pour M$^{rs}$ du Ronday et Alexandre.

M'amye, Guillaume m'a mis en pene, car il m'a dit que tu as la fievre, et tu ne m'en escrips rien. Je me doute que ce mauvais temps et que tu t'es mal gardée en est cause. Mais ce qui me fasche plus que tout est que tu n'es pas subjette à la fievre. J'en attens demain nouvelles par le Basque. Nostre sejour icy ne peut plus estre long; mais s'il y a tant soit peu de subject pour ton mal, je quitteray tout pour t'aller voir, et n'en doute aucunement; surtout qu'il ne m'en soit rien celé. Tu auras veu Tresieux; je crain que tu ne te soy encore forcée d'escrire. Son voiage bornera ceste negotiation et, come j'espere, à mieux. J'ay escript à M$^{rs}$ de Montigny et Texier. Si cestui-cy a envie de venir icy, come j'en seroy fort ayse, il le peut, et je luy feray envoier à Angers passeport de la la royne. J'attens la lettre de 17. 317. et cependant ay receu celles de M. de Pierefite à laquelle je respons. J'envoye les lettres pour M. de Sancy que demandent M¹ˢ du Ronday et Alexandre. Cela n'est pas propre pour y mesler mon voiage, car j'ay peur qu'il ne leur y nuisist. Je suis en pene de nostre bon homme du chasteau. Je ne scay qu'adjouter sinon que j'attens nouvelles de ta santé demain au soir. Et sur ce je t'embrasse, m'amye, de tout mon cœur et supplie le createur qu'il te garde et conserve et nostre famille. D'Anceniz, ce 5ᵉ mars au soir.

Vostre fidele et loyal mary à jamais.
Duplessis.

## M. DU PLESSIS A SA FEMME.

### A Saumur.

M'amye, je suis bien ayse de l'amendement en ta santé. Cela me tient plus que toute autre chose; car quand nous serons ensemble, et 24. 39. 32. 19. 32. 5. l'un et l'autre, dont je ne doute point, nous trouverons remede à toutes choses. J'ay sceu le grand retranchement par monsʳ de la Rochepot qui m'est venu voir ce matin. Je pense que nous y sommes des plus espargnez. Il m'en a promis faire voir l'estat; mais je ne l'en ai pressé pour les raisons que tu peux sçavoir. J'en escrips à M. de Pierefite. Ce qui

nous concernera sera aysé à pourveoir. Pour 378. 78. [Mons de] [Cu]
141. [gi et] j'y suis tout entier. Et par ce que nous devons faire une depesche au roy de 264. [Angers] je desire fort que M. Nyole s'y trouve sans faillir, 62. 22. 96. 7. [Je u] [di] [a] 71. P. 6. 18. [n so i r] bien instruict de 110. [vous] J'aurai veu 12. 87. 25. 99. 59. [e st a t] entre cy et là, et depescheray un laquais expres; ce que je dis presupposant que Guillaume sera arrivé près de toy à bon port car je m'attens à cela. J'ay faict ce matin une bonne depesche à M<sup>r</sup> Erard et le prie que je le voye dedans Pasques au plus tard. Si mons<sup>r</sup> de Bouillon avoit pris Cimay, come aucuns ont escript icy, nous avons à y songer plus qu'à l'expedient de M<sup>r</sup> Marion; toutesfois ne negligeons rien. Il nous faut aussy prendre ung expedient sur nostre don avec M<sup>r</sup> de Souvray et sur Pecaiz, selon que le voiage de l'un s'acheminera; et s'il tarde trop, plus tost envoyer expres, car le temps coule et les affaires s'avancent, et est temps de penser à nostre mesnage. Normandie m'ennuye. Tu refermeras les lettres pour M<sup>r</sup> de Pierrefite. Je suis en pene de tes 164. u. 18. 3. 6. 92. 17. [he mo r ho i de s] Nous nous entreguarirons estans ensemble, aydant Dieu, lequel nous benira de plus en plus, s'il luy plaist, nonobstant toutes les contradictions du monde; 142. 140. 40. 39. 38. 18. [le co e o u r] me vient ainsi quand je 19. 103. 89. 121. 6. 18. 74. [te va y vo i r mais] surtout pouvoy à ta santé. Sur ce, m'amye, je t'embrasse de tout mon cœur et supplie le createur qu'il

te garde et conserve et toute nostre famille. D'Anceniz, ce 12ᵉ mars 1595, au soir.

Vostre fidele et loyal mary à jamais
                                Duplessis.

---

### LETTRE

De M. du Plessis-Mornay à sa femme pendant son voyage pour les affaires du roy comme surintendant général des mines, probablement en 1603.

#### M. DU PLESSIS A SA FEMME.

M'amye, comme j'arrivoy à Bergerac, je trouvay le porteur que vous m'aviez depesché avec les lettres du 13ᵉ. Je loue Dieu qu'il ne t'ait point empiré, et te desire trouver mieux. Pour ce, j'ay encore conferé avec Mʳ Milon qui m'assure que son opiate selon l'ordonnance se peut utilement continuer pendant l'hyver, mais la medecine une fois le mois seulement; l'apothecaire de madᵉ de Bouillon dit qu'elle s'en est tres bien trouvée et y paroist; cependant ce que tu m'escrips de celuy qui s'en est trouvé foible me faict peur. Il faut en telles choses aller tastonnant. Je t'envoye de l'esprit de vitriol de deux sortes, l'un est du susdict apothecaire, l'autre faict de la main de Mʳ Milon qui me promet d'en faire pour m'en pouvoir bailler davantage. Dieu te veille benir ces remedes et tous autres! De noz mines tu doibz estre maintenant esclarcie. A Bergerac et à Perigueux j'ay trouvé gens qui prendront pour trente mille escuz de cuivres par an et plus. Je leur en ai monstré l'eschantillon qu'ilz trouvent tres fin, et de deux escuz sur cent meilleur que celuy dont ilz usent. Il est question seulement de faire travailler. D'aillieurs il s'en trouve une fort bonne mine dans la viconté de Limoges, ou plustost en Perigort, en la terre de Badefoul d'Ens, qui est de l'ancien domaine dont j'ay veu l'eschantillon.

J'avoy envoyé M$^r$ Marbaut à Bordeaux pour nos 900 restans. Il est remis en fevrier pour les toucher ou la pluspart. Nous aurions besoin d'une lettre de M$^r$ de Maupeou bien pregnante au receveur général le Fevre pour cest affaire, et s'il estoit possible d'une contraincte sur la rescription de M$^r$ Palot. Cela estant, M$^r$ d'Igoy a une partie en Anjou à recevoir qu'il nous bailleroit et prendroit la nostre. Il nous a faict tous les bons offices qu'il est possible.

Je suis venu à Perigueux où j'ay esté tres bien receu des magistratz et veu plusieurs gens d'honneur. Monsieur de la Martonie y a envoyé son filz assisté du frere du baron de Beynac leur parent; ce n'a pas esté sans importunité. Je me suis tenu longtemps à 12 000$^\#$, fondé sur la consignation actuelle à laquelle ilz m'ont réduict. Ilz sont venuz enfin à 8000. Je leur ay lasché à dix mille cinq cens au dernier mot, et là dessus avons rompu prenant chacun la botte. La difficulté principale gist à avoir argent contant qu'ils n'ont point, ou bonnes cautions. Comme je montai à cheval, monsieur de Marquessac, qui a leur priere est entremetteur de cest affaire, m'est venu trouver qui m'a dit qu'ils n'estoient plus avant authorisez du pere, et que dans Noel ilz m'en resoudroient à Saumur. Je leur ay respondu que dans Noel j'auroy faict executer l'arrest, et lors n'auroy que faire de composition et de cest heure revoquoy ma parole. La fin a esté que, puisque je venoy dire adieu en ce lieu à mons^r de Lardimalie, ilz me resoudroient dans ce jour de la resolution qu'ilz auroient eu du sieur de la Martonie. Le poinct est qu'ilz trouvent avec M^r de Marquessac de lui bailler partie de Bruzac, et c'est un des plus prompts moiens qu'ils ayent d'avoir argent. Je m'y garderay de mesprendre, et dans ce soir t'en escriray, aydant Dieu, plus clairement. L'arrest executé il n'y a que tenir que nous ne trouvions argent. M^r de Marquessac desire voir la requeste civile vuidée; mais c'est parce qu'il pense avoir d'eux ce qu'il demande.

Nostre fils est allé voir les Bories où le seigneur l'a festoié. C'est une tres belle maison; je me suis informé du surplus, ce qui se dira mieux de bouche. Il parle de retourner à Saumur et s'en oblige. Je dis à ceux qui m'en parlent que nous ne faisons que sortir de couche. Le sieur de la Borie-Sonier s'est trouvé là qui est oncle du sieur de Puyguillem qui, prenant exemple du faict de Brussac, parle de composer avec moy sans s'attendre à la mere. Je verray jusques où cela ira, et ne refuseray l'occasion si elle est.

En tout cas je pars demain pour Limoges et de là continue nostre dessein. Dieu m'y conduira, s'il luy plaist, en sorte que je ne guasteray rien. Monsieur de Lardimalie cependant me donne grande espérance de me faire recouvrer des muletz par un sien parent qui est en Auvergne, et je lui laisse ordre pour cela.

Le sieur de L'Aunay s'en va à la Rochelle et de là à Saumur. Je l'ay accompagné d'un cheval de voicture sur lequel je me suis deschargé de ce qui eust accablé mon mulet. Il porte les 400# de ma fille de Martinsart et 369# 50 solz que je renvoye. J'en retiens plus qu'il ne m'en faut pour tout ce qui me peut survenir. Tu y trouveras cinq mirouers de Gayet, de quoy faire dix chesnes que tu distribueras à ton plaisir, sauf à en retenir pour toy. Mais je veux que tu gardes le grand mirouer que je t'ay achepté, et la petite chesne qui est fort rare et ne s'en est point encore veu de telle. Je suis bien ayse que tu passes le temps à tes ouvrages et adviseray pour les estoffer. Tu auras eu aussy tous les eschantillons de noz mines et les lieux où elles se trouvent, par la voiture que j'ay adressée à mons$^r$ Amelot.

Pour les 2000# de Rastignac, il les promet, soubz beaucoup de serments, à Noel. Mais ne me voulant arrester là dessus, je donne charge à M$^r$ de l'Aunay de traicter avec M$^r$ le Gouy que j'en soy payé de toutes sortes de deniers payables en Perigort à Noel qui montent à 12 000#, dont je me feray affecter la première partie, et me promet le dict s$^r$ de l'Aunay d'y faire tout devoir, et t'en rendra resolution passant à Saumur trois jours au plus tard apres l'arrivée de ce porteur. J'ay trouvé moyen d'accrocher une partie de 130# que je feray tenir à mademoiselle de Feuqueres par le s$^r$ Marbaut auquel aussy, outre son voiage, je bailleray 33# $\frac{1}{3}$; et néantmoins, sans faire semblant de cela, fay parler au dit s$^r$ le Gouy pour la somme totale des 300# pour les gages dudit s$^r$ Marbaut pour ce qui nous reste deub pour la partie de

Murat ; non sans me plaindre extraordinairement du peu de peines qui s'y est faict. Je pense que cela portera coup, mesmes quand il sentira qu'on se raddoucit à la court ; et en tout cas mande au dict s^r le Gouy qu'il se tienne prest pour me venir trouver à mon arrivée pour dresser son estat pour l'an 1602 à Saumur. Il me tarde que je soy en lieu où il se parle de ceste conference, car en ce pays on ne sçait rien. Les conditions sont tres bonnes, et à pene les voudront ilz accepter. Je plains et crains extremement ce qui m'est escrit de M. de Macefer. Si cela a esclaté, il ne peut plus servir à Saumur avec edification. Si faut il tenter tous moiens par le colloque qu'il s'en departe sans scandale. Tu verras ce que j'en escris pour responce à nostre eglise.

Mons^r de Maupeau ne nous devroit point remettre au voiage, car il n'y a rien si peu certain. Je t'envoie des blancz en parchemin, et Marbaut t'escript au long sur la partie de 500$^\text{e}$. Les amours de Bouleau nous y viennent mal à poinct.

Je considere bien ce que tu me dis de l'approchement du Roy. Je ne feray rien, aydant Dieu, par où son service ne soit reservé tout entier. Cela demeurant, il faut se prévaloir du conseil de noz amys pour noz affaires. Mesmes je trouve à propos, sur la lettre que je t'ay envoyée pour le roy concernant les mines, de presser le faict des procureurs.

J'ay escrit à M^r de la Vallade pour recouvrer les procurations de Bidou. J'auray aussy de luy tout ce qui se peut recouvrer de Ver et de Moncucq. Je n'ai rien eu du president de Vergnes, et l'advis qu'il m'avoit donné n'est rien. Les autres luy pourront ressembler. Tu ne pouvoy mieux employer l'argent que tu as receu de Tours. Seulement je demeure en pene que tu en ayes faute, veu le peu que je t'en laissay et la grand charge que tu as. Ce renouvellement de peste qui a esté à Saumur m'avoit mis en extreme pene ; je loue Dieu qu'elle soit esteinte. J'escrips à M. d'Audenoust pour lever à M$^r$ Palot le souspeçon qu'il prend. La vérité est qu'il n'y a rien du mien ; non pas mesmes en desir, ains au contraire, car je doute que M$^r$ Houdayer s'en trouve fort empesché. A mon retour nous pourveoirons bien que les jesuites ne mettent le pied à Saumur. Et je le regleray selon que j'entendray. Seulement que je te trouve en bon estat et que nous ayons à louer Dieu ensemble de sa bénédiction sur noz travaux. Je t'embrasse, m'amye, de toute mon affection, et le supplie qu'il te conserve et console.

A Lardimalie, ce 29$^e$ novembre. Je n'escris pour ce coup qu'à toy, car je suis accablé.

Votre fidele et loyal mary à jamais

Duplessis.

# LETTRES

DE

# M<sup>ME</sup> DU PLESSIS-MORNAY

A M. DE LA COURT.

(17 octobre 1587. — 22 avril 1588.)

---

M<sup>ME</sup> DU PLESSIS MORNAY A M. DE LA COURT.

Mons<sup>r</sup> de la Court, je vous prye me faire achepter, par Madame de la Court vostre femme, deux petits bonnets pour enfant, le premier et le second, et me faire faire deux paires de brassieres de carisé blanc bien fin, dont l'une soit doublée de sattin blanc de Burges et l'autre de petit taffetas; il fauldroit aussy ung bonnet tout pareil. Je desirerois aussy avoir quattre douzaines de lassets de la chambre des contes, des meilleurs, et ung cent et demy de bonnes aiguisles, de toutes sortes; faictes moy aussy faire ung chaperon de velour qui soit bien faict, avec deux crespés dor et dargent clinquant et deux cornettes de sattin qui soient bien tournées par devant et bien faictes, tellement que le crespe ne soit pas caché dessoubs. Je vouldrois aussy deux mousles couverts de cheveux chastaignes clair, l'une propre pour porter avec ung chapperon de cornette qui soit fort bas et plat au millieu, et l'autre pour mettre avec une coiffe de gaze. Je vous prye me faire ce bien de faire cela et le plus promptement que vous pourés ; il faudra tout mettre dedans une boitte bien liée, et la bailler à Mons.<sup>r</sup> le Gras qui la fera tenir par Bordeaux auquel j'en escrits. Je sallue vos bonnes graces et de Madame de la Court vostre femme, et prye Dieu, Monsieur de la Court, vous tenir en sa sainte garde.

Je vous prie de faire tenir les lettres à Rousseau qui sont icy.

Votre affectionnee et bonne amye,
Charlotte Arbaleste.

De Nérac, ce 17<sup>e</sup> octobre 1587.

---

## M<sup>ME</sup> DU PLESSIS MORNAY A M. DE LA COURT.

Monsieur de la Court, mon frère nous escript que nous avons une assignation sur vous de cent escus par an. Je vous prye me mander sy cest chose dont nous puissions faire estat, et de quand vous commencerés a nous les payer. J'ay beaucoup de petites choses que je doibt par dela ; je seray bien aise de le scavoir pour y faire satisfaire. Au reste je vous prye de prendre soigneusement les quitences pour les quatre cents francs qui sont deubs à M<sup>r</sup> Roullier, et quil soit bien payé et à point nomé, affin que nostre credit soit entretenu. Je vous prye que j'aye prontement de vos nouvelles et les adressées ches ma mere, ou ches Monsieur de Parroy au cloistre nostre Dame. Je sallue vos bonnes graces et de Madame de la Court, et prie Dieu, Monsieur de la Court, vous tenir en sa sainte garde,

Vostre affectionnee amye a jamais,
Charlotte Arbaleste.

Ce 20<sup>e</sup> avril 1588.

# LETTRE

DE

# M<sup>me</sup> DE VAUCELAS

A M<sup>me</sup> DU PLESSIS-MORNAY, SA SŒUR

8 octobre 1596.

---

### MADAME DE VAUCELAS A SA SOEUR.

Madame ma seur, jay este bien aise d'avoir veu par vostres que vous estes beaucoup mieux que vous n'aves este. Jespere en l'aide de Dieu bien tost votre entiere guerison et len supplie de tout mon cœur. Je me resjouis fort de la bonne esperance que vous me donnes que bien tost nous aurons ce bonheur de voir Monsieur du Plessis. Dieu nous l'amene en sante. Votre nepveu mon fils est a Moret, alé voir ça seur. Jattens bien tost ma seur et me desire tous les jours plus pres les unes des autres que nous ne somes ; ce me seroit en mon particulier beaucoup de contentement ; suivant vostre lettre jay envoie a Boivoulle ; lon na peu parler au fermier ; il y avoit des gentzdarmes de la compaignie de Monsieur d'Epernon ; mais le comissaire, qui a este establi a la saizie que je croi qua fait faire notre frere de Neron pour vous, a dict quil avoit asses affaire a fournir le fermier de ses maistres; ce qua receuilli votre fermier nest que des mestaux; il fera à ceste St Andre tout ce quil pourra pour vous faire paier; cela sera long et mon frere de Neron prent dessus quarante escus pour les arreirages deubz a Veluize et du Cairon pour les responces de la feu roine mere; tellement, ma seur, que tout cela est long qui me fait vous supplier de me remestre là dessus là où je ne pourai estre paiee a Saumur. Jay de la pluspart de ma rente bon guarant; il faut qui me paient; quant au proces que jay contre Monsieur des Touches, jen recois beaucoup dincomodité; toutesfois je desire, et en cela et tout autre chose, vous servir, vous assurant quil ny a personne sur qui vous aves plus de puissance que vous en aves sur moi qui baise bien humblement les mains de Monsieur du Plessis; et de vous je suis votre humble servante à votre service.

M. Arbalestre.

Madame ma seur

1596 de Anamule le 8ᵉ octobre.

# LETTRES

DE

# PHILIPPE DE MORNAY

MARQUIS DE BAUVES

A SON PERE ET A SA MÈRE

---

A sa mère (lettre d'Italie, incomplète et sans date, probablement en 1595). — A sa mère, de Bommel, 1er septembre 1599. — A son père, de Bommel, 1er septembre 1599. — A son père, de la Haye, 8 octobre 1599. — A son père, de Paris, 25 février 1605. — A sa mère, de Paris, 19 mars 1605. — A son père, d'Isendik, 15 juin 1605. — A son père, du camp, 1er octobre 1605.

### PHILIPPE DE MORNAY A SA MÈRE.

Madame ma mere, je me resjouys infiniment d'estre en lieu d'ou je puis et avec confiance vous escripre et croire que mes lettres vous donneront pleine asseurance de seureté pour nous. Nous n'avons pas eu ce contentement en nostre voyage, n'y pour quelque danger des lieux ou nous estions, n'y pour le souspeçon de ceux où nos lettres avoient à passer. Cà esté le plus grand regret que nous ayons eu, et qui nous a plus travaillés, car si nous avons trouvé d'autres difficultés, elles sont graces à Dieu passées, et le souvenir n'en peust estre que plain d'aise; mais c'estoit beaucoup de malheur, recognoissant ce devoir plus necessaire, d'estre contraint de s'en mal acquitter, pour considérations toutesfois que vous jugerés justes. A Florence, nous n'eusmes pas l'occasion du courrier à propos, qui n'arrive que de mois en mois; et quand nous l'eussions eu, il y avoit certes à doubter pour la raison mesme qui nous empescha de vous escripre de Gennes, parce que le plus fascheux et le plus dangereux du voyage nous restoit encor; tellement que mes lettres, esquelles j'observe de vous agréer et de vous asseurer, vous eussent mis en peine. Je me doubte aussy que mon silence vous aura esté ennuyeux, comme à moy ceste subjection ; mais il estoit peut estre plus seur et plus expedient : je le corrigeray desormais par diligence et vous me le pardonnerés pour les respects qui l'ont occasionné. Il me tardera cependant extremément que je n'apprenne par vos lettres que vous avés receu cestes cy, qui vous doibvent retirer de toute peine, car Venise et ce qui en depend est du tout exempt de ce qui rend les autres lieux suspects. Padoüe participe de ces conditions plus qu'aucune autre, pour les privileges que luy apporte la demeure des estrangers. J'y auray particulierement cest avantage, que je n'esperois pas, de pouvoir eviter fort aisément la compagnie des François qui sont en si petit nombre qu'à mon advis je seray seul aux exercices. Il y en a aussy fort peu es autres lieux où les François ont accoustumé de s'arrester, ce qui a facilité mon voyage, en ce que j'ay eu peu de rencontre. De tous ceux que j'ay veu je ne me suis descouvert à autre qu'au jeune comte de Fiesque à Florence, qui m'a receu avec autant de faveur et de discretion qu'il estoit possible; et pour me montrer une affection particuliere, et par mesme moyen m'aider à vivre plus couvertement, ne voulut jamais permettre que je logeasse ailleurs qu'en sa maison où j'ay esté huit jours y recevant des courtoisies fort signalées. Ceste obligation est certes fort grande; mais celles que j'ay à Monsieur de Harlay, qui continuent encor journellement, surpassent toutes celles dont je vous ay donné cy devant advis; et nous en reconnoissons d'autant mieux le merite qu'alors de nostre venue nous desesperions de trouver en Italie personne confidente ou de cognoissance; et graces à Dieu nous avons trouvé en Monsieur de Harlay tout ce qui se pouvoit desirer et de promptitude d'affection, et d'industrie à obliger ses amis. Ses bons advis et adresses nous ont facilité toutes difficultés, et entre autres avons eu ceste commodité fort grande par son moyen que, sans nous charger d'argent, nous en avons esté aydés d'un lieu à autre à peu de frais. Il a pris la peine de nous faire payer la lettre de change, et nous y a fait obtenir un avantage lequel, encore qu'il soit de justice, n'est pas toutesfois de la coustume des banquiers; mais autrement il ne voulait pas que nous tirassions la lettre, trouvant fort estrange que le sieur Salmatory eust pris une provision si excessive, et s'attendant qu'aux foires de Lyon on le luy pourrait revaloir. Cependant il nous offroit du sien quand nous serions au bout du nostre. Il asseure que, si vous pouvés effectuer son memoire, vous y aurés beaucoup d'acquest, et le propose comme chose faisable. Nous avons, Dieu mercy le soing que vous avés eu de nous, dequoy attendre quelques mois ; il est vray que d'ici en avant les exercices nous en emporteront d'extraordinaire ; mais le bon mesnage remplacera. Plus aussy je recognois un soing si affectionné jusques à prevenir et nos nécessités et nos demandes, plus que je fay conscience de toute despense moins necessaire, afin de vous descharger autant que nous pouvons, scachant que vous avés toujours d'ailleurs assés de charge. Monsieur Pesillau a travaillé extremément en ce voyage, particulierement pour la despence, n'estant pas soulagé comme en celui d'Allemaigne, moins penible cependant pour ce regard ; en autre chose nous ne trouvons point encor grande incommodité d'estre seuls. Mais comme je suis seul tesmoing de sa peine et de ses diligences, et le subject auquel il nous fait paroistre son affection, aussi serois-je tres volontiers le premier à en reconnoistre l'obligation et par la creance telle qu'il merite et par l'affection telle que je doibs. Je vous supplierois tres humblement me permettre que je le vous recommandasse si je ne scavois que, et pour son merite et en ma consideration, vous avéz à cœur tout ce qui luy touche. Je vous supplieray donc seulement de luy continuer toujours vostre mesme bonne volonté, comme il me continue les mesmes bons effects par lesquels il l'a acquise, et pour mieux dire augmentant de soing au prix que la peine s'accroist, afin que, s'il s'en presentoit occasion, il eust preuve de la souvenance que vous avés de luy de laquelle il a jusques icy tout contentement. C'est ce que j'ay de principal à vous mander. Je viens maintenant à la responce des vostres dont j'ay receu deux paquets par le moyen de Monsieur de Harlay à Florence, et le troisieme qui m'attendoit entre ses mains. J'y trouve, graces à Dieu, deux grandes raisons de consolation à deux afflictions qui m'ont esté fort sensibles. La premiere, dont je le loüe de tout mon cœur, et le supplie de parfaire que vous soyés en meilleur estat de santé que par le passé. J'en ay eu l'alarme tres chaude, encor que particulierement j'aye fort peu sceu de vostre maladie ; ma peine n'en a pas esté pour cela moindre; mais ma joye sera entiere quand je recevray la nouvelle de vostre guairison; et si quelque chose pouvait partir de moy pour l'avancer, je m'efforcerois par tous moyens. Je le feray en ce que je puis par diligence tres soigneuse soit à vous escripre afin de vous oster tout soucy, soit à vous obeir, afin que ma subjection et mon obeissance vous plaise. Je ne scay quel médecin vous aurés eu, mais il me suffit que vous ayés esté bien secourue. J'apprehendois que l'absence de mon pere ne vous ennuyast; toutefois je juge selon vos lettres plus fraiches qu'il ne sera pas tant esloigné, et que la longueur de Monsieur de Mercœur en ce traité aura le pouvoir de l'arrester en la province. 114. e. liv. 28. M. 32. 79. 87. 17. 67. 50. 15. 6. 11. 40. 32. 19. 127. 33. 102. 50. 22. 60. 21. 127. 53. 7. 44. 132. 17. 17. 72. 62. 9. 116. 57. 18. 92. 90. 57. 24. 43. 13. 5. 67. 8. 152. 32. 2. 6. 102. 7. 55. 190. gt. 51. 5. 11. 102. 90. 52. 90. 64. 61. 114. 5. 67. 8. 142. 55. 26. 102. 99. 68. 32. u. 590. 16. d. 12. 6. 12. 7. 84. A. x. 164. L'autre nouvelle qui me fait esjouir 127. S. M.

90. 22. 16. 164. 50. 18. A. 32. pp. 18. 11. 90. 55.
68. 117. 65. 90. 40. 59. p. 102. 5. 11. 19. 64. d.
32. 92. tr. 51. 16. 83. 71. 22 liv. 12. 11. 7. 14. 102.
5. 1. 121. 9. 16. 55. dr. 22. 163. 92. 164. 52. 142.
130. 107. T. 64. 40. 11. 92. 22. 136. 59. 21. 127.
122. 164. 106. 15. 22. 19. 5. E. 83. 102. 140. 21.
119. 5. 12. 5. 44. 130. 6. T. 18. 164. 52. 32. 7. 5.
12. 92. 28. 32. 11. J'ay fort regretté, 50. 51. 17. 14.
64. 107. 128. 56. 71. 70. 5. 32. 11. 8. 114. s. y.
39. 3. 98. 72. 13. Monsieur de Pas, de la perte duquel j'ay esté attristé avant qu'estre resjousy de son arrivée vers vous, ayant plustôt sceu vostre affliction de sa mort que vostre contentement de sa presence.
62. 44. 118. 40. 168. 127. 225. 101. 33. T. 101.
158. 71. 78. 32. 92. 5. 22. u. y. N. 107. 5. 72. 40.
115. 102. 114. 121. 6. 16. 42. r. 150. 17. 106.
80 dr. J'escrips à Monsieur de Rohan, selon vostre commandement, lettres de devoir et honnestetés, reservant à luy dire les nouvelles des lieux ou j'ay esté, et esperant qu'il se contentera que je luy en face quelque jour le rapport, car autant que je cognois de leur humeur, tout ce qui est hors de France est hors du monde pour eux. J'escrips fort amplement à mon pere tout ce que je scay; du reste vous permettés, s'il vous plaist, que je sois excusé envers mes sœurs et envers tous, car je ne le pourrois estre envers Monsieur de Buzenval, Monsieur de Bongars et divers autres auxquels je n'ai peu escripre jusques icy d'Italie, si je n'employois ceste occasion par laquelle on depesche vers eux du sejour de Padoüe; j'essayeray de leur satisfaire, encores que j'aye desseing de bien user du temps pour l'employer aux occupa-

tions plus necessaires. L'exercice des armes y est assés bon, mais de monter à cheval la commodité n'est pas fort grande : nous en prendrons ce qui y sera, et toujours je me reconforteray en l'esperance de trouver à mon retour un bon escuyer auprés de mon pere. Pour les lettres aussy nous ne perdrons pas le temps, s'il est possible, aux estudes que mon pere me commande par ses lettres. Il me fasche fort d'estre privé, 92. P. 32. 152. 71. 102. duquel Monsieur Vincent me fait si envieux. 52. 32. 11. 84. 6. 57. 19. 5. 92. 70. 7. 152. 90. 40. 102. 16. 122. 7. 309. 90. 3. 102. 19. 5. 12. 11. 28. 17. 28. 17. 136. 59. 102. 5. 12. c. 115. 57. 32. A. 12. 115. 3. 23. 5. 57. 18. 183. 130. 15. 6. 11. 121. 105. 108. On me dit 5. 90. 52. 28. 168. 6. A. 13. 115. p. 60. 6. 136. 11. 87. 119. 22. 55. 83. n n. 25. 5. 1. et j'espère 164. n. 7. 33. 102. 52. 90. 16. 5. 10. c. 17. 21. 64. 164. 23. 136. 64. 121. 38. 40. 16. J'attends quel jugement mon pere aura fait du portrait de Venise qui avoit esté trouvé bon par decà ; il est de la main du meilleur maistre et plus estimé pour tirer au naturel, car les autres qui savent quelque chose ne s'addonnent qu'aux grands ouvrages.

---

### PHILIPPE DE MORNAY A SA MÈRE.

Madame ma mère, je suis bien marry d'avoir si longtemps retenu le s$^r$ Brouard, crainte que vous n'en ayés trouvé faute au voyage de mon père à la court ; mais comme je le vous avois depeché, le siège de

Dorcum se presenta, dont il aima mieux attendre l'yssue pour vous en faire le rapport, que vous mettre en doubte de l'événement. Je remets à luy de vous en faire le discours, puis que rien ne s'y est presenté digne de vous estre escript. J'ay reçu les vostres du 5ᵉ par le laquais de Monsieur de la Tremouille, et depuis du 9ᵉ aoust, par un soldat de Chinon ; je loüe Dieu de l'assurance que vous me donnés de vostre meilleure disposition que je le supplie de vous continuer. Il m'a assuré avoir veu mon pere à Blois en bonne santé, et resolu d'y attendre le retour de S. M. Je crains bien que le voisinage de la court ne vous soit importun, et qu'il ne soit pas de peu de sejour, puisque les dames en sont ; je suis tres aise que le Basque ayt fait diligence, et que vous ayés eu par luy les premières nouvelles. Je voy que vous estes fort en peine de Mʳ de la Haye, comme à la verité sa playe a esté fort dangereuse ; mais Dieu mercy les accidens sont passés ; il a desiré de se faire porter chés les siens pour y achever sa guairison que les chirurgiens ne luy promettent de trois mois pour le plus tost, et m'ont conseillé de suivre son desir. J'ay pensé que la plus belle commodité pour luy seroit par le voyage de Brouard qui le menera jusques à Diepe, et l'y laissera entre les mains de Nᵉ Geoffroy, tant que son pere pourvoye à le faire porter jusques chés luy, ce qui ne luy sera pas malaisé ; et en chemin Brouard le verra pour lui en donner advis ; je m'assure qu'il se loüera du secours qu'il a reçeu en ceste longue et fascheuse blessure, où rien ne luy a esté espargné. Brouard vous dira plus amplement comme nous vivons icy, et où nous sommes de nostre despense; quelque mesnage que nous ayons fait, la blessure de M. de la Haye qui survint sur nostre deslogement, et la maladie de Liniau qui nous a tenus separés, nous a menés fort viste; tellement que je ne pense pas avoir de reste trois cens escus entiers; et si M. du Bellay aura besoing d'estre secouru, car il n'a gueres apporté de commodité, et les 30 escus qu'il a eu de moy ne luy ont gueres duré. Je tascheray de faire filer doucement ce qui me reste pour n'importuner nos amys qu'au plus tard qu'il sera possible, et j'espere qu'ils me fourniront ce qui nous reste de temps pour la campaigne. Je vous remercie très humblement du soing que vous avés eu de moy par vos lettres à M. Aerssens qui ont prevenu, graces à Dieu, mes necessités aussi bien que mes demandes; je les luy ay fait tenir, et n'en receus qu'avanthier la response, parce qu'il a esté un peu malade. Il s'offre avec toute l'affection qui se peut desirer, et me semble qu'il prend jalousie que je m'adresse plustost à M. de Busenval, ce qui ne luy part que de bonne volonté. Je luy ay mandé qu'au besoing je n'aurois point d'autre secours, mais que j'avois encor de quoy l'attendre en patience. J'escrips plus amplement à mon pere ce que je puis conjecturer de ceste guerre, où je n'attens point de changement s'il ne survient du costé des Allemans, dont la resolution nous est encore incertaine; on nous fait esperer qu'ils sont sur le point de se declarer ouvertement contre l'Hespaignol entreprenans le siege de Rees; de là peut estre il naistra quelque bonne occasion de faire durer la guerre plus avant l'hyver, comme nostre armée et celle des Allemans seront proches pour s'entresecourir;

autrement je ne voy pas que nous puissions subsister à la campaigne plus de deux mois, ce pays estant si malaisé pour l'hyver. Je remettray de vous en escrire d'avantage tant que j'y voye plus de certitude, et me contenteray pour ceste heure de vous supplier de ne presser point mon retour, que les occasions ne soyent passées de profiter par de çà, où j'ai passé le temps jusques à ceste heure si peu utilement.

Je ne respons point à ce que vous m'escrivés pour mes seurs, faute de congnoistre les personnes dont vous me parlés; seulement vous diray-je que de longtemps j'ai apprehendé que 378. 40. 22. 140. 71. 164. n'eust ce dessein là. Je prie Dieu de vous y bien adresser, et qu'il vous donne,

Madame ma mère, en santé tres longue et tres heureuse vie.

De Bommel ce 1<sup>er</sup> septembre 1599.

  Votre tres humble et très obéissant fils
   à jamais,
     Philippes de Mornay.

---

## PHILIPPE DE MORNAY A SON PÈRE.

Monsieur mon père, je vous envoye à ce coup le s<sup>r</sup> Brouard, et suis bien marry qu'il ay tant outrepassé le terme que vous luy aviés ordonné; mais comme il estoit prest à partir il y a 15 jours et ses dépesches fermées, le siège de Dorcum se presenta, où me resoluant d'accompaigner Monsieur le comte Guillaume, je pensay que vous aviés agreable qu'il vous en rapportast l'yssue. Je le laissay le dimanche 28ᵉ du passé apres avoir veu la capitulation signée, et par mesme moyen le chasteau de Schulembourg rendu, qui sera, comme l'on espere, la derniere main pour assurer à MM^rs les États la possession de ce qui est au decà du Rhin, où les ennemis n'auront plus d'accés s'ils ne se resoluent de passer sur le ventre aux Allemans. J'eusse desiré que ceste mauvaise place eust esté plus disputable pour voir la conduite des approches et principalement l'effet des galeries dans le fossé; mais à la verité elle ne méritoit pas la perfection de ce travail. Le temps a esté pris à propos pour l'assiéger à la faveur de l'armée allemande qui rompoit aux ennemis tous moyens de la secourir; et la prise de ceste bicoque a affranchy trente lieues de pays qu'elle adsubjectissoit aux contributions, et donnera moyen de mesnager à l'avenir une vingtaine de garnisons qu'elle tenoit en eschec, dont l'armée se trouvera fortifiée sur ceste arrière saison. J'ay marchandé d'aller voir l'armée d'Allemaigne m'en trouvant si proche, et n'en ay esté retenu que pour mieux pourvoir au partement de Brouard et de M. de la Haye qui a desiré d'achever sa guairison en France puis qu'elle est remise à si longs jours. Je ne romps point ceste partie, et ne la differeray que pour avoir cest avantage de les voir en action; ceste machine a tant de ressorts, et dont les mouuemens sont si contraires, qu'il a esté impossible jusques icy de les voir portés à une resolution. Enfin il semble qu'ils vueillent lier la partie entreprenans le siege de Rees, et qu'ils ayent du tout les specieuses propositions de l'Hespaignol qui leur offroit la restitution de leurs places et quelque recompense mal assignée des dommages receus, se reservant Berg, la meilleure et la plus importante, et s'autorisant du consentement de l'archevesque de Couloigne qui en est seigneur et qui leur en a longtemps cedé la jouissance. Le comte de Lippe est general, le baron de Creange son lieutenant, mais qui ne jouissent encor que du titre, les troupes de leur departement n'estant point rangées au corps, ce qui tesmoigne la bigarrure de leurs intentions, particulierement en ce cercle où il y a difference de religions. Le comte de Hohenlo fait profit de leur facilité, et tasche de tirer à luy l'autorité ; à quoy sa reputation le favorise fort parmy les gens de guerre, et le support du comte de Solms et du comte de Hohenlo son neveu qui ont charge des troupes de monseigneur le Landgrave et du marquis d'Anspach, comme luy de celles du duc de Brunwic. Nous avons eu jusques aujourd'hui toujours l'œil sur eux, et j'impute volontiers la perte des belles occasions qui nous sont échappées au dessein qu'on a eu de reserver nos forces entieres pour se prevaloir de celles que leur secours ou leur diversion nous presenteroit. Je fais encor mesme jugement de ceste guerre qui ne peut attendre d'ailleurs de changement d'importance, en ce peu qui nous reste de saison, quoy que MM$^{rs}$ les Etats s'impatientent de se voir reduits à la defensive apres s'estre preparés à l'offensive, et qu'ils ne supportent qu'a contre cœur l'importunité de ce fort que les ennemis ont basty à notre veue resolus de s'en despetrer à la première ouverture d'occasion. L'arrivée de l'Archiduc n'apportera point de nouveauté, puis qu'il tend du tout à la paix, à quoy n'en ne se dispose pardecà, et que pour la continuation de la guerre il ne peut adjouster à ses forces que la réputation de sa presence, venant les mains vuides et sans suite. Les procedures des Allemans nous apprendront bientost ce que nous devons attendre, car, s'ils ne s'y meslent point, la venue de l'hyver nous separera ; sinon, la guerre se peut transporter avec avantage dans le haut pays de Gueldres, où nous serions espaulés de leur secours et où l'incommodité de la saison seroit plus supportable. En ce cas je vous supplierois très humblement de me permettre autant de temps pardecà que je vous serois inutile ailleurs, et que l'opportunité durera pour l'y bien employer; afin que je ne rapporte le regret tout entier d'un voyage qui vous auroit esté de si grande charge et à moy de si peu d'instruction. Je seray soigneux de vous mander ce qui s'en pourra juger avec certitude pour obtenir plutost vostre contentement, que je me promets plus assurément pour le désir que j'ai d'en recevoir le principal consentement en vous rendant preuve de mon obéissance. Je vous manderois les brouilleries dont on nous bat du Roy d'Ecosse avec la Royne d'Angleterre ; mais je n'y voy pas encor assés de clairté. Tout est alarmé en Angleterre sur le bruit de l'armée de mer d'Espaigne, et la Royne a rappellé 2000 Anglais que Monsieur de Veer luy ramene ; on doubte que ce soit plustost pour fortifier le comte d'Essex qui avance fort peu en Irlande. Je regrette fort le partement de Monsieur de Veer, pour l'amitié que je recevois de luy, dont il me promet la continuation. Je vous baise tres humblement les mains et supplie Dieu, Monsieur mon père, qu'il vous donne en santé tres longue et tres heureuse vie.

De Bommel, ce 1er septembre 1599.

Votre tres humble et tres obeissant fils
à jamais,
Philippes de Mornay.

---

### PHILIPPE DE MORNAY A SON PÈRE.

Monsieur mon pere, enfin je croy que vous aurés receu Brouard, que le vent contraire a arresté plus de trois semaines à Roterdam et à Middlebourg. Je crains que depuis vous n'ayés eu rien de moy, car mes lettres alloient sous l'adresse de M. d'Arssens, qui m'a porté le premier advis de sa venue. Vous aurés assés sceu la retraite des Allemans de devant Rees, qui n'auront en rien trompé vostre creance, et ne rapporteront autre avantage de leur entreprise que d'avoir aussy bien signalé leur lascheté par un faible resentiment que par une stupide patience. Les princes se devoyent assembler au premier jour à Dortmund, place de Westphalie, pour adviser aux moyens de recueillir ce qui reste de la dissipation de leurs forces, et pourvoir, s'il se peut, que l'Hespaignol ne les fourrage cest hyver. La saison, mais principalement leur humeur ne nous permettent pas d'en attendre assés de resolution pour relever leur honneur. Cependant leur desroute nous a esté si inopinée que j'en ay perdu l'occasion de les voir ensemble, estant

tout prest à partir, lors que la nouvelle me surprist.
Il ne s'est rien passé en nostre armée qui merite de
venir à vostre cognoissance, que la rencontre que fit
Monsieur le Comte Louys, dont les ennemis font
trophée assés legerement ; la perte a esté de près de
cent hommes tués ou pris sur la queüe, mais la honte
de beaucoup davantage, personne n'ayant monstré le
visage aux ennemis. Il y a paru de la foiblesse de
nostre cavalerie et de la mauvaise conduitte de ces
capitaines qui ont si peu d'usage des occasions qu'ils
ne les recoivent jamais sans nouveauté et sans estonnement. J'eus ce bonheur de ne m'y trouver point,
ayant accompaigné Monsieur le Comte Guillaume au
siege de Dorcum, dont je n'ay point de regret puisque je n'y pouvois estre qu'envelopé dans le desordre.
Nous sommes à la veille d'un deslogement pour aller
aux garnisons, S. Ex$^{ce}$ ayant desja renvoyé la cavalerie et n'attendant que la perfection de quelque
ouvrage nouvellement commencé pour y confiner son
infanterie jusque au primtemps. Ces ouvrages sont
seulement des redoutes en façon de plattes formes,
mais fort relevées pour y asseoir de l'artillerie, et
capables de beaucoup d'hommes pour s'opposer aux
ennemis si la faveur des gelées leur donnait assés de
hardiesse pour se presenter au passage de la riviere.
Ce qui s'y verra de plus beau c'est que, pour regaigner la liberté de la riviere que l'ennemy pensoit
assubjectir par l'avantage de son fort, on tirera un
canal au milieu des terres qui sera couvert de nos
retranchemens, et capable de donner passage aux
plus grands bateaux, afin de remedier aux incommodités plus grandes dont ce fort nous menaçoit.

Ce sont pour ceste heure les nouvelles de l'armée, car celles de l'Estat je les reserve à Monsieur de Busenval qui vous en dira ses jugemens. Les dernieres que j'aye de vous sont celles de M. d'Arssens qui me remettent sur luy. J'apprens icy que le Roy est retourné à Paris, et me doubte que vous ne l'aurés pas suivy; il est arrivé depuis un paquet pour moy, mais comme je venois icy on me l'envoioyt au camp, et je l'ay failly en chemin. J'ay regret de n'y pouvoir respondre par ceste occasion, parceque j'y recoy peut-estre quelque commandement de vous qui me resoudroit de ce que je doibs faire; car je suis de moy mesme fort irresolu, ne me pouvant bien disposer au retour de ce voyage avec si peu de contentement, n'y ayant rien veu jusqu'icy d'où je puisse beaucoup rapporter ou d'instruction ou d'honneur, et n'y cognoissant pas toutesfois assés de raison pour m'y arrester sauf l'esperance d'une occasion, dont nous verrons bientost un effect; et si Dieu le benit j'en attens une suite 3. 55. 22. 83. 354. 87. 102. 140. 131. 5. 83. 119. 32. 160. 346. 87. 18. 19. 155. 130. 28. 22. 90. 18. 21. 39. 132. 6. 11. 2. 102. 16. 130. 311. On attend icy au premier jour l'ouverture de quelque proposition de paix de la part de l'Archiduc Albert et la resolution du traité d'Angleterre qui semble fort acheminé; cela apportera peut estre du changement par decà; et si les affaires prennent bon train, me donnera peut estre moyen d'y servir avec charge; à quoy autrement je ne voy point d'esperance, ne faisant point autre jugement de leur cavalerie que le premier jour, et n'y ayant point icy de place à desirer en l'infanterie s'il ne se fait nouvelle levée. Je croy cependant que vous aurés plus agreable que je ne m'engage point, pour me reserver à l'esperance de la guerre de Piedmont que l'on nous promet fort assurément. Monsieur de Vic, gouverneur de Calais, s'est venu promener en ce pays et a esté quelques jours auprès de son Ex$^{ce}$, et part presentement pour son retour et mes lettres avec luy; il m'a tesmoigné beaucoup d'amitié en vostre consideration, et beaucoup de regret de feu mon oncle, duquel il tient bien chere la succession. Monsieur de Valencey, son beau fils, estoit avec luy, et vous verra comme je croy, bientost en Anjou, si la court vous a donné congé. Je seray soigneux de vous avertir de ce qui se passera, et feray response à vos lettres si tost que je les auray reçües par la premiere occasion qui s'offrira, encores que les galeres de l'Ecluse nous rendent la mer mal assurée. Je suis venu icy pour me conseiller avec Monsieur de Busenval, et voir M$^r$ d'Arssens duquel je seray pressé de recevoir bientost quelque secours. Mon dessein sera principalement de rendre toute obéissance à ce que vous me commanderés, quand j'auray reconnu vostre volonté que je scay bien ne pouvoir estre que fort favorable à ce qui sera de mon honneur et de mon bien; car je ne vous puis celer qu'on me fait peur de la mauvaise reception qu'a receu le baron de la Moussaye pour avoir trop tost repassé la mer; mais je suis tout assuré que vous y sçaurés bien compasser le temps et les occasions, afin que le retour ne face rien contre moy puisque le voyage a si peu fait pour moy. Je vous baise tres humblement les mains et supplie Dieu, Monsieur mon pere, vous donner en santé longue et heureuse vie. De la Haye ce 8e octobre 1599.

> Votre tres humble et tres obeissant fils
> à jamais,
> Philippes de Mornay.

---

### PHILIPPE DE MORNAY A SON PÈRE.

Monsieur mon pere, je commenceray par ce qui me touche et parceque je connay combien vous affectionnés mon avancement, et parceque rien n'est aujourd'huy sur le bureau de telle consequence. Jusques icy je vous ai mandé des irresolutions; maintenant, si je suy la voix du monde, ce seront des desespoirs. Mais il est d'un mesme esprit et particulièrement du mien de concevoir tardivement une espérance et d'y renoncer mal volontiers. Ces jours arriva d'Hollande le courrier depesché par Monsieur de Villeroy avant le retour de Monsieur d'Arssens; la response des Etats pleine de difficultés qui infèrent presque impossibilité, et toutefois je suspens mon jugement pour en attendre l'explication par la response qui sera faite à Monsieur d'Arssens. Ils consentent aisément un tel partage de leurs provinces que les conquestes avenir sur la coste, sur la comté de Flandres et les pays de la langue Françoise soient au profit du Roy, moiennant l'accroissement pretendu de son secours. Le neud de la matière consiste en ce que l'on desire pardeçà que leurs armes soient emploiées selon l'ordonnance de S. M., et notamment pour l'assurer, dès cette année, de la possession de la coste, à commencer par Gravelines. Eux au contraire veulent retenir la liberté de leurs conseils pour mieux se prevaloir des occasions et fonder la suereté de leurs entreprises sur le secret qui est trop peu pratiqué icy. Ce dessein a ses oppositions particulières, que vous connaissés mieux que personne. Elles sont vivement representées, mais non pas patiemment entendües, et la raison est que nous mettons trop en conte l'avantage d'un bon succés pour nous et trop peu le hasard d'une ruine pour eux. Aussy ceste condition semble recerchée pour rompre ce qui ne se pouvait denoüer; mais il n'est pas qu'il ne se trouve lieu à quelque ouverture où les choses tendent plutost à remise qu'à refus; et c'est là dessus que j'attens le boiteux qui ne peut passer la fin du mois, ou les premiers jours du prochain. Au mesme temps on fait fort haut sonner les grands preparatifs d'Espaigne, par mer et par terre, levées de cinquante mille hommes de pied et quatre mille chevaux, sans ce qui est deja prest à marcher en Allemaigne pour l'Archiduc, et les recrues qu'il ordonne de toutes parts. Bruits de guerre qui en ceste saison nous resveillent tous les ans, par raison plustost pour nous esmouvoir à l'entreprendre que pour nous resoudre à la souffrir, si la crainte de souffrir n'estouffoit en nous tout courage d'entreprendre. Un mauvais presage, et auquel sans supertition je ne me puis tenir de déferer, c'est que le Roy, pendant que ceste question s'agitoit, a esté atteint de la goutte, et arresté pour trois jours seulement. Depuis il a monté à cheval, et couru le cerf. Voila pour le général.

Pour ce qui est de moy, de divers endroits les amis par advis, les fascheux par dessein m'ont voulu donner soupçon de la nomination qui se fait sourdement de Betune pour le troisième regiment. Je n'y ay point voulu donner lieu. Aussy ai-je pour garand la parole du Roy qui m'a fait cet honneur de m'en mettre deux fois en propos, bien qu'en fort peu de mots; il me demanda la dernière fois si j'avois eu de vos nouvelles et comme vous vous portiés, me dit qu'il m'avoit mandé et se vouloit servir de moy, que Monsieur de Rosny par son commandement m'en auroit dit davantage et que j'attendisse patiemment le temps de sa resolution. J'observe de me presenter tous les jours à S. M. et à Monsieur de Rosny. Parfois je visite M<sup>r</sup> de Villeroy et partout j'attens et n'importune point. Remerciant cestuy cy de vostre part, apres les honnetetés, venant au point il me dit nettement que, là ou il estoit, je ne pouvois estre oublié, mais que j'étois obligé au maistre, et non à autre, que j'avois esté nommé pour le second regiment avec Monsieur de Soubise, que tous desiroient que j'eusse de l'honneur en ceste occasion, et connaissoient plus que raisonnable que vous eussiés ce contentement de my voir emploié, pour faire voir au moins en cela que la mémoire de vos services n'estoit pas esteinte. De M<sup>r</sup> de Rosny, depuis les premiers propos je n'ay rien eu sur ce subject, et n'ay laissé cependant de luy faire entendre par diverses voies les doutes qu'on me veut donner. J'adjouste d'une suite que je ne m'en esmeus point, que je luy ay l'obligation de m'avoir nommé, de m'avoir mandé à temps, que j'espere qu'il la veut acquerir entiere sur moy parfaisant ce qu'il a commencé. Que, quand je serois de plus jalouse humeur, me fiant sur l'assurance qu'il nous a donnée, je n'entrerois point en deffiance de celuy qui n'y peut pretendre que par sa faveur. Monsieur d'Arssens de son costé m'y promet fort assurément ses bons offices et qu'il y fera jouër, si besoin est, tous ses ressorts; il s'excuse fort de ne vous escrire point. Autresfois il nous en a rendu raison qu'il croit devoir encores continuer, et quand il y aura subjest il s'en descouvrira à moy ou aux vostres pour vous en faire part. Au reste, Hesperien vous est depesché avec charge particulière, à ce qu'il dit. Il a fort entretenu et le Roy et Monsieur de Villeroy; de l'un et de l'autre mesmes choses, bons termes en general pour ceux de la religion, invectives sans fin et sans mesure contre M$^r$ de B. Pour nostre particulier rien de concluant, ni d'important; il est vray qu'il doit estre ouy prenant congé, et en presence du tiers, et de là me viendra voir. C'est pour demain matin, mais malaisément à heure du messager, aussi peu que les lettres de Monsieur de Laval. Je pense vous avoir escrit comme je le saluay par rencontre chez le Roy; il me demanda de vos nouvelles; je respondis qu'il en avoit eu depuis quelque temps, que je voulois esperer qu'il n'auroit pas oubliées; il repartit que peu devant qu'aller en Italie il avoit eu de vos lettres, et non depuis. Là je brisay fort brusquement pour le desavantage du lieu. Depuis je l'ay trouvé à propos; mon abord fust que je venois à luy avec serment de n'entrer point en discours qui luy estoit commun avec tous, qu'autrefois j'avois assez sondé sa conoissance pour juger que, quelque changement qui parust en sa vie, il n'en pouvoit recevoir en sa creance ; à cela il n'eust pour réplique que des honnetetés, et sans rien declarer de son intention. Alors je fis tomber le discours sur vostre lettre, et le pressay fort s'il estoit vray qu'il en eust abusé. Il me le nia fermement ; encor que je croie le contraire, je luy dis que j'étois resolu de luy en demander des nouvelles, et m'arrester à ce qu'il m'en disoit, qu'au pis aller son infidelité eust esté plus blamée que vostre liberté. A cela il réitera ses sermens. Enfin je lui parlay de la fin et vivement ; il me promit qu'il en parleroit au Roy, comme il avoit fait à Mʳ de Villeroy, et sentit bien qu'il y alloit fort avant de son honneur. A nostre separation il me dit qu'il vous vouloit escrire, et me demanda par quelle voie ; je m'obligeay de l'avertir et l'ay fait ; j'attens s'il s'en souviendra, et pour l'adieu je tiray parole qu'il vous escriroit franchement, luy remonstrant combien faisoient contre luy les mauvaises opinions que produit son hesitation, et combien il travailleroit à les surmonter. J'ose presque vous demander congé de voir sa lettre, afin que nous apprenions de sa resolution ce qu'il ne descouvre ni aux uns ni aux autres. Son mariage avec Mˡˡᵉ de Bourbon s'avance fort et n'y a plus grande difficultés qu'à luy garder son rang. Celuy de Mˡˡᵉ de Guise avec Mʳ le Prince de Conty est agreé du Roy, désiré de la Royne, aidé de Monsieur de Rosny et aujourd'hui comme assuré. Je n'ay rien appris depuis du faist de la Varenne ; il ne veut point du Comte d'Auvergne, et pense t'on qu'il demeurera à la Bastille. Le roy se veut raccoster de la Marquise qui à ce coup tient son cœur plus resolument. Le reste trouvera place en celle que j'escris à ma mère. Je supplie Dieu pour vostre prosperité et longue vie,

Votre très humble et très obeissant fils,
P. de Mornay.

Vendredy, 25e fevrier 1605.

---

## PHILIPPE DE MORNAY A SA MÈRE.

Madame ma mère, je vous demande pardon de ne vous avoir point escrit par la voie de Mr de Montatere, mais je fus si extraordinairement pressé et traversé de compagnies qu'il me fut du tout impossible. Aussi n'en ay je, Dieu mercy, gueres manqué, depuis que je suis renfermé, et c'est ce qui me rend ceste prison plus supportable. Maintenant que le Roy est de retour de son voyage de Chantilly je tascheray d'obtenir ma liberté, et y emploieray Monsieur de Rosny pour la faveur et M. le Mar{al} de Boisdauphin pour la forme; ce sont ceux ausquels on me dit que j'ay de l'obligation, autant que le vaut une affaire de si peu d'importance et de difficulté. Ce point vuidé, je viendray à user de la grace que vous me faites, et demanderay permission de passer la mer. Assez d'exemples, mesmes en chose presente, me donnent esperance de n'en estre pas refusé. Les occasions semblent y convier, sur tout si elles sont avancées par la diligence des uns et preparées par la longueur comme inevitable des autres. Dieu m'y conduira s'il luy plaist, et me donnera de profiter là pour servir ailleurs. Nous avons penetré plus avant en la negotiation de d'Omerville qui a eu divers chefs comme divers degrés, et en toutes ses instances n'a gueres eu de fruit. Il a premierement proposé au Roy les avantages de la guerre ouverste contre l'Hespaignol, dont la certitude ne recevant point de contradiction par nos discours, l'esperance a esté resjettée pour la crainte des Huguenots qui, voyans le Roy occupé au dehors, le travailleroient au dedans. La contestation fut forte là dessus, l'un insistant sur les raisons de nostre seureté, l'autre persistant en la persuasion de nostre mauvaise volonté ; l'exemple d'Amiens ne fust pas obmis d'une part ; de l'autre non plus la difference de nostre condition, vivans aujourd'hui soubs la foy publique, alors seulement à discretion. La décision, avec authorité de maistre, que prétextes ne manquent jamais, et moins à nous qui toujours en cerchons et à qui tous suffisent. De cet article on passa au second, du secours nouvellement promis, requerant lors d'Omerville S. M., de la part des Etats et du prince Maurice, qu'il leur laissast la liberté de leurs conseils et le temps de leurs entreprises à leur chois, pour le mesurer aux occurrences et faire la guerre à l'œil. Mais on ne relascha rien de la condition imposée dont les inconvéniens estoient aisés à remarquer et plus que malaisés à surmonter. De là donc il vint à une troisième demande, d'une augmentation de deux cent mille escus par an à la somme ordinaire qui avanceroit leurs preparatifs, fortifieroit leurs levées et sans doute faciliteroit une entreprise importante, et conforme aux desirs particuliers qu'on fait conoistre de deçà. Jusques à cest heure il n'y a esté respondu qu'en termes generaux et honnestetés qui n'obligent à rien ; aussy ne se tient on pas pour pleinement esconduit. La fin sera de demander à un terme ce qu'on a accoustumé de recevoir à divers paiemens, pour avoir à temps de quoy faire les premiers efforts, et à ce dernier point se réduit l'esperance du traitté. Les ennemis travaillent de leur costé grandement mais non pas diligemment, et y a apparence qu'ils ne paroistront forts en campagne que deja ne soit l'arrière saison. Le marquis d'Anspach, beau frere de M^r le prince Maurice, sollicite et esmeut l'Allemaigne; les advis sont qu'il en tirera pour le service des Etats quatre mille Lanquenets et deux milles Reistres, et marchera pour chef. Ainsy la maison de Brandebourg se desgourdit la premiere de la stupidité commune à la nation, et toutefois la plus reculée du soleil, que la maison des deux Ponts peut profiter de cest exemple, car il ne faut point douter que la pretention de Clèves ne soit là auteur de ce mouvement. Hier partit Monsieur de Rohan en poste pour rejoindre Madame sa sœur premier qu'elle arrive, Monsieur de Soubise avec luy, tous deux mesquinement accompaignés car ils ne menent un seul gentilhomme. Je luy ay declaré le voyage que vous me permettés, afin que l'on s'y serve de moy, si l'on void en quoy, estant proche des lieux, et peut estre sur les lieux où les grands coups se frapperont pour ceste affaire. L'eslection du Pape est encor douteuse; la mort de l'empereur n'est pas confirmée ; ses affaires vont fort mal en Hongrie par la vertu du Patcha qui fait de grands progrès et demeure paisible de la Transylvanie. Les autres subjets de la maison d'Autriche, inquiétés pour la religion, ont en luy un protecteur, s'ils sont capables d'aider à leur delivrance, et dit on que desja en Silésie et ailleurs on modere la violence commencée. Il est à craindre que le Turc ne veuille faire le holà, comme il parle de venir en personne. Mʳ Marbault vous dira ce qu'il n'a peu faire au synode pour Mʳ du Moulin, qui certes y estoit bien disposé et nous aidoit à y disposer les autres. J'ay veu nostre ministre du Plessis, qui est gentil personnage et de bon discours, de la taille au reste et de la façon de Mʳ Bouchereau. Je le reconnoistroy d'avantage avant que j'aye l'honneur de vous voir, car je fais mon estat d'y desrober une passade, donner à Lenainville et chés quelques amis en ce circuit, peut être en chemin faisant. J'attens, à demander congé, que j'aye eu la fin de ceste brouillerie qui va à la longue pour les formalités qu'on pratique contre la Martonie; et cependant je croy que ce doit estre fait, et supplie ce matin par un tiers Mʳ de Rosny de vouloir abreger et en parler au Roy, ce que fera aussi d'autre part Monsieur le Marᵃˡ de Boisdauphin. Pour la fin nous y emploions Mʳ de Rohan envers Mʳ son beau pere qui sera plus vivement importuné là dessus par Madame de Chastillon envers l'Ambassadeur present. Mʳ le Marᵃˡ de Fervacques a donné sa foy, vous savés ce qu'elle vaut, qu'il en parleroit fermement au Roy; Mʳ de Sillery, à la requeste des deputés a promis le mesme office; Mʳˢ du Synode seront, comme j'espère, chargés d'en faire remontrances à Mʳ de Rosny, et authoriseront pour en faire d'autres au Roy. Par amis nous tascherons de gaigner quelque chose, si mieux ne se peut, envers Mʳ d'Arlincourt. De M^r de Laval, nous ne desirons qu'une subvention à sa necessité ; encor ne l'osons nous esperer. Dimanche il fust à la Messe et oncques puis n'a esté veu, toujours reclus dans les Capuchins, à se confesser, faire penitence, et solenniser son abjuration. La delivrance de M^r de Montbarot, remise au retour de M^r de Betune, doit aider à sa delivrance puisque le souspeçon imaginé a servy de pretexte à sa detention. M^r de la Ravandière vous aura discouru ce point, qui m'enpesche d'en dire d'avantage. Il est tenu fort secret. J'ay tout mis en ceste lettre qui tiendra lieu de deux, s'il vous plaist, et mon père me fera l'honneur de me dispenser d'une seconde. Je finiray suppliant Dieu pour vostre santé et prosperité. De Paris ce 19^e Mars 1605

    Votre tres humble et tres obeissant fils
     à jamais,
        Ph. de Mornay.

J'eus hier lettres de Bourgoigne, mais qui ne me mandent rien de leur voyage vers vous ; bien disent elles que mon pere vient icy bientost ; il est vrai qu'elles sont sans date.

---

### PHILIPPE DE MORNAY A SON PÈRE.

Monsieur mon pere, je vous ay escrit aux deux desbarquemens de Hollande premierement, et puis de Zelande marchant à l'armée ; il ne s'est pas offert de moyen de continuer ma diligence et moins de subject pour l'esmouvoir. Nos logis sont en l'estat que je vous ay figuré, nostre passetemps sans diversité, et nos desseins dependent de ceux de nos ennemis. Jusque icy ils ne sont pas si forts que nous ensemble, mais ils rallient forces à toute heure et de toutes nations; ils accommodent le fort de *Patience* qu'ils ont derriere eux pour respondre à celuy d'Isendik que nous tenons, et fortifient un camp capable de recevoir un corps d'armée pour servir, ce semble, lorsqu'ils se verront assez puissans pour se separer. De deçà, on suit les vieilles coustumes; on se couvre de terre à l'espreuve de tous efforts; on fait un travail incroiable sur toute ceste coste que nous bordons, si bien que l'ennemy, premier qu'arriver à l'escluse, rencontrera infinis combats, desquels j'oserais dire que je croy dependre la conservation, estimant beaucoup plus d'avantage en l'assiette du pays qu'en l'estat de la place. Un mois, au plus loin, nous fera voir clair en leurs entreprises; et cependant je *vous repète que* c'est de leur costé que nous avons moins à craindre; leurs coups sur cest estat ne peuvent estre mortels, et en soy mesme il a qui le menace de *cheute dont la resource* ne se peut pas concevoir. Il faut des effets extraordinaires pour relever au milieu de ces gens les esperances anticipées ou les renouveler à l'avenir. J'ay trouvé en ce prince le mesme visage, le mesme mouvement, la mesme action que toujours. Il me demanda de vos nouvelles, et comme vous estiés auprès du Roy, quelques questions après de ses affaires et des nostres, plustost pour fuir l'ignorance ou le desdain que pour en affecter conoissance, ou y recercher part. Monsieur le comte Henry est tout un autre homme fort emploié, et actif à sa charge qui luy donne le commandement de la cavalerie, retenu en ses actions, particulier en sa conversation, le plus du monde *esloigné de nous* et de nos coustumes presque universellement. Le comte Guillaume tousjours luy mesme; et pense, si j'ay besoin de l'emploier, que j'en recevray faveur, car il contente de meilleure grace qu'il ne promet. Aux autres je n'apperçoy point de changement, et reconnoy en différentes personnes les mesmes humeurs et la mesme conduite. Les regiments François sont en *réputation* et destinés aux premiers honneurs qui s'offriront, bien pleins de noblesse dont la pluspart patientera malvolontiers. Le marquis d'Anspach a mené de bons lansquenets et n'en prend pas la charge, pour ne se déclarer chef qu'à meilleures enseignes. Il affectionne fort les affaires de deçà, et a quelque gout de l'honneur par dessus ceux de sa nation. Les Anglais n'ont plus de general et font quatre regimens assez bons, *malagreables au pays* pour la procedure de leur prince, suspects en particulier parce qu'à toute heure il s'en eschape pour se donner aux ennemis où ils sont caressés comme l'enfant prodigue. Il me tarde que je vous puisse rendre conte de choses plus dignes, et toutesfois je ne le presage pas, si ce n'est bien à l'arrière saison. J'attens monsieur de Villebon qui doit avoir pris terre en Hollande, pendant le loisir de ceste garnison, qu'il emploiera à visiter le sien. Nous avons icy force gens de conoissance, et presque tous amis parmy les François. Monsieur de Betune, à mon abord, m'a fort obligé d'amitié et de courtoisie. Je l'y entretiendray, s'il m'est possible, car je l'estime fort. De nos colonnels je ne vous puis rien dire de nouveau. Presentement nous commencons un travail, mais plustost pour fuir oisiveté que pour en esperer avantage. Je n'ay *point* encores receu de vos nouvelles par deçà; je supplie Dieu qu'il me les doint bonnes et qu'il vous conserve, monsieur mon pere, en pleine santé et prosperité.

Votre tres humble et tres obeissant fils à jamais.
P. de Mornay.

Du camp, près d'Isendik, ce 15ᵉ juin 1605.

---

### PHILIPPE DE MORNAY A SON PÈRE.

Monsieu mon pere, j'ay esté quelques temps sans vous escrire, arresté au lict d'un malheureux coup de pied de cheval que je receus il y a dix jours, marchant avec S. Ex^ce pour attraper, au deçà de la Meuse, un renfort qui venoist de Flandre aux ennemis de trois regimens qu'un mauvais advis sauva de nos mains. A ce coup, je vous escris fort à la haste au milieu de plusieurs depesches dont je vous diray puis apres le subject. Hier Mʳ le prince Maurice avait fait dessein d'enlever certaines troupes de cavalerie des ennemis; il est croiable qu'ils eurent advis à temps, car ils se trouverent fortifies de cavalerie et d'infanterie; l'escarmouche fust fort rude, et au travers il s'y fit quelque charge où nos François ont fort paru. Le commencement à nostre avantage, et s'y gaigna deux cornettes; déjà nostre canon avait fait bruit; la retraite fut pour revanche, car nostre cavalerie fuit misérablement, et nostre infanterie eust un peu à souffrir. Le jeu dura plus de trois heures, et s'y trouva quelques cent hommes morts de nostre costé, et non moins de l'autre part. M<sup>r</sup> D'Omerville y est demeuré; c'est une charge vacante, mais acquise à M. de Betune si M<sup>r</sup> de Rosny l'affectionne tant soit peu. Il est vray qu'il est prisonnier; mais il n'aura que courtoisie et douce guerre, telle qu'elle s'observe entre ceux qui sont en service. Sur ceste occasion tous mes amis d'une voix m'ont sollicité de parler, m'ont combattu de plusieurs raisons, m'ont accusé de m'abandonner moy mesme. J'ay fait force en mon esprit de plusieurs raisons contraires, qui ne se pouvoient alléguer; j'ay resisté d'autres, autant que j'ay peu honnestement; enfin je suis vaincu par un exemple de M<sup>r</sup> de Vaucelas, à qui il fust reprochable en pareil fait de ne s'estre pas presenté, et à moy donc plus raisonnablement, que l'on a destiné à mesme charge à la connoissance de tous. Or je vous diray la modération que j'y apporte, après vous avoir premierement supplié de me pardonner s'il vous semble que j'excede les limites que vous m'avés donné; mais je vous fay juge si j'ay peu moins, et eviter tout ensemble la mauvaise reputation de me vouloir departir du mettier, ou de me sentir incapable de ceste place. J'ay donc escrit à mon cousin de Vaucelas et à M<sup>rs</sup> Arnault et du Jon, les requerant de disposer monsieur de Rosny en ma faveur; que, s'il a dessein de faire tomber ceste charge à M<sup>r</sup> de Betune, je cede au respect de son nom, et le supplie de me convertir ailleurs, ce qu'il m'a fait esperer de sa bonne volonté. Mais parce que cela ne sortirait point de l'arsenal, j'escris à monsieur de Lomenie que je n'ose pas contredire à monsieur de Rosny s'il a assuré ceste place pour Bethune, que si toutesfois il voit apparence d'y esperer pour moy, il m'obligera fort de me ramentevoir à S. M. A autres en court je n'ay pas voulu escrire, afin que cest homme venant à le conoistre n'eust pas subject de s'en offenser, mesme es termes où il est avec nous, et en l'humeur qui le possede. Par deçà, je me laisse conduire à monsieur l'Ambassadeur, et ne scay encor ce qu'il me conseillera. Je seray soigneux de vous en escrire; mais pour vous en parler franchement, j'espere le fruit de ceste poursuite à la venitienne, peut estre six ans apres la sollicitation, et pour ce coup je connoy plustost necessité de s'y présenter qu'esperance d'y atteindre. Ma mère me pardonnera si je ne puis rien adjouster; je supplie Dieu de tout mon cœur pour vostre conservation, et qu'il vous donne, monsieur mon pere, en santé tres longue et tres heureuse vie.

P. de Mornay.

Ce 1er octobre 1605.

J'ay receu celles de ma mere du 7e septembre.

Je vous envoie copie des lettres de monsieur de Villebon et d'Amblise, qui pour vous n'ont que faire d'interpretation; ceste partie est rompue.

# LETTRES

## DE

# MARTHE DE MORNAY

(MADAME DE LA VILLARNOUL)

---

A son mari, 6 mars 1615. — A son mari, 3 avril 1615. — A Mme de Chalandre, dame de la duchesse de la Trémoille, 29 juin 1621. — A la duchesse de la Trémoille, 22 novembre 1622.

### MARTHE DE MORNAY A M. DE VILLARNOUL SON MARI.

Mon pauvre cœur, tu es bien honneste homme et bien dilligent. Dieu soit loué que tu te portes bien ; c'est ma joie et mon contentement. Je le loue aussy de tout mon cœur des mouvements qu'il nous donne de ressentir ses saintes benedictions sur nous. Cest ung don de luy qui produira en nous ses fruits, et sur nos enfants, et je ten supplye de tout mon cœur, pren courage et ne t'enuye point. Apres toutes ces confusions des Etats tu pourras voir plus clair a ce qui ce pourra faire, tant pour mon pere que pour toy. Je le voy contant de tes dilligences et se reposer sur ton soing en ces affaires. Dieu ty veille benir par sa bonté. Je croy que tu es tousjours soigneux d'aller au conseil, et cela à mon advis doits tu faire et veiller au rabaits des pensions, car on en

parle grandement, et sois songneux pour ce petit
estat car je trouve peu en ceste sorte mieux que
beaucoup ailleurs. Tu aurras veu ce que je t'ay
mandé de M$^r$ de Liques; nous ne laissons de vuivre
a lordinaire; il ne men a point parlé ny moy a luy,
quoy quil aye remercyé mon cousin de Luberville
de ce quil men a dit. Ce sont d'estranges amis, tant
que du mary de la femme et de luy, car c'est trois
testes en ung bonnet. J'y suis prou bien et a ce propos te prie pour leur proces de leur vin car il y est
engagé et va de plus; oblige le en cela quant M$^r$ de
Bouilly tadvertira pour M$^r$ du Maurier. Je faisois estat que ce seroit le premier payé de l'affaire de Ché-
risy quon nous faisoit prompte, mais je voy bien
que cela est bien long. Dis ce que tu pourras avec
Chaperon, et laisse et plus tost a meilleur marché, et
quils te puissent tirer de la; quant tu n'aurois fait
que cela en ton voyage, encorres seroit ce quelque
chose. Dieu te conseille en tout! Je te recommande
les Godots car cela nous importe, et les depents sur
tout, car cest ung remede qui nous servira longtemps. Je te puis assurer que ton fils se porte bien
et est unq maistre gallend qui, sy plaist à Dieu, te
donnera du plaisir. Tes grandes filles se portent
bien aussy par sa grace. Francoyse a tousjours la
fiebvure et en est bien amaigrie; elle lavoit perdue
deux acceez, mais elle la reprise et attend le zei-
ziesme; son caquet ne sen rabat point. Pour moy, je
tay mandé la verité de ma santé et ne ten ay rien
rien celé affin que tu te fies en moy. Sois donc en
repos et que cela ne te debauche, car je tassure que,
Dieu mercy, je me porte bien; et commence a moy

mesme de me resoudre a faire mes couches ycy, a cause de Mr Dissoudeau dont je gouste fort les advis et qui ma secourue a temps, Dieu mercy, quoy que jeusse au commencement neglige mon mal, lequel me prit le lendemain que je sceus la mort de ma pauvre sœur de Rouvroy; tellement que je donnois mon mal a laffliction; en suitte de quoy la maladie de mon fils me continua ceste creance; mais mon pere me pressa à temps. Jay esté saignée trois fois, la derniere le sang tres beau, qui a remis Mr Dissoudeau qui auparavant avoit peur d'un renouvellement de mon ancien mal. Je nen ay point gardé le lit ny eu de fiebvure, et maintenant je suis fort honneste famme, Dieu mercy. Croy moy donc et ne sois en aucune peine de moy, et nous viens voir, non pour peu de jours mais pour des moys, affin que nous puissions nous resjouir et louer Dieu ensemble. Pour cest effet donne toy patience jusques a ce que les estats soyent dressés, nostre assemblée designée et le voyage résollu ou retardé. Nous croyons que dans Paques tout cela doit estre, et te presche patience jusques a ce temps, et Dieu veille benir tes labeurs. Ycy tout est à l'accoutumée, l'affaire du capitaine la Roche sur tout. Je suis bien ayse que tu n'en ayes point escrit; Dieu t'a bien conseillé et je voy que mon pere la bien pris. Tu as maintenant ton pauvre frère de Rouvroy qui me fait grand pitié; Dieu le consolle. Je m'assure que ta compagnie luy servira; je lui escripray par le premier, et lui en donneray les meditations de mon pere, parce que celle qu'il me demande est imprimée avec les auttres. Envoye nous unq exemplaire au moings de *Petrus*, car mon pere n'en a que son brouillard. Tu auras par le prochain la lettre de fevrier; quant aux greffes, le temps estoit tel que tous les auteurs ont dit qu'elles ne valloient rien du tout par ce temps; mais au temps de la lune propre je t'en feray cueillir et de bon lieu. Mon pere escrit au comte de Tonnerre, envoye luy la lettre et luy escrit. Mande nous la responce de M$^r$ de la Tremouille pour ton nepveu de Bussieres. Bonjour, c'est asses causer; je tembrasse auttant que je puis et prie Dieu de tout mon cœur quil te garde, conserve, conseille et benie en tout et par tout, et qu'il nous rassemble bien tost et heureusement pour le servir ensemble le reste de nos jours avec nos enfants. Dis a ton frere la bouttade de M$^r$ de Liques, et m'envoye des espingues, des lacets de fillet blanc et des esguilles à canevas et d'auttres grosses a coudre et deux garnitures de nœufs pour les filles. Bonjour, Dieu soit ta garde et conduite, c'est

  Vostre tres humble, fidelle et pour jamais obeissante,

    Marthe de Mornay.

A M$^r$ de Mayerne pour des lunettes pour mon pere.

A Saumur, ce 6$^e$ Mars 1615.

### MARTHE DE MORNAY A SON MARI.

Mon pauvre cœur, je ne say plus que te dire sinon, grace à Dieu, toujours une mesme chanson qui est que nous nous portons tous bien, ton fils vray soldat que j'ay grand peur qui aymera mieux l'espée que les livres; quant au cadet, il guanbade fort et ne m'incommode pas à beaucoup pres tant que le pauvre petit dernier, Dieu nous en donne joye et contentement par sa bonté et nous donne à tous la grace d'estre gens de bien ! Tu me contentes de m'escripre que tu croyes ton sejour de là t'avoir esté utile; Dieu sera toujours nostre conduite et pourvoyera a noz necessités à temps; invoquons le seulement nous remettantz a luy et nous donnant a son service; cest le plus beau travail que nous puissions faire pour noz enfants. Je suis en peine de ce que tu parles de te purger et arracher ta dent; cela me fait croire que tu nes pas trop bien de ta santé; je te prie d'y penser comme a ce qui m'est le plus cher, et auttant que tu maymes et tes petits sans rien negliger, et te fais ung peu beau garson; je te promey que je nen seray point jalouse; mon pere est contant de toy, mais il croit que tu ne partiras pas encorres sy tost de Paris, et ainsy je ne te verray pas à Pâques. J'ay grand peur que tu me remettes bien à la Pentecost; il me samble que jeudy nous doit bien apporter des nouvelles, et que la court de parlement embrasera sy on ne l'appaise, car ces mouches la s'appaisent comme les aultres par leur interest particullier. Je m'asseure que tu auras veu ton bon amy monsieur de Montigny pour jouir de son esloquence en sa colerre; je ne m'estonne ny ne me soucie guerres des mauvais discours de ce barbare; mon pere luy a escrit, à ce quil me dit, encorres hyer au soir, par conseil et non de son mouvement. Dieu nous gardera de ses pattes; mais que Saullay soit venu taxer les depents qu'avons contre luy et poursuyvre vivement nostre affaire. Du reste passe; s'il n'a la vollonté de nous faire du bien, il n'a pas, Dieu mercy, le pouvoir de nous faire du mal; accorde avec ces auttres gens sil y a moyen au monde, et n'oublions rien au fait des Godots. Tu aurras veu ces Mess$^{rs}$ d'icy qui ont charge de s'adresser a toy; il me tarde que nous ayons sceu ce que tu y aurras fait; ne machepte rien ny pour ton peuple, sy ce nest quelque lenternerie pour faire jouer tes enfants et des pirouettes; autrement je te rechingnerois; je suis en peine que ta petite haquenée ne fut de retour quant tu m'escrits, et m'estonne que tu ayes baillé a Saullay ton Courbault, nen ayent point d'auttre; cest estre liberal de ta peine; mande moy quant je t'envoyeray les tiens car il m'enuye de te savoir a pied. Nous aurons la semaine d'apres Paques ma sœur de Fontenay; dit le a son mary qui est le paresseux des paresseux; escrits chez nous et leur ramentoy tousjours leur debvoir, et m'en mande des nouvelles quant tu en aurras et de toute la fraternité. Je n'escrits point a ton frere parce que je juge bien quil est bien empesché. Voy tous tes amys, n'oublie a M$^r$ de Luynes a cause de Amboyse et de sa femme; je te recommande M$^r$ Boulleval; escrits en Espagne. Bon jour mon pauvre cœur; je t'embrasse auttant que je puis et prie Dieu de tout mon cœur qu'il te garde, conserve, conseille et benie en tout et par tout, et qu'il nous rassemble bien tost et heureusement pour le servir le reste de nos jours ensemble avec nos enfants ; cest

 Vostre tres humble fidelle et pour jamais obeissante,

   Marthe de Mornay.

A Saumur, ce 3ᵉ de avril 1615.

Faits mes excuses a nostre voisinage; je suis bien ayse que Mʳ de Liques vive a l'accoutumée; ce sont boutades qui nous doivent servir a connoistre l'homme; je luy escrits ung mot par ce quil m'escrivits de Tours. Sy tu peux faire quelque chose pour toy, n'en perds le temps; toutes ces incertitudes et mescontentements en pourront peut estre faire naistre l'ocasion; que tu pourras pour toy ne l'employe pour autre. J'embrasse ton pauvre frere et le prie de te conseiller et toy aussy de prendre son advis; Dieu soit ton conseil et adresse et ta garde.

---

**MARTHE DE MORNAY A MADAME DE CHALANDRE.**

Madame ma cousine, je dits à madame de la Trimoille que j'avois fait mettre ches M. de Haumont, advocat du Roy a Saumur, son coffre qu'elle avoit au chateau dudit Saumur, lorsque j'eus l'honneur de la voir à Touars. Je suis bien marie de son indisposition ; mais je croy qu'une bonne paix la gueriroit et nous tous de beaucoup de maux ; mon pere luy escrit ce qu'il scait de nouvelles ; je trouve que nostre petit messager (ne?) scait s'adresser en bonne maison pour ces adresses. Jen suis honteuse pour luy ; je vous supplye me voulloir tant obliger que d'assurer Mesdames et Mademoyselle que je suis leur tres humble servante ; croyes moy aussy, sy vous plaist

Vostre tres humble,
Marthe de Mornay.

A la Forest, ce 29ᵉ juing 1621.

---

## MARTHE DE MORNAY A LA DUCHESSE DE LA TRÉMOILLE.

Madame, j'ay tousjours plustost desiré vous servir que vous importuner, et cependant j'ay esté sy malheureuse que de n'avoir peu l'un et estre reduite à l'auttre, et en ung temps qu'a peine j'ose esperer que vous sachiez qui je suis et en estat si pitoiable que mes services ne vous le peuvent ramentevoir ; cest pourquoy, Madame, je suis obligée de vous enuyer de l'estat miserable de nostre vielesse de mon mary et de moy, affin de trouver en vostre compassion charitable ce que je ne puis esperer dailleurs. Je vous diray donc, Madame, qu'il y a quinze moys que Monsieur de Villarnoul est attaqué d'une paralesie en la moitié du corps, quon luy avoit ordonné des baings dont il esperoit du soulagement, et aussy tost apres se rendre a la Forest pour vous aller rendre son denonbrement. Ce remede n'a pas reussy et les medecins le trouvent sans remede sy ce met en chemin l'hiver; de moy je suis accablée de la pierre et ne puis faire ce voyage en ce temps sans danger de donner ung rachapt à vos fermiers; je vous supplye donc tres humblement, Madame, de m'espargner en la santé de mon mary, et pour moy me laisser couller ma vie jusques au printemps, et commander a Messieurs vos officiers ce quil vous plaira d'en ordonner, affin qu'en tous cas nous tachions de satifaire à vos commandements. Ce miserable subjet me sera adventageux sy me sert a vous faire resouvenir que je suis, devant vostre naissance et la mienne, vostre tres humble servante, et que moy ny les miens ne pouvons jamais estre auttres; c'est la protestation que vous fait Madame,

  Vostre tres humble servante,
       Marthe de Mornay.

 Auvau, ce 22ᵉ novembre 1622.

# LETTRES

DE

# MADAME DE FONTENAY

(ÉLISABETH DE MORNAY)

A son père, 30 octobre 1620. — A la duchesse de la Trémoille, 16 mars 1622.

### MADAME DE FONTENAY A SON PÈRE.

Monsieur mon pere vous nous faites trop d'honneur à Mʳ de Fontenay et a moy d'avoir tent de soin de nos enfants; Dieu leur face la grace de pouvoir faire profit de cest honneur la; mon mari ne craint sy non que Jacques n'aye pas encorre le jugement asse formé pour faire profit de ce qu'il verra; cependant nous convenons bien que ce luy sera un grand avancement, et que cela le fasonnera et l'enpechera d'estre neuf venant à Paris, et dailleurs que vos recommendations vallent tout, partout, et specialement en pays estrange où vostre vertu est plus honoré qu'aux lieux où elle est enviée. Dieu nous donne que tous nos autres enfans puisent jouyr du mesmes avantage et nous le veille conserver long temps ! Mon mari vous escrit plus sur ce sujet; mes je trouve encorre Jasques si jeune pour ces desirs la que je n'en dits mot. Sy Dieu m'eut conservé mon pauvre fils, cela eut esté plutost de son age. Je croy que vous aures sceu du messager de Rouen que la peste y a repris et y est violente; sy vous aves agreable de nous faire cest honneur que Jaques passe par ycy, cela ne le retardera que de fort peu ; il ny a que douze ou quinze lieux a faire de plus ; synon que vous jugeres que cela incommodat a cause que la saison presse; nous remetons le tout a ce qu'il vous plaira et luy donnerons nostre benediction loin et pres; mes je vous supplie tres humblement de luy faire cest honneur de luy donner la vostre qui a esté sy heureuse a son ayné, et Dieu le veille benir de mesme en le me conservant plus lon temps; je vous supplis aucy de nous faire cest honneur *d'en escrire avec voste affection ordinaire* a M^r Daille lequel la toujours ayme, et je serai fort aise qu'il aye ceste conduite, l'estimant fort capable aupres de la jeunesse ; et puis que vous me faites cest honneur davoir agreable que j'y mest quelqun pres de luy pour le servir, *je ne menqueray de renvoyer* des Rusteaux avec les petite hardes de linge qu'il luy faut; tout mon souhayt cest qu'il vous donne contentement; j'en auray toujours assez quand cela sera; Dieu veille me faire la grace de rendre sy bien le devoir que je vous dois et l'obeissance que vous ayés sujet d'honnorer tous mes enfans de vostre amitie, et leur face la grace de ne sens rendre point indignes ! Dieu vous concerve lontemps, aucmente vostre santé et nous en donne toujours de bonnes nouvelles ! Vous me commendiés par vostre presedente de vous mander sy la petite Elisabeth s'avancoit a parler; elle cause assez mes toujours fort mal; le petit parle mieux, mes fort Norman. Ils sont a present tous en santé, sy non quelque reste de rume; ma niece de Villarnoul en a eu un peu mes sans garder le lit; elle a fait quelque petite promenades ycy autour, mes non en lieu ou il fut besoin de plus de soin; j'ay taché a luy faire un peu passer le temps. Tout va fort bien à Lile, grace a Dieu; il ne leur reste qun enfant que Dieu leur donnera bien tost si luy plait. Nous avons du mauvais air a Vire; mes rien, graces a Dieu, en ceste conté où on se prend garde; jespere que Dieu nous en precervera tout aquite, et la pauvre Madame de Coulonse qui dernierement me fit prier de vous faire ses tres humbles baise mains. Je ne vous puis rien ajouter sy non supplie Dieu qu'il nous donne de vous revoir en bonne santé et qu'il nous donne d'afermir en telle sorte la paix que nous puissions avoir cest honneur de vous voir ycy; mes je souhoyte plus cela que je ne l'atend. On a fait coure ycy le bruit que les troupes du Roy n'avoit pas eu du bon en Bearn; mes par celle que vous nous aves fait l'honneur de nous escrire nous y voyons le contraire. Dieu veille avoir soin de son Eglise. Je vous baise tres humblement les mains et prie Dieu qu'il me face la grace destre toute ma vie, Monsieur mon pere, votre tres humble et tres obeissante fille à jamais

Elisabeth de Mornay.

Ce 30° octobre 1820.

Monsieur mon pere, je vous supplie tres humblement, sy cela ne destourne point trop le voyage de Jaques, d'avoir agreable qu'il passe ycy.

### MADAME DE FONTENAY A SON PÈRE.

Monsieur mon pere, jay plus tardé que je ne pensois a envoyer scavoir des nouvelles de vostre santé, croyant de jour en jour faire partir des Rusteaux ; cependant nous sommes en peine sur tous les bruits qui coure touchant lasemblée de la Rochelle ; Dieu par sa bonté veille pourvoir a toute ses confustion que les gens de bien aprehendent, et vous veille conserver longuement et pour le publiq et pour le particullier ! On parle ycy que le Roy a fait de grand changements en Bearn ; mais nous n'en scavons point les particuliarites et esperons que vous nous feres cest honneur de les nous aprandre. On nous assure le Roy à Paris ; pour nouvelles de ce pays nous ne scavons que la peste de tous costés a Rouen, extreme, comme les mesagers ordinaires vous auront peu dire a Caen, S<sup>t</sup> Lot et Bayeux, tres grande a Vire. Tout aquité, grace a Dieu, nous en sommes encore exent en ce canton ; quelque uns ont eu des craintes, mes ce na esté autre chose ; nous sommes tous seans en bonne santé graces a Dieu ; mes demain ma niece de Villarnoul nous veut quiter pour aller retrouver ma niece de Lile ; elle craint fort que ma seur de Villarnoul trouve mauvais le sejour quele a fait ysy ; je n'eusse pas entrepris de la luy arester sy je neuse esté bien asseurée que ma niece de Lile ne recevoit point d'incommodité ; et puis elle a esté malade des dens ; jay regret que son sejour na esté ysy pour plus de temps pourveu que ma seur leut eu agreable. Il nous ennuye extremement que nous ne sommes certains de vostre bonne santé pour laquele nous prions Dieu de toute nostre affection, et qu'il nous face la grace que nos enfans se face capables de bonne chose pour vous estre encorre plus agreables. J'aprehende fort que Jacques ne soit point encorre asse mur pour faire valoir ce voyage ; et relisant la lettre que vous me faites l'honneur de mescrire où vous me mandes quil commence à bien employer le temps pres de vous, j'ay regret quil sen retire ; et cependant laffection que jaurois de le voir voyager sous vostre faveur, avec les mesmes graces quavoit son frere, me donne ces desirs ; lesquels cependant, Monsieur mon pere, nous remesterons a vostre volonté pour en faire comme vous jugeres bon, scachant que vous scaves mieux ce qu'il luy est propre que moy, et que connoisses mieux ce qui est de la portee de son esprit. Il ma escrit scachant bien l'honneur que vous luy feries de le vouloir envoyer voyager, et comme, pour luy preparer, vous aviés commende a M$^r$ Solinoy de le faire monter a cheval. Tout mon souhayt au monde, cest quil soit tous asse honnete gens pour vous donner contentement, et je nay rien plus affectionne que cela que je demande a Dieu de tout mon cœur, vous suppliant tres humblement, sil seloigne de vous, qu'il aye vostre benediction afin que son voyage lui soit heureux et quil la recoive de Dieu. Il me tarde extremement que je nay l'honneur de vous voir et de vous mener mon petit ; se sera, s'il plait à Dieu, a se renouveau ; il commence a le demander, mes cest un rusteau qui n'a rien d'aresté ; je nen avois point eu de si bisare. Au surplus, Monsieur mon pere, M$^r$ Bourget pasteur mest venu voir ceste sepmaine pour me prier de vous faire une tres humble supplication pour luy; c'est qun gentilhomme de pres de Vire depuis quelque temps luy a suscité quelques ennemis dans la paroyse où il se tien, en hayne de sa profession, qui luy ont voulu disputer la noblesse; la verité est que depuis un temps inmemorial il ny a personne qui puisse avoir a leur en rien dire et en ont toujours été; mes en un brulement qui c'est fait à Tinchebray il ont perdu leur tistre, ce quil preuve; cependant, dautant que quelques uns des leur, se trouvant necessiteux, ont fait autre profession, on leur mest cela a sceu; il ma prie de vous demander des lettres de faveur a la chanbre des aydes de Rouen sy vous y avies quelque connaissance, en cas que son proces allast jusques la; car il dit que ce que l'on lataque cest sur ce que lon ne luy croy pas avoir asse de faveur pour y estre porté; il ne ma sceu nomer personne en ceste chenbre la, et nous, qui ny avons jamais eu dafaire, ny avons point de connoissance; il ma requis de vous supplier dune lettre de recommendation a Monseigneur l'Evesque de Rouen car il croit que cela luy feroit tout, et qu'il ne vous deniroit point sa faveur encorre qu'il soit ministre; et que, mesme pour vous obliger, il sy porteroit avec plus daffection; M$^r$ Bourget est un tres bon homme qui nentreprant pas cela par vanité, mes dautant qu'il a des nepveux aux quels cela nuiroit fort, et quil croit que cest pour desnigrer sa voucation. Je vous supplie tres humblement, sy vous me faites cest honneur, de macorder ces lettres pour luy, que je les aye sans date et pour servir comme au mois de jenvier, et ouvertes afin quil les puisse voir. Ce pauvre homme est fort affligé de son proces; sy vous navés point eu de froidure avec Mr de Bourgueil, une lettre de luy a Mr de Rouen serviroit fort, car il on esté nouris aux escoles ensemble. Pardonnes moy, Monsieur mon pere, sy avec toute les inportunités que vous receves de nostre particulier j'ose vous importuner pour nos amis; mes ce bon homme nous visite et assiste. Je vous supplie aucy tres humblement pour Mr du Bois de luy vouloir continuer vostre faveur vers Mr de Luçon duquel il aura besoin, et Mr Bouteiller et Mr le president de Blameny (Blancménil). Sil vous plait de nous faire cest honneur d'envoyer à Paris, a Mr Marbaut, des lettres, Mr du Bois y sera dens douse jours ou quinse au plus tart, avec les informations qui ont esté demandé; depuis dautres son alles pour la mesme chose contre, tellement quil envoya hier pour ce soint a Paris, et jescrivis a Mr Bouteiller pour luy ramentevoir comme vous luy en aviés escrit, et le suppliant avec force honnetetes de sens souvenir. Nous avons ycy a diné Mr de Courtenay et Mr D'Isigny pour une brouillerie qua eu Mr D'Isigny avec Mr le comte de Recu, où Mr de Montclaire est arbitre du conte de Recu et Mr de Coustel de Mr d'Isigny. Mr de Haye Minart est celuy qui les porte a la cort; mon frere de Tourneville est celuy qui a fait lapel, et selon le jugement de tous s'en est bien aquité; jespere que cela sera demain remis; nous navons aucune nouvelle certaine. Dieu nous en donne de vous qui soit bonnes par sa bonté, et nous donne de nous bien aquiter de nostre devoir, et que jamais nous nen puissions decliner. Je nay rien apris de Diepe, et personne ne ma sceu dire sy la peste y est; je croy que les mesagers ordinaires de Rouen vous auront informe de tout. Je vous baise tres humblement les mains et supplie Dieu qu'il vous conserve lon temps en santé, benisse les remedes don vous uses et me face la grace de vous y retrouver et destre toute ma vie, Monsieur mon pere, votre tres humble et tres obeissante fille à jamais,

Elisabeth de Mornay.

A Fontenay ce 15ᵉ novembre 1620.

Mon mari vous supplie de l'excucser s'il ne vous escrit; il vous baise tres humblement les mains.

---

### MADAME DE FONTENAY A LA DUCHESSE DE LA TRÉMOILLE

Madame je vous supplie tres humblement de me pardonner sy en ce miserable temps ou plusieurs chose de toute autre consequence travaille l'esprit, jose vous inportuner dune ruyne arivee à Mʳ Jean; apres ces pluys, grele deau et gelee qui par le chengements de temps ont fait tomber toute les murailles du moulin et en la visite qui y a esté faite, regardant a tout exacquetement, on a trouvé tout le bois du dit moulin; qui ne sapercevoit devant estent partie couvert, tout pouri, et cela de longue main; qui me fait, Madame, vous supplier tres humblement de vouloir faire cest honneur a monsieur de Fontenay den escrire a Mes^rs vos officiers de Laval; on cestoit adressé a eux et les choses étoit en quelque train; mais cela c'est diferé par lavis dun que lon vous poura dire, avec quelques autres affaires et moyens quil a cherches, voulant, Madame, aporter tous ces petits enpechement pour desgouter M^r de Fontenay; et a present il le veut assujectir a toute ces reparations, a quoy aucun sy devant na été; et ce dauten que par le passé, quand il y falloit quelque peu de chose, pour esviter de vous importuner, nous avons toujours mieux ayme y satisfaire. Mais, Madame, je m'asseure que ce que nous avons fait par ce respect, vous ne le feres pas tourner en conséquence a M^r de Fontenay; je vous supplis tres humblement de faire cest honneur a mon mari den escrire vostre intention; le moulin, Madame, est tout le meilleur de la capitainerie qui choment pour ces sujet, et aute ce qui ayde un peu à M^r de Fontenay a vous garder vostre chateau; car je croy, Madame, que vous juges bien que, sy M^r de Fontenay ny avoit enploye depuis quelques années que ce quil luy en vient, mal aysement lauroit il peu conserver; mais ce n'est pas ycy mon desain de vous importuner la desus; j'espere que M^r vostre fils naura point d'occation de se plaindre du service de M^r de Fontenay, et que ceste place luy sera conserve avec toute la fidellite quil doit. Mes je vous supplie tres humblement, Madame, de me faire cest honneur de ne remettre point ceste affaire a monsieur votre fils, car la chose seroit pour tirer de longue et elle presse; et Madame, par la grace de Dieu, vostre souvenir s'estend plus loin et vous nestes point personne sujette a desaveu; je m'ose promettre que vous me feres cest honneur de considerer que ceste demende est raisonnable, et de mettre les personne et leur affection tres entiere a vous rendre tres humble service en quelque considération. Ceux qui ont quelque envie a mon Jean ne l'avoit pas a mesme desain que M$^r$ de Fontenay; et quelque mal que les catoliques veulent aceux de nostre profession, sy est-ce que je massure qu'ils seront contrin par la verite de sen louer; et croy Madame, que vous n'en avez point eu de plainte. Je vous supplie de me pardonner ce discours et de me permettre de vous baiser tres humblement les mains en calité, Madame, apres avoir supplie Dieu quil vous concerve et donne toutes sortes de contentement, de vostre tres humble et tres affectionnee servante

Elisabeth de Mornay.

# MÉMOIRE ET LETTRES

DE

# MADAME DU PLESSIS-MORNAY

A l'occasion de la querelle que lui suscitèrent, en 1584,
quelques pasteurs réformés de Montauban
et le consistoire de cette ville, sur l'arrangement de ses cheveux
et toute sa coiffure qu'ils trouvaient trop mondaine.

---

## I

## AVERTISSEMENT DE L'ÉDITEUR

On lit dans le tome I des *Mémoires* de madame de Mornay[1] :

« Vers le commencement de l'an 1584, le roy de Navarre eut divers avis des remuements du roy d'Hespagne et du duc de Savoye, par le moïen de la maison de Lorraine en France..... Les dits remuements, le temps qui approchoit de la rendition des villes de seureté, l'esprit de monseigneur d'Alençon desireux de nouveauté, et telles autres causes faisoyent croire à M. Duplessis que la France ne pouvoit demeurer longtemps en paix. Tellement qu'avec

---

1. Pages 147-151.

ce qu'il desiroit qu'autant que la misère du siècle le porteroit, nous passissions notre vie ensemble, il résolut de me faire venir en Gascoigne, et disposasmes nos affaires au mieux que nous peusmes pour le suivre au plustost que je pourroy. Il voulut aussi que je menasse nomméement mon filz afin qu'il ne perdist son temps, et qu'il fust hors de la prise des ennemis, lequel je n'euz pas peu de pene d'arracher des mains de madamoiselle de Buhy sa grand mère. Je n'avoy jamais appréhendé de le suivre (M. Duplessis-Mornay) en Angleterre, en Flandres et partout ailleurs; mais la Gascoigne me faisoit horreur, et eusses presque volontiers tiré arrière parceque une vision, que j'avoy eu il y avoit plus de dix ans et plus de deux devant que fussions mariez, me revenoit tousjours au songe[1], que le royaume seroit divisé, et que, pour me sauver de cest esclandre, je me retireroy en Gascoigne, chose à quoy je n'avoy jamais eu subject de penser. Je partis donq avec nostre petit train, et en chemin sceumes la mort de feu monseigneur le duc d'Alençon[2]; et estant à Ste-Foy, monsieur Du Plessis m'y vint recueillir et me mena à Montauban où il choisit ma résidence plus ordinaire; joinct qu'en ce mesme temps s'y devoit tenir une assemblée générale des Eglizes de France, avec le consentement du Roy, pour adviser à ce qui estoit de l'establissement de la paix et à ce qui se devroit respondre au Roy, demandant les villes de seureté (dont le terme estoit expiré) par la bouche de monsieur de Bellièvre, conseiller d'État de S. M. »

1. A l'esprit.
2. Le 10 juin 1584, il n'avait que trente ans.

Cette assemblée se tint en effet à Montauban, et elle adressa au Roi Henri III, le 7 septembre 1584, une longue remontrance contenant l'exposé de ses griefs et de ses demandes au nom et dans l'intérêt des Églises réformées de France. Trente neuf personnages considérables, le roi de Navarre en tête, signèrent ce document que le comte de Laval et M. Duplessis-Mornay furent chargés de présenter à Henri III qui donna satisfaction aux réformés sur plusieurs points, notamment en leur assurant, pour deux ans encore, le maintien des places de sureté qu'ils possédoient [1].

Ce fut pendant la durée de cette assemblée générale des réformés à Montauban que le consistoire de cette ville, excité surtout par l'un de ses pasteurs, Michel Bérault, censura la coiffure, les cheveux ajoutés et les longues boucles de Mad$^e$ de Mornay, et que M. Bérault refusa, par ce motif, de l'admettre à la Sainte-Cène. Mad$^e$ de Mornay écrivit alors, pour sa justification, le mémoire suivant qui contient le récit détaillé de cet incident avec l'exposé de sa foi, et elle l'adressa, ainsi que les deux lettres qui y sont jointes, au colloque réformé réuni à Bruniquel, petite ville voisine de Montauban, et probablement aussi au consistoire de cette ville.

M. Mary-Lafon, qui a publié sur l'histoire du midi de la France et spécialement de la ville de Montauban, tant de savants et intéressants travaux, a bien voulu faire, sur ma demande, des recherches dans les archives municipales et ecclésiastiques de Mon-

---

1. *Mémoires et correspondance de Duplessis-Mornay*, t. II, p. 606-679.

tauban, et il en a tiré les pièces suivantes qui donnent, sur le caractère et l'attitude du pasteur Michel Bérault à Montauban et l'état des esprits dans cette ville au xvie siècle, des renseignements très-propres à expliquer la querelle relative aux cheveux de Mad[e] de Mornay, et les futiles et tyranniques tracasseries qu'avoient souvent à essuyer, de la part de divers réformés, les plus considérables et les plus dévoués comme les plus vertueux défenseurs de l'Église réformée de France.

On lit, dans une lettre manuscrite datée de Montauban le 20 novembre 1657, et adressée à tous les fidèles des églises réformées de France par Joseph Arbussy, ministre du Saint Évangile :

« On prétend que je suis aymé des grands, et que
« cela rend ma conduite suspecte. Ainsi donc devoit
« estre suspect Michel Bérault, mon ayeul, qui fut
« tant aymé d'Henry le Grand et qui éleva par cette
« faveur les plus belles académies que nous ayons en
« France, celles de Montauban et de Saumur. J'ad-
« voue que, si je suis un ange de ténèbres déguisé,
« les cendres de mes généreux ancêtres s'élèveront
« contre moy et les sépulchres de Mrs de Béraut,
« dont la vie et la mort ont esté de si bonne odeur
« parmy nos églises, parleront et me condamneront. »

Cet éloge fut vertement relevé dans une réponse adressée à M. Joseph Arbussy, le 15 avril 1658, et qui porte :

« Vous croyez sans doute qu'on devoit avoir plus
« de respect pour un homme qui peut compter
« parmy ses ancêtres messieurs de Béraut dont la vie

« et la mort ont esté de si bonne odeur parmy nos
« Eglises. Mais ne craignez vous pas qu'on vous dise
« que Michel Béraut avoit ses vices comme ses ver-
« tus? Si je voulois raconter les démélez qu'il eut
« avec M. Constans son collègue, personnage d'un
« savoir éminent et d'une piété singulière, si je vou-
« lois décrire les diverses querelles qu'il fit à M. Be-
« noit, un de ses autres collègues, et si je disois
« qu'elles éclatèrent de telle sorte que le Synode fut
« contraint de le tirer de l'Église de Montauban pour
« l'envoyer à Monbeton, je ferois voir qu'il n'étoit
« guère moins violent ni guère moins ambitieux que
« vous.

« Je pourrois dire encore que Pierre Béraut, fils de
« Michel, fut sur le point d'entendre prononcer sa
« déposition au synode national tenu à Charenton
« en 1634...... »

Les archives municipales de Montauban (*Registre du conseil des* 30; séance du 1$^{er}$ juin 1586) contiennent les détails suivants :

« Lesdits consuls ont remonstré, par le moyen dudit M. Constans docteur, que mercredy dernier en consistoire, M. Béraud, ministre de la parole de Dieu, en présence de deux autres ministres n'estans de ceste Eglise, se plaignist d'ingratitude contre ladite Eglise de ceste dite ville, disant qu'on ne le payoit point de ce qui lui estoit dû pour ses gaiges, et print congé pour s'en aller ailleurs. Auquel ceux dudit consistoire offrirent le payer et luy présentèrent le payement, et toutes fois il ne se contenta pas de cela disant qu'il s'en voloit aler de ceste ville et qu'il avoit promis par lettre à quelque aultre Eglise. Despuis, ayant esté appelé au conseil du roy de Navarre qu'est en ceste ville, feust prié de demourer attendu la nécessité du temps et les scandales qu'il donneroit à ceste Eglise s'il s'en aloit; sur lequel nous dudit conseil ne peurent rien gaigner. Et après ledit sieur consul Constans luy en parla particulièrement, et le pria de n'abandonner point ceste dite Eglise où il estoit bien vouleu de tous, et que print payement de tout ce qui lui estoit dû pour le passé, et que pour l'advenir on pourvoyroit de le faire bien payer. Demandant avis si on doit mander venir ici ledit M. Béraud ministre pour le prier de continuer l'exercice de son ministère en ceste ville, ou si on doibt députer quelques uns de ce conseil pour l'aler trouver.

On nomme une députation « pour l'aler trouver et le prier de n'abandonner point le troupeau que Dieu luy a mis en main pour luy donner la pasture spirituelle et l'exercice de son saint ministère, usant de bonnes et saintes admonitions et remontrances, et au cas où ne vouldra demourer et persistera s'en vouloir aler, lesdits députés persisteront contre luy, *avec acte* qui sera retenu par personnes publiques, de ce qu'ils ouïront, verront, et d'en avoir recours où il appartiendra. »

Michel Béraud partit, resta une année absent, et ne rentra que lorsqu'on lui eut payé l'arriéré de ses *gaiges* et l'intérêt de cet arriéré.

En cette même année 1586 Duplessis Mornay eut occasion de manifester plusieurs fois son mécontentement envers les Montalbanais : Le mardi 8 juillet, il leur disait à propos de fortifications auxquelles on ne travaillait pas : « Estre surprins sans estre adverti « est une chose humaine; mais estre surprins après « avoir esté adverti est une chose bestiale. » Et le jeudi 24 août : « En ceste ville il n'y a pas de res- « pect en l'endroit du gouverneur qui scroit à dési- « rer, mesme en l'endroit du roy de Navarre; et à « l'advenir faut monstrer plus de respect à Sa Ma- « jesté et à ses officiers et serviteurs qu'on ne l'a « faict jusqu'ici. Il n'existe pas en France d'aultre ville « où il y ait plus de désordres. »

(*Registres et comptes consulaires* de 1584 à 1586).

# II

## MÉMOIRE

### RÉDIGÉ PAR MADAME DE MORNAY

Sur l'incident survenu entre elle et le consistoire de Montauban
au sujet de sa coiffure.

---

Madamoyselle du Plessis partit le 2ᵉ juing 1584 pour venir trouver Monsieur du Plessis qui, pour la charge qu'il a, en la maison du Roy de Navarre, de superintendant, malaisement se peult esloigner de son maître. Monsieur du Plessis ayant sceu son arrivée à Sainte-Foy l'y vint trouver, et voyant que le Roy de Navarre n'avoit encore résolu du lieu où il feroit sa principale demeure, et d'aultre part qu'il y avoit permission du Roy pour faire assembler les députez des Églises au 20ᵉ d'aoust, où le Roy de Navarre et toute la compagnie des Églises se debvoit trouver à Montauban, Monsieur du Plessis se delibera d'y faire acheminer sa famille, affin de donner ce contentement à sa femme d'estre pres de luy durant la dite assemblée : et puis, selon le lieu où le Roy de Navarre se resouldroit de passer son hyver, l'y faire acheminer. Après que Monsieur du Plessis eust conduit sa famille à Montauban il alla trouver le Roy de Navarre à Palmiers. Madamoyselle du

Plessis ne changea au dit Montauban, et n'a changé depuis, de façon de faire, de vivre, d'habillement, ny de coiffure, non plus qu'elle a faict depuis quinze ans qu'elle a eu cest heur de s'estre trouvée et tenue en plusieurs grandes et belles Églises de la chrestienté, comme à Sedan, Allemaigne, Angleterre, Pays bas, et celles de la France; et toutesfois (A Dieu en soit gloire) plusieurs gens de bien peuvent tesmoigner en quelle modestie elle s'est conduite et gouvernée. Monsieur du Plessis revint au dit Montauban lors que le Roy de Navarre s'y achemina, et y avoit plusieurs deputez de la plupart des Églises de France qui peuvent temoigner si, en ses habits ou façons, il y avoit quelque marque de vanité ou scandale. Durant que Monsieur Duplessis a fait séjour au dit lieu il a prié quelquefois Monsieur Berault de le venir veoir et boire et manger avec luy, qui luy estoit assez de subject, en devisant avec luy, de luy faire entendre le schisme de ceste Église; mais procedant de luy et de sa teste il n'y vouloit aussi cercher remede. Cependant Madamoyselle du Plessis, voyant quelques familles tres modestes en ceste ville estre retranchées de la Cène, les unes encores que leurs femmes ny filles ne portassent cheveux, toutesfois pour s'estre opposées au rapport de Monsieur Berault qui faisoit entendre l'arrest du synode austrement que l'on ne faisoit aux autres Églises, quelques unes aussi pour ne vouloir faire un serment que l'on requeroit d'elles, qu'elles ny leurs filles ne porteroyent jamais leurs cheveux ou fil d'arichal dedans, estoyent publiquement criées à l'Église et retranchées de la Cène, dont s'estoit cuidé ensuyvre un tumulte et sédition en la ville, et ce qui estoit grandement scandaleux. Cela faisoit qu'elle desiroit grandement de faire savoir, cependant que Monsieur du Plessis y estoit, comment elle se debvoit coiffer, qui fut cause que la Cène approchant et que, selon la coustume de Montauban, Monsieur Berault estoit venu en leur logis chez Madamoyselle de Bonencontre leur hostesse, environ dix jours devant la Cène, pour bailler des mereaux à la dixaine du quartier, elle fut cause que Monsieur du Plessis s'adressa à Monsieur Berault pour avoir des mereaux pour la famille, et lui envoya escripts de sa main les noms de tous ceux de la famille qui faisoyent la Sainte Cène : ce qu'elle n'eust pourchassé sy elle n'eust voulu s'assubjectir à la discipline qu'ils veulent faire rescevoir en l'Église de Montauban, dont elle estoit prou advertie, et eust bien peu, sans que Monsieur Berault luy eust appris, s'adresser au ministre de la Court ; mais elle desiroit leur donner toute édification et contentement. Comme Monsieur du Plessis eust donc envoyé un des siens avec memoyre de ceux qui faisoyent la Cène en sa famille, pour le prier de luy envoyer des mereaux pour tous, Monsieur Berault fit response qu'il avoit assez à faire de respondre de son trouppeau sans se charger davantaige ; ainsi sans dire aultre raison, ny sans venir trouver Monsieur du Plessis qui estoit au mesme logis, et n'y avoit qu'une gallerie à traverser entre la salle où estoit Monsieur Berault et la chambre où estoit M. Duplessis, où il luy eust peu declarer quel subject il avoit de faire ceste response si brusque, ou ce qu'il requeroit de sa famille, dont il eust rescust contentement qu'il eust peu desirer, s'en alla en ceste façon se contentant de rabrouër son homme ; ceste response estant ainsi faicte, Monsieur et Madamoyselle du Plessis penserent qu'il ne vouloit les requerir d'aulcun changement, mais affin de ne porter préjudice à ce qu'il vouloyt extorquer de son Église, qu'il estoit bien aise que Monsieur du Plessis s'adressast au ministre de la Court ; ce qu'il delibera de faire, et lors Madamoyselle du Plessis ne pensa plus de changer de coiffure comme elle faisoit auparavant. Quelques jours après, comme Madamoyselle du Plessis partoit de son logis à l'heure du presche du matin pour aller tenir un enfant avec Monsieur de Châtillon, Monsieur Maguignon avec un aultre ancien du consistoire de Montauban la vindrent prendre au sortir de la porte de son logis, luy disant qu'il y avoit longtemps qu'ils l'attendoient, auxquels elle fit response qu'il faisoyent tort à Monsieur du Plessis, et qu'il scavoyent bien que sa maison estoit ouverte à tous gens de bien ; lesquels luy firent response qu'ils avoyent ce commandement du consistoire affin que Monsieur du Plessis n'entendist ce qu'ils avoyent à lui dire ; elle leur respondit que malaisement céleroit-elle quelque chose à Monsieur du Plessis auquel, si elle pouvoit, elle diroit toutes ses pensées, et trouvoit ceste procedure estrange veu qu'ils debvoyent congnoistre Monsieur du Plessis : comme ils vindrent à luy déclarer leur charge qu'estoit de l'admonester d'oster ses cheveux, elle leur fit response qu'elle trouvoit très estrange, puis qu'ils n'avoyent voulu recongnoistre la famille de Monsieur du Plessis de leur trouppeau, qu'ils voulussent estre recongneus d'elle pour ses pasteurs, et que de ce qu'ils requeroyent d'elle ils s'adressassent à Monsieur du Plessis, qu'elle ne feroit que ce qu'il luy commanderoit. Quelques jours après le consistoire se tint sur le schisme advenu et entretenu depuis quatre ans en la dite Église, où estoient premièrement le consistoire de Montauban, puis celuy de la Court, et oultre Messieurs de la Rose, Chandieu, de Serres, Trimpoulet, Trias, de la Place, de Lorgues et plusieurs aultres ministres assez congnus en notre Église : après avoir parlé pour quelques familles de ceste ville, le faict de la famille de Monsieur du Plessis fut allegué, combien qu'à la verité ny luy ny Madamoyselle du Plessis n'en eussent prié ny donné charge ; mais ils le faisoient pour la conséquence ; la Compagnie fut d'advis, voyant la modestie de toute ceste famille tant en acoustrement que aultres dépendances, et que grâces à Dieu ils n'apportoyent qu'édification, et que la façon de vivre de Monsieur du Plessis debvoit estre à tous congnue, qu'on ne leur requerroit aulcun changement, mesmes veu la vie tracasseuse et de cour à quoy ils sont subjects, et qu'elle n'estoit habitante de Montauban, par conséquent subjecte aux loys particulières du dit lieu ; et la dessus fut dit à Monsieur Cayer, ministre de la court, qu'il leur baillast des mereaux ; lequel passa par leur logis et n'y trouva que Madamoyselle du Plessis, à laquelle il dit que, quand il plairoit à Monsieur du Plessis luy envoyer escript de sa main ceux de sa famille qui faisoyent la Cène, qu'il luy envoyeroit des mereaux ; mais peu après luy fut mandé par le consistoire, ou plutost par quelques particuliers du consistoire de Montauban, de ne bailler des mereaux à

Monsieur du Plessis ny pour lui ny pour pas un de
sa famille, ce qui fut trouvé estrange, la chose ayant
esté deliberée en si bonne et notable compagnie,
d'estre contremandée par quelques particuliers; de
sorte que Monsieur Cayer, à qui Monsieur du Plessis
en avait envoyé demander, se vint excuser sur ce qui
luy avoit esté commandé; et là dessus le bruit fut
tout commun, tant à la ville qu'a la cour où mesmes
il y avoit quelques seigneurs et personnes de qualité
de religion contraire, que Monsieur du Plessis avec
toute sa famille estoyent excommuniés sans que l'on
luy en eust parlé un seul motz ne qu'il seust pourquoy : de sorte que le samedy matin, allant au lever
du Roy de Navarre, l'on se print a s'en gausser, et
entre aultres quelques uns prenoyent de là occasion
de mesdire de nostre relligion et de nos ministres, ce
qui fascha Monsieur du Plessis à bon escient. Madamoyselle du Plessis alla au presche, au retour duquel
deux anciens du consistoire de la court la vindrent
conduire ; comme elle estoit en sa chambre devisant
avec eux, entra Monsieur Berault et Monsieur Beronis
ministres de Montauban ; Monsieur Berault commença
par luy faire des excuses sur ce qu'il n'estoit venu si
souvent veoir Monsieur du Plessis, et que l'occasion
qui l'en avoit empesché estoit qu'il avoit bien sceu
que, durant cette assemblée, il avoit esté fort empesché ; Madamoyselle du Plessis luy respondit que de-
vray il avoit esté fort occuppé, mais que pour cela
plusieurs aultres n'avoyent laissé de le veoir, mais
qu'elle savoit bien que ce n'estoit pour s'excuser
qu'il venoit presentement, qu'elle ne luy vouloit céler que Monsieur du Plessis estoit aussi fâché qu'il

avoit esté de longtemps, qu'il avoit pensé mener
sa famille à Montauban pour avoir quelque repos,
mais qu'il en advenoit tout aultrement; et au lieu
qu'il avoit eu cet heur, partout où il l'avoit conduilte depuis neuf ans, de servir et édifier un chacun, au contraire qu'il avoit à Montauban ce malheur
d'y estre en scandale et, (ce qu'il trouvoit plus estrange) d'estre excommunié et toute sa famille sans
que l'on eust parlé à luy; que ce n'estoit suyvre la
reigle de charité, ni le commandement de Dieu de
scandaliser son prochain auparavant que l'admon-
nester; là dessus Monsieur Berault luy dit qu'il venoit, de la part du consistoire, pour luy faire entendre
qu'elle ostat ses cheveux; elle le pria de trouver bon
que Monsieur de Rouperoux, qui estoit là et ancien
du consistoire de la Court, fust présent et tesmoing
tant de ce qu'il luy diroit que de ce qu'elle luy respondroit; là dessus il luy dit qu'il n'avoit ceste charge,
et elle persistant et appelant Monsieur de Rouperoux,
Monsieur Berault ne passa oultre et se retira. Madamoyselle du Plessis luy dit : « Monsieur, vous vous
adresserez donc à Monsieur du Plessis qui est chef
de sa famille; » ainsi s'en allerent Messieurs Berault et
Beronis; et une heure apres de rechef fut assemblé
le consistoire de Mautauban, et celui de la Court,
pareillement Messieurs de la Roche, de Serres, de la
Place, Cayer, de Lorgues et les aultres qui s'estoyent
trouvez au précedent consistoire, où de rechef fut
conclu que l'on bailleroit des mereaux à Monsieur du
Plessis pour luy et sa famille; aussi Monsieur Cayer
leur en bailla l'après-dinée. Depuis qu'on eut baillé
les mereaux, Monsieur Berault et avec luy Monsieur

Maguignon, ancien du consistoire de Montauban, vindrent trouver Monsieur du Plessis qui commença à se pleindre de la procedure qui avoit esté tenüe contre luy, ayant trouvé fort estrange que l'on eust parlé en leur consistoire de le retrancher de la Cène sans s'estre premièrement adressez à luy.

Sur la fin de ceste assemblée, les députez des Églises requirent le Roy de Navarre qu'il luy pleust permettre que M. du Plessis allast avec Monsieur de Laval vers le Roy porter les cahiers; le Roy de Navarre l'en excusa sur les affaires de sa maison; mais en estant instamment prié, il l'accorda. Monsieur du Plessis eust bien désiré de s'exempter de ce voyage pour se trouver mal et avoir besoing de penser à sa santé; puis il avoit beaucoup travaillé durant l'assemblée; et sa famille estant venue de si loing par les chaleurs, il avoit proposé de demander congé au Roy de Navarre pour un moys ou six semaines pour adviser ou il la transporteroit pour l'hyver; enfin nonobstant tout cela, la résolution fut qu'il feroit le voyage; il laissa donc Madamoyselle du Plessis malade d'un catherre dont elle gardait le lit quinze jours devant son partement, et deux de ses enfans à qui la petite verolle commenceoit à venir, dont il estoit en extrême peine car il n'y avoit que huit jours qu'il luy en estoit mort un laquais; enfin recommandant à Dieu toute sa famille il s'achemina à Bloys; durant son voyage madamoyselle du Plessis ne bougea quasi du lit ou de la chambre la teste bandée, de sorte que ses cheveux n'ont gueres donné de scandale durant ce temps, et si elle est sortie un jour pour le presche elle a esté contrainte par maladie en garder huit au lit. Toutesfois, nonobstant son affliction tant pour l'absence de Monsieur du Plessis que pour la maladie d'elle et de ses enfants, pas un des ministres de Montauban (qui sont trois) ne la sont venus visiter, ny consoler, encore qu'elle s'en soit pleinte exprès affin qu'il leur fust dist; mesmes quelques uns de ses amys le remontrant à Monsieur Beronis, il confessoit bien qu'elle avoit quelques raisons, mais qu'il n'osoyt à cause de Monsieur Berault; je croy que Monsieur Constant n'en eust pas dit moins. Or comme le colloque se debvoit tenir, Monsieur Berault qui avoit envie de continuer de brouiller et facher ceste famille sans avoir esgard à l'absence de Monsieur du Plessis et à l'affliction des siens, proposa au consistoire de Montauban qu'à la Cène prochaine l'on seroit empesché si l'on recepvoit Madamoyselle du Plessis avec ses cheveux, et qu'il falloit proposer ce faist au colloque, car il estoit pernicieux, en l'Église de Dieu, d'avoir esgard aux personnes; Monsieur Constant ministre fut un des desputez pour le colloque, lequel ne fut pas marry qu'en ce differend des cheveux Monsieur du Plessis et sa famille y fussent compris; d'aultant que Madamoyselle Constant sa seur, qui a espousé Monsieur Constant le conseiller, frère du ministre, n'a depuis quatre ans en ça fait la Cène sur ce differend pour n'avoir voulu quitter le fil d'arichal, et d'aultant que luy mesmes, non plus que Monsieur Beronis, n'ont jamais trouvé bonne ceste procédure de Monsieur Berault qui l'a tousjours gaigné et emporté par violence; pensa que, si la famille de Monsieur du Plessis y estoit comprise avec les aultres, que ce seroit un

moyen par lequel la chose seroit mieux entendue et
plus pesée, et que par cela l'ordre y seroit mis, et le
schisme appaisé en ceste Église. Il fut envoyé, avec
Monsieur Constant, un pour lors ancien de Montauban nommé de Vaux, tout en mesmes temps second
consul de la ville, et soubçonné par quelques ungs
d'avoir esté motif de ce differend des cheveux ; d'aultant que l'an 1581, ayant esté esmeüe une sédition
en la ville pour l'élection des consuls qu'il vouloyt
et quelques aultres faire eslire à leur fantasie, et
ayant pris les armes et faict prendre au peuple, la se-
dition fut telle que la ville faillit d'en estre ruinée et
sacagée par la populace ; et Monsieur Berault mesmes
s'oublia tant que d'aller avec les séditieux faire les
prières et prier publiquement pour leur prospérité,
et sans la conduilte de Monsieur de Tamdes qui en
estoit lors gouverneur, le désordre estoit extresme :
quelques uns des principaux de la ville, et qui ont le
plus d'interest à la conservation d'icelle, trouverent
le faict si estrange qu'il y en a procez intenté à la
chambre de Languedoc ; et sans que le Roy de Navarre y employa son authorité, la chose n'en fut demeurée là. Or l'on interprette que Monsieur Berault
et Monsieur de Vaux, se voulant venger de ceux qui
n'avoyent trouvé ceste procedure bonne, s'adviserent
de faire ces deffenses de cheveux affin que, au cas
que leurs femmes ne les quittassent, l'on usast d'ex-
communication : et de vray, que l'on prenne peine
de s'enquerir comme ce faist s'est passé, il ne s'y
trouvera qu'animosité et nulle estincelle de charité.
Monsieur Constant ministre et le S$^r$ de Vaux furent
donc depputez au colloque dernier ; je ne scay pas

ce qu'il y fut proposé ny arresté, mais quoy que ce soit, il fault que c'ayt esté une reigle pour Montauban, et à Montauban pour Mademoyselle du Plessis, d'aultant qu'en la plus part des aultres Églises du mesme colloque, ceste rigueur n'y est gardée, et que ez environs toutes les Dames et Damoyselles ne sont contrainctes d'oster le fil d'arichal de dedans leurs cheveux; et à Montauban toutes celles qui en portent sont retranchées de la Cène, il y a jà quatre ans, estant permis aux aultres de porter leurs cheveux en telle façon et frisure qu'ils veulent, pourveu qu'il n'y ayz point de fil d'arichal; de sorte qu'ils semblent plus affecter à soustenir leur opinion qu'a ranger modestie. Or environ un moys devant la cène de Noël (comme la coustume est telle qu'à toutes les dixaines l'on faist un catechisme où tous ceux qui font la cene sont catechisez, et puis on leur baille des mereaux) Monsieur Berault vint chez Madamoyselle Bonnencontre où Monsieur du Plessis est logé, pour catéchiser; Madamoyselle du Plessis avoit mis peine que toute sa famille fust instruiste; elle estant malade se lève de son lit et s'en va en la salle où estoit l'assemblée de cinquante ou soixante personnes qui estoit la dixaine : elle estoit coiffée de nuict, la teste bandée avec son manteau tout noir; sa famille aussi estoit très modestement acoustrée ; elle y alla ainsi avec ses enfans, ses femmes et ses domestiques ; et cependant comme il aperra par la plainte qu'elle en fit au premier consistoire d'après, Monsieur Berault les retrancha tous de ceste assemblée, mesmement les hommes qui n'estoient point compris en la reigle des cheveux, ce qui facha toute ceste famille pour le scandale qu'en pouvoit prendre la compagnie, et fut cause que Madamoyselle du Plessis escrivit de sa main et fit presenter au consistoire ce qui en suyt.

On remonstrera à Messieurs du consistoire, de ma part, que vendredi dernier la dixaine de ce quartier fut assemblée chez Madamoyselle de Bonnecontre, nostre hotesse, pour faire le catéchisme acoustumé; et d'aultant que, par tout où il y a Église et assemblée des fidelles, notre famille s'y doibt ranger, comme estant membres du corps de l'Eglise dont Jesus-Christ est chef, je me levay du lit ou j'estois me trouvant mal, et m'en allay au lieu ou l'on faisoit le catéchisme avec notre famille tant hommes que femmes faisant profession de la religion et communiquant aux saints sacrements, ce que je fis ;

Premièrement pour protester que nous estions du corps de l'Église du Christ ;

Secondement pour apprendre et estre instruicts ;

Tiercement pour édiffier, moyennant l'ayde de Dieu, les assistants.

Cependant je ne say pour quoy j'eus ce malheur que toute notre famille, tant hommes que femmes, furent sequestrées par Monsieur Berault qui, pour crainte de les rescevoir en la communion de ceste Eglise, rompit son ordre acoustumé, passant ceux qu'il congnoissoit estre de la famille de Monsieur du Plessis, et ceux dont il se doubtoit leur ayant demandé il les laissa, de sorte que je fus frustrée du bien que je prétendois de ceste assemblée en deux points.

Premièrement, parce que toute la famille du Plessis, dont en son absence j'ay à luy respondre, en a esté sequestrée sans scavoir pour quoy ; ce que je soustiens Monsieur Berault ne pouvoir ne debvoir, car, n'estant appellez en l'Église de Dieu par luy, il ne nous en peult aussi retrancher.

Secondement, au lieu que nous estions allez pour ediffier l'assemblée, notre presence, au lieu d'édification, y a esté en scandale; pourtant je supplie l'assemblée du consistoire congnoistre ma confession de foy que j'ay escripte, telle que je la croy de cueur et confesse de bouche, et leur prie de juger s'il y a chose contrevenante à l'analogie de la foy et consentement de toutes les Églises chrestiennes ; et puis leur prie aussi d'adviser s'il y a quelque mauvais tesmoignage à l'encontre de Monsieur du Plessis, de moy, ou de quelqu'un de notre famille. Et enfin si l'on nous peult ou doibt sequestrer, ny notre famille, de l'assemblée des fidelles ny de l'usage des saints sacrements.

Mais d'aultant que Monsieur du Plessis en son absence, en ma personne et ensemble toute notre famille, avons esté offensez et scandalisez par Monsieur Berault en ceste assemblée de cateschisme dont il nous a sequestrez, je desclare que je recuse Mr Berault au jugement que je requiers du consistoire sur ce qui concerne mon faist; d'aultant que j'y ay trouvé plus de passion et animosité que de charité.

Et d'aultant que, sur le faist des cheveux, je voy beaucoup naistre et se nourrir en ceste Église assez grands scandales causez seulement pour n'avoir Monsieur Berault ou bien entendu ou bien rapporté ce qu'il fut advisé sur ce faist au synode général, où il fut parlé de guignevalets, qu'il prit pour les fils d'arichal dans les cheveux, ce qui n'estoit aucunement l'intention de l'assemblée, comme il appert par le rapport des aultres Églises et ce qui s'y pratique par ceux mesmes qui s'y sont trouvés, en quoy il semble vouloir user d'autorité et puissance absolue, sans avoir esgard à la reigle de charité. Je requiers ceste assemblée vouloir lire ce qu'en dit Monsieur Calvin exposant le passage de S$^t$ Paul à Timotée qui en faist mention, qui desclare par son exposition que l'apostre entend plus réformer les meurs que les habillements, et non pas s'amuser à des petites particularités ; qui plus est, il oste totalement toute puissance aux ministres et la remet au magistrat.

Toutesfois je leur desclare que je n'entends contrevenir à la discipline qui a esté et sera receue par toutes les Églises de France, lesquelles ont pour but l'honneur de Dieu et l'edification du prochain.

Je prie donc ceste assemblée de juger s'ils m'ont veue, en habillement, gestes, ou aultres façons de faire, quelques marques d'impudicité, ou en quelques uns de notre famille, par lesquelles façons ils nous puissent ou doibvent retrancher de l'Église ny de l'usage des saints sacrements ; et pour les raisons que j'ay ci-dessus desduittes je récuse derechef Monsieur Berault pour mon juge.

S'ensuyt la confession de foy de Madamoiselle du Plessis qu'elle a faist presenter au consistoire :

« Je croy un seul Dieu en une seule essence, tout sage, tout bon, tout juste et tout puissant, qui a créé le ciel et la terre, qui s'est desclaré à nous par sa parole redigée par escript au vieil et nouveau Testament; je croy qu'en ceste seule et simple essence il y a trois personnes : le Père qui est le commencement et origine de toutes choses, son Fils qui est sa sagesse eternelle, le S$^t$ Esprit qui est sa vertu et puissance, et eternellement procedant du Père et du Fils; les trois personnes non confuses mais distinctes, toutesfois non divisées mais d'une mesme essence, éternité et puissance.

Je croy que Dieu en trois personnes, par sa vertu sagesse et bonté, a créé le ciel et la terre et tout ce qu'ils contiennent; que par sa providence il conduit toutes choses, et que particulièrement il a un soing special de ses esleus lesquels il ayme en Jésus Christ son fils. Je croy que le premier homme, ayant esté créé à l'image de Dieu son créateur, par sa desobeissance et propre faulte est dechu d'icelle grace, et s'est du tout alliené de Dieu.

Je croy que toute la lignée d'Adam est infestée de telle contagion; de sorte qu'il ne nous reste rien pour retourner vers Dieu que sa pure grace, car notre esprit est aveuglé, notre cueur dépravé, et notre volonté pervertie : mais Dieu de sa pure bonté retire de ceste corruption et condempnation generale, en laquelle tous hommes sont plongés, ceux qu'il a esleus en son conseil eternel en Jesus Christ son fils, sans considération de leurs œuvres, démonstrant en eux sa miséricorde.

Je croy qu'en Jesus Christ tout ce qui est requis pour notre salut nous a esté donné; que luy estant la sagesse de Dieu et son fils eternel a vestu notre chair afin d'estre Dieu et homme semblable à nous, excepté le péché; qu'il a esté conçu par la vertu secrette du St Esprit au ventre de la vierge Marie et est de la semence de David selon la chair : qu'en une personne les deux natures y sont vives et joinctes, et neantmoins qu'en ceste conjontion la nature divine est demeurée innée, infinie et remplissant toutes choses; aussi la nature humaine est demeurée finie avec mesure, forme et propriété; et combien que Jesus Christ en ressuscitant ayt donné immortalité à son corps, toutesfois ne luy a osté la vérité de sa nature.

Je croy que Dieu en envoyant son fils a voulu monstrer sa bonté et amour inestimable vers nous en le livrant à mort pour nos péchés et ressuscitant pour notre justiffication : que par le sacrifice unique que Jesus Christ a offert en la croix, nous sommes réconciliés à Dieu, et luy sommes rendus agreables, de sorte que Jesus Christ nous est faist sapience, justice, sanctification et redemption; par sa mort nous avons entière satisfaction, et toute notre justice est fondée en la rémission gratuite de nos péchés; c'est ce qui nous donne entière liberté de invoquer Dieu par Jésus Christ son fils, notre seul médiateur, avec pleine fiance que Dieu est notre père.

Je croy que la Justice de Jesus Christ nous est imputée par la foy dont nous sommes illuminés par la vertu secrette du St Esprit; tellement que c'est un don et grace particulière que Dieu départ à ceux qui luy sont adoptés par Jesus Christ.

Je croy que par icelle foy nous sommes régénérés en une nouvelle vie estant de notre nature asservis à peché; qu'elle produit en nous le desir d'obeir et servir Dieu selon sa volonté qu'il nous a déclarée en sa parolle à laquelle nous ne debvons rien adiouster ne dimisnuer.

Je croy que Dieu a baillé sa loy à Moyse qui est la seule reigle de l'honneur, amour, et reverence que nous debvons à Dieu, et aussi du debvoir et amour envers tous hommes qui sont nos prochains.

Je croy que Jesus Christ nous est donné pour seul advocat et intercesseur, et que nous pouvons en son nom hardiment prier Dieu et luy demander les choses necessaires, comme luy mesme nous a enseigné que nous invocquions Dieu son père en son nom en disant : Notre père qui est aux cieux etc.

Je croy qu'il fault que toutes nos prières soyent conformes à icelle.

Je croy aussi que chacun fidelle doibt garder et entretenir l'unité de l'Église, et que, en quelque lieu où Dieu l'aura establie, il s'y doibt renger, et ceux qui s'en retirent se séparent de l'union de Christ.

Je croy qu'icelle Église est la compagnie des fidelles qui s'accordent à suyure la parolle de Dieu contenue ès livres du viel et nouveau testament, lesquels essayent de vivre en la crainte de Dieu et dy prouffitter chaqu'un jour : Qu'en icelle Église aussi il y a exercice des S$^{ts}$ Sacrements ordonnés de Dieu qui sont adjoutés à sa parolle pour plus ample confirmation de nostre foy ; lesquels nous sont donnés pour subvenir à notre infirmité, et nous sont tellement signes extérieurs que Dieu besongne par iceux en la vertu de son Saint Esprit qui ne nous y signifie rien en vain : toutesfois toute leur substance et vérité est en Jesus Christ, et, si on les en separe, ce n'est plus qu'une ombre.

Je croy qu'il y a deux sacrements ordonnés de Dieu communs et commandés en son Eglise : le baptesme qui est ung tesmoignage de notre adoption et comme nous sommes entrés au corps de Jesus Christ affin d'estre lavés et nettoyés par son sang, puis renouvellés en saincteté de vie par son S$^t$ Esprit.

Le second sacrement est la sainte Cene qui nous signiffie que Jesus Christ n'est pas seulement une fois mort et ressuscité pour nous, mais aussi nous respaist et nourrit vrayment de sa chair et de son sang, à ce que nous soyons un avec luy et que sa vie nous soit commune ; de sorte que par la vertu secrette de son St Esprit il nous nourrit et vivifie de la substance de son corps et de son sang, et cela spirituellement, lequel ne peust estre appréhendé de nous que par foy. Cependant je croy que, au baptesme et à la Sainte Cene, Dieu nous donne reellement et par effet ce qu'il nous y figure.

Je croy que chacun fidelle, devant que se presenter à la S$^{te}$ Cene, se doibt soigneusement esprouver soy mesmes, voir s'il a une vray foy et repentance de ses faultes avec un desir d'amender sa vie mauvaise et une charité envers ses prochains.

Je croy qu'en l'Église doibt être gardée la conduilte et police que notre Seigneur Jesus Christ y a establye ; c'est qu'il y ayt des pasteurs et gens de bien qui ont charge en l'Église, afin que la pureté de doctrine y ayt son cours, que les vices y soyent repris et corrigés, que les pauvres et aultres y soyent secourus et consolés.

Je croy que tous vrays pasteurs, en quelque lieu qu'il soyent, ont une mesme puissance, que nulle

Église ne doibt pretendre aulcune domination, et qu'ils sont tous soubs un seul chef souverain et seul universel Evesque, Jesus Christ.

Je croy, quant aux Roys ou Princes ou aultres magistrats tels qu'il a pleu à Dieu les establir sur nous, que nous leur debvons rendre obéissance en toutes choses, pourveu que ce qu'ils nous commandent ne soit contraire à l'honneur que nous debvons à Dieu et à l'amour que nous debvons à notre prochain ; car en ce cas il fault tousjours plustot obeir à Dieu qu'aux hommes.

Je croy qu'en l'Église toutes choses indifferentes doibvent estre conduites par la reigle de la charité, et qu'en toutes ordonnances indifférentes, qui ne sont encores resçues en la discipline de l'Église, l'on ne doibt user legerement d'excommunications ny retranchements, attendu que tout ce qui se faist en l'Église doibt avoir pour but l'honneur de Dieu et l'édification du prochain, et que ceux à qui Dieu a departy le plus de graces doibvent monstrer exemple de leur charité en supportant les plus infirmes, attendu qu'il ne fault ruiner son frère pour lequel Christ est mort.

Je croy que tous ceux qui se presentent en la compagnie des fidelles pour être instruits et rendre raison de leur foy, s'ils n'ont aulcunes erreurs et qu'ils n'ayent aussi mauvais tesmoignage de s'estre portés scandaleusement, au contraire qu'ils continuent de se maintenir en modestie, ne peuvent estre exclus des S[ts] Sacrements ; aultrement, si cela est faist legerement et par opiniastreté, c'est tyrannie en l'Église.

Je croy que, comme Jesus Christ est mort pour nos

péchés et ressuscité pour notre justiffication, que aussi il est monté au ciel en notre nom pour nous y donner entrée et pour nous y estre intercesseur et advocat.

Je croy que de là il viendra juger les vivans et les morts et apparoistra lors en jugement, ainsi que l'on l'y a veu monter.

Je croy que Jesus Christ n'apparoistra sinon en salut pour ses esleus; de sorte que je suis très asseurée de mon salut puis que mon juge est mon advocat, et lors je croy que je jouiray de ceste felicité que œuil n'a point veu, q'oreille n'a point ouy et que cueur d'homme n'a point apprehendé.

C'est le recueil et la substance de ma foy en laquelle je prie Dieu, par Jesus Christ son fils en la vertu de son S$^t$ Esprit, me faire la grace d'y vivre et mourir, et la maintenir jusques au dernier soupir de ma vie et la derniere goutte de mon sang. »

Le tout ayant esté presenté au consistoire et leu devant la compagnie, Monsieur Beronis ministre et Monsieur le Clers ancien furent depputés pour aller au logis de Madamoyselle du Plessis, luy faire entendre que la compagnie n'avoit jamais pensé de sa foy aultre chose que ce qu'elle en avoit baillé par escript. Toutesfois elle ne pouvoit estre reçue à la Cene sans oster ses cheveux. Elle leur pria de donner jugement sur ce qu'elle leur avoit presenté et requis : huit jours se passerent, et au bout des quinze, Madamoyselle du Plessis renvoya derechef vers eux les prier de luy declarer si elle seroit receüe à la Cene ; ils y envoyerent derechef Monsieur Beronis avec un aultre ancien, luy declarer qu'elle ne seroit receüe à la Cene sans oster ses cheveux : mais quant aux hommes, qu'ils seroyent cateschisés et reçus. A l'heure mesme elle escripvit et leur envoya ce qui ensuyt.

« Sur ce que Messieurs du consistoire m'ont faist declarer que je ne pouvois estre receüe à la Cène sans abattre mes cheveux, je leur requiers qu'ils ayent à me faire apparoir d'article arresté par le synode general où il soit parlé d'abattre les cheveux, offrant, s'ils en monstrent du dit synode general où ce faist soit declaré et particularisé, d'acquiescer.

« Aultrement je leur declare qu'à la Cene dernière qui fut faiste icy, où il y avoit notable assemblée de ministres de la plus part des Églises de France, il fut advisé, voyant que je n'avois ny en mes cheveux ny aultres habillements aulcune immodestie, que je serois receüe à la S$^t$ Cene sans aulcun changement ; que maintenant que Monsieur du Plessis est absent, et comme ils savent tous pour le service des Églises, je ne puis en cecy faire changement que premièrement il n'en soit adverty et ne me le commande.

« Sy cependant ils persistent en son absence de me retrancher de la S$^t$ Cene, je leur déclare que j'en appelle au synode general. »

Huit jours après Madamoyselle du Plessis, voyant que la Cene approchoit, se delibera d'envoyer à Messieurs du consistoire une declaration qu'elle leur feit presenter. Monsieur Berault presidoit, lequel declara qu'il ne pouvoit plus rien recepvoir par escript, mais que, si elle avoit quelque chose a leur dire, qu'elle sy trouvast elle-mesme. Aussi tost qu'elle eut entendu leur intention elle sy presenta en personne, et leur fit lecture de ce qui s'ensuit, qu'elle leur avoit faist présenter auparavant.

« Sur ce qui me fut déclaré mercredy dernier par vous, Messieurs du consistoire, que je ne serois recceüe à la Cene sans oster mes cheveux, ou plustost le fil d'arichal qui est dedans, il vous fut requis par moy de me faire apparoir d'article exprès resolu et escript au synode national où ce faist soit particularisé et déclaré, pour le desir que j'avoys d'y obeir : persistant encores, et vous declarant presentement que, si me monstrés article exprès, que j'acquiesceray aussi tost, pour le desir que j'ay de me ranger à la discipline de l'Église : priant toute ceste compagnie du consistoire et chaqu'un de vous particulierement, au nom de Dieu et pour le debvoir de charité que nous debvons les uns aux aultres, de me monstrer et exhiber ledit article du synode national dont quelques uns de vous se vantent et que quant à moy j'ignore :

« Et faulte de m'avoir monstré ledit article, je vous alleguay l'absence de Monsieur du Plessis employé presentement pour le service des Églises, sans le commandement duquel il ne m'estoit loisible de faire aucun changement, attendu qu'avec luy le faist fut resolu à la Cene derniere, et enfin fus ainsi resceüe, par l'advis de beaucoup de gens de bien, à la S$^{te}$ Cene.

« Je prie donc toute la compagnie du consistoire de se souvenir du debvoir que les femmes doibvent à leurs maris[1], auxquels, par expres commandement de

---

1. Genèse, chap. III, v. 26.

Dieu, leur volonté est assubjectie : et comme S¹ Pierre entre aultres l'explique au chap⁰ 3⁰ de sa première Espittre, quel est ce debvoir : lequel chappitre vous nous allegués maintenant pour les tortillemens de cheveux : et toutesfois, Messieurs, vous ne pouvez ignorer, comme il appert en la lecture d'iceluy, que le but principal de l'Apostre est d'admonester les femmes de se rendre subjectes à leurs maris, mesmes infidelles ; et d'aultant plus suis-je obligée à ce debvoir que Monsieur du Plessis faist pareille profession de foy que nous tous, et qui plus est que Dieu l'a doüé de beaucoup de ses dons et grâces qu'il employe journellement pour le service des Églises :

« Et pour ce que nonobstant ma requeste de m'exhiber ledit article du synode national, ni ma remonstrance d'attendre le commandement de Monsieur du Plessis, vous avez persisté de me retrancher de la Cene, je vous feis desclarer que je m'en portois pour appellante au synode national, et vous aussi me receustes en mon appel.

« Maintenant je vous requiers, q'ayant esgard à mon appel me déclariez si n'entendez pas que toute ceste procedure soit et demeure suspendüe jusques à ce qu'un synode national en ayt ordonné ; ne laissant cependant de me recepvoir et notre famille à la communion de la S<sup>te</sup> Cene, et pour ce faire nous cateschiser et bailler des mereaux ; d'aultant qu'il ne peult y avoir en moy de désobeissance puis qu'il ne m'apparoist du commandement.

« Mais si j'ay ce malheur que mes justes remonstrances ne soyent reçües de vous, et que nonobstant mon appel vous me rejettiés de votre communion, je vous declare que j'en porte un extreme ennuy et fascherie en mon cueur ; et toutesfois je me délibere de le recepvoir en patience et comme de la main de Dieu qui me veult exercer, et qui peult estre se veult servir de cecy pour en tirer un ordre au lieu du désordre :

« Je vous declare que, moyennant la grace de Dieu, j'espère aller faire la Cene et communiquer au corps et au sang de Jesus-Christ en l'Église et en la compagnie des fidelles, où Dieu est servy et le prochain édifié.

« Et d'aultant qu'il me souvient du commandement qui nous est faist : « Si tu apportes ton oblation à « l'autel et là il te souvienne que ton frère a quelque « chose à l'encontre de toy, laisse là ton oblation, « et t'en va premièrement appointer à ton frère : » pour la crainte que j'ay que quelques uns de vous n'ayent interpreté ma procedure ou à une désobeissance, ou bien à aymer mieux une vanité que de communier avec vous au corps et au sang de Jesus-Christ, et par ce moyen n'ayés pris de moy quelque sinistre opinion ou scandale :

« Je vous proteste devant Dieu, lequel j'en appelle à tesmoing, que j'estime ce faist des cheveux indifferend, et que si je croyois, comme quelques uns soustiennent, que ce fust un expres commandement de Dieu, je ne vouldrois differer d'y obeir promptement, et n'en attendrois la decision et ordonnance du synode.

« Mais ayant, à cause de la disscution survenüe en ceste Eglise, fort recherché, je n'ay trouvé, en quelque lieu que ce soit de l'Escripture S[te], aucun commandement sur ce faist, bien un seul advis de S^t Paul à Thimotée sur les tresses, or, perles, et aultres habits somptueux : et S^t Pierre au chap^e sus allegué, où il admoneste que l'ornement des femmes ne soit en celuy là de dehors qui gist en tortillements de cheveux, ou parure d'or, ou acoustremens d'habits ; et n'ay point veu aucuns passage en l'Escripture S^te, où il soit parlé pour oster les cheveux, que l'or, perles et aultres habits n'y soient aussi conjoints.

« Et toutesfois il y a aujourd'huy quinze jours que par Monsieur Berault il fut preché que l'or et pierreries estoyent créatures de Dieu et indifferentes, dont l'on pouvait user et se parer, pourvu que chaquun euest esgard à son estat, rang, et vocation, ce qui me faist persister que les cheveux sont aussi indifferends, veu mesmes qu'il n'est point parlé en l'Escripture sainte des fils d'arichal, qui est toutesfois la dispute en ceste Église et sur quoy le schisme est entretenu.

« Et d'aultant que ce seroit chose très pernicieuse que les advis des hommes, quoy que bons et saints, fussent mis en la place des commandements de Dieu, comme nous l'avons trop expérimenté en l'Église Romaine, c'est la principale raison pourquoy je desire que ce faist soit esclarcy pour le bien et concorde des Églises : car si c'est un commandement de Dieu (comme l'on prétend) il ne fault pas que Montauban seule y soit assubjectie, mais toutes les Églises chrestiennes, lesquelles fauldroyent lourdement de ne s'y ranger.

« Aussi si c'est une chose indifferente, comme je la croy telle, le pasteur peult admonester et reprendre pour edification ; mais je ne croy pas que les Églises particulières puissent et doibvent, de leur autorité privée, retrancher du corps de l'Église les membres de Christ pour lesquels il est mort : les retrancher, dis-je, de l'Église ny de l'usage des S<sup>ts</sup> sacrements, si un synode national et non provincial n'en a ordonné avec meure deliberation, pour la gloire de Dieu et l'edification du prochain : de sorte qu'en ce cas l'on ne retranchera pas les personnes pour choses indifferentes, mais pour faire secte à part et rompre l'unité de l'Église.

« Encores y doibt-on avoir aultre respect, quand il est question de la discipline, que non pas quand il est question des exprès commandemens de Dieu auxquels toute personne sans nulle exception y doibt estre assubjestie.

« Voila, Messieurs, quel est mon but et mon opinion en ce faist, vous priant tous de me supporter et ne vous offenser ny prendre scandale de moy : et si quelqu'un particulièrement en a esté offensé, se souvenir que nous sommes tous subjets à faillir, qu'il nous est besoing que Dieu par sa misericorde nous pardonne journellement nos offenses.

« Et pour aultant que maintenant vous avez une ample desclaration de moy, je vous prie, au nom de Dieu, de pourvoir que doresnavant les faultes que Monsieur Berault prétend que j'aye faites en ce faict ne soyent plus preschées, comme elles ont esté cy devant publiquement, affin que je ne serve de scandale au peuple auquel je ne puis desduire mes raisons comme à vous.

« Vous protestant que, s'il plaist à Dieu me faire tant

de grace que Monsieur du Plessis revienne en santé, je feray tout ce qu'il me sera possible pour luy faire trouver bon que notre famille soit icy arrestée jusques à ce que le synode national ayt mis ordre en ces differends; affin qu'obeissant à ce qui y sera ordonné, par ce moyen, avec la grace de Dieu, j'apporte édification au troupeau qui est en ceste Église, au lieu qu'à present, me voyant retranchée par vous de la Cene, je leur suis en scandale : toutesfois, comme je vous ay declaré cy dessus, je me delibere d'aller participper à la Cene, pourvu qu'il plaira à Dieu m'en faire la grace, comme je l'espere.

« Et d'aultant, Messieurs, que nous sommes tous mortels et n'avons point de demain, si la volonté de Dieu estoit telle de me retirer hors de ce monde auparavant que ce faist fust vuidé, je crains que la chose ne fust mal entendüe et interpretée, à celle fin que le tout soit congnu et esclarcy, je vous prie de faire enregistrer et garder pour les presenter où il sera besoing :

« Premièrement la plainte et acusation que j'ay faiste en vostre consistoire, contre Monsieur Berault, et le jugement que j'ay requis de vous.

« Secondement ma confession de foy.

« Tiercement mon appel que j'ay interjecté de vous au synode national.

« Et quartement ceste mienne requeste et déclaration.

« Toutes lesquelles pièces sont escriptes et signées de ma main et desquelles je garde coppie, que j'offre faire collationner sur l'original que je vous en ay baillé, d'aultant que je prétends m'en servir au prochain synode national.

« Je desire que cet escript soit reçu de vous de telle affection que je le vous presente, et prie Dieu au nom de Jesus Christ vous donner et à nous son Saint Esprit pour servir à sa gloire et à l'édification de son Église.

« Messieurs, j'ay oublié à vous declarer que, quand Monsieur du Plessis et moy sommes arrivés en ceste ville, si nous eussions trouvé ce faist des cheveux receu de tous sans contredit, nous eussions esté bien marris de troubler ceste Église, et m'asseure que Monsieur du Plessis eust voulu que je m'y fusse rangée, et de moy je l'eusse ainsi aussi desiré : mais au contraire avons trouvé le schisme desja faist et tel que quelques uns se voyans rejettés de la Cene, et comme ils pretendent, sans avoir esté entendus ny ouys, ont recours aux Magistrats de ceste ville, ce que vous ne pouvés ignorer estre au grand mespris de notre religion et regret des gens de bien : et quand mesmes ce faist seroit assoupy dedans votre ville, je voy une aultre chose qui me semble très-pernicieuse icy et les environs, c'est autel contre autel, soit que la noblesse ne veille condescendre à ceste façon, ou que vous aultres pasteurs ne soyez d'accord de ceste rigueur, qui me faist d'aultant plus croire qu'il n'y a aucun commandement expres de ce fait du synode. C'est pourquoy, congnoissant bien que, quand j'auroys quitté mes cheveux, ces difficultés ne laissent de demeurer en leur entier, et comme je vous ay protesté cy dessus je ne croy point que ce soit un commandement de Dieu auquel nonobstant toutes raisons je vouldrois obeir, et ne m'ayant faist apparoir d'article du synode general et national par lequel l'Église l'ayt ainsi ordonné pour la gloire de Dieu et l'édification du prochain, ne pouvant, pour quelques changements que je fisse sur moy, appaiser le schisme, où ces articles deffauldront, scavoir le commandement exprès de Dieu ou l'ordonnance du synode, je ne pense estre obligée à vous obeir veu que par mon obeissance le scandale ne laisse de demeurer : ains, comme Dieu a sceu tirer la lumière des tenebres, j'espere qu'il saurra par sa misericorde tirer un bon ordre de ce désordre, au contentement des bons pasteurs, et au salut du trouppeau dont je le supplie.

« Messieurs, pour ce que j'ay adjouté à ceste mienne declaration, le schisme qu'avons trouvé en ceste Église, et que je say bien que quelques uns de vous ont opinion que, combien que je me soucie peu pour mon regard de mes cheveux, que toutesfois j'entreprends ce faist, comme estant priée et sollicitée de ceux qui, par cy devant et jusques cy, n'y ont voulu adhérer, je vous proteste devant Dieu, lequel j'en appelle à tesmoing, qui congnoist le cueur des hommes et juge de leurs pensées, que je n'en ay esté priée ny d'eux ny par eux, et n'ay en ce faist avec eux aucune intelligence : mais que les raisons cy dessus alleguées en ont esté la seule cause, lesquelles je soubmetz toutes à la volonté de Monsieur du Plessis : ce que je desire estre entendu de vous pour vous en esclercir et donner repos en vos consciences, et aussi oster tout le scandale qu'auriez pris de moy. Faist ce mercredy dix neuf décembre 1584. »

Cette desclaration ainsi faiste, Madamoyselle du Plessis partit le vendredy de devant la Cene, avec tous ceux de sa maison qui la faisoyent, et alla à Villemur, à trois lieues de Montauban, soubz le mesme colloque, et ayant déclaré à Monsieur Hardy ministre et à quelques anciens qui la vindrent visitter, tout ce qui s'estoit passé à Montauban, il la receut à la Cene : et depuis le tout a esté remis au synode qui se doibt tenir à Montpellier ce moy de may prochain, où je prie Dieu qu'il luy plaise assister ceste compagnie par son saint Esprit.

# III

## LETTRES

Adressées par Madame de Mornay au colloque réuni à Bruniquel près de Montauban (1584).

---

1°

Messieurs j'ay receu les vostres du septième de ce moys et pour responce : J'ay toujours faict profession de me soubmettre à la discipline ecclesiastique, ce qu'avés peu connoistre par ma lettre, par laquelle je vous ay déclaré qu'à la premiere veue de l'article du synode national, j'estois preste d'asquiescer. Et me semble, Messieurs, que charitablement il me doibt estre monstré, veu ma prompte obeissance : à quoy toutesfois vous ne me faites responce; si estoit-ce le principal but de ma susd<sup>e</sup> lettre, car je ne recouroy pas proprement à vous pour avoir raison du grief que nous pretendons contre Monsieur Berault, lequel Monsieur du Plessis scaura bien poursuivre en un synode, mais pour vous faire apparoir de la raison à laquelle je me mets et me suis toujours mise. En cela, Messieurs, pouvés vous voir que je ne recerche point contentions, et ne tiens rien des enfans de rebellion : mais il m'a semblé, puisqu'on m'avoit défendu la Cene sans aultre forme, que ce debvoit estre en vertu d'une ordonnance bien expresse, ou de la parolle de Dieu, ou de la discipline, ce que toutes fois je n'ay peu croire ne voyant le mesme observé en tant de belles Églises esquelles j'ay vescu. Me monstrant l'article, Messieurs, vous eussiés gaigné deux points, l'un de me consoler en la fascherie que je souffre, l'aultre de voir les fruits de mon obeissance tout promptement pour l'édification de l'Église; car quant à ce que vous me dittes que je n'ay pas esté receue à Villemur à la Cene avec les cheveux estendés, j'entens si peu les curiosités des cheveux que j'en ignore mesme les termes : mais bien vous diray-je que pour venir de nos quartiers à Montauban, je n'ay point changé de façon de m'habiller n'y de coiffure, et moins pour aller de Montauban à Villemur. Et plusieurs sçavent que, si j'eusse voulu user de ces sybarismes, les moyens m'en avoyent esté prou présentés. Messieurs, puis quainsi vous plaist je prendray votre responce en bonne part, et seulement vous semons d'être tesmoings de mon obeissance dont vous ne pouvés plus ignorer.

### 2°

Messieurs, estant venüe en ceste ville où depuis quelques ans y avoit une espece de schisme pour le differend des cheveux[1] j'ay eu ce malheur d'y avoir esté enveloppée par la mauvaise procedure de Monsieur Berault que connoissés. Et vous diray, Messieurs,

---

1. Je dis au différend et non au schisme.

que ceux qui me connoissent savent bien que je ne suis femme qui me plaise tant en mes cheveux que d'en vouloir donner peine à aultruy, ny à moy-mesme. Mais Monsieur Berault ayant retranché du cateschisme et de la S^te Cene toute nostre famille, sans nous en avoir daigné parler, il me fut besoing de luy monstrer qu'il n'y avoit rien en nous qui luy en eust deu donner juste occasion ; qui fut cause que dès lors, comme toujours depuis, je priay le consistoire de me monstrer en quoy j'avois excedé la discipline générale des Églises, protestant d'acquiesser, dès qu'on m'en monstreroit l'article. Je pensay, Mess^rs avoir occasion de le faire pour plusieurs raisons : premierement que j'estois venüe en ceste ville en mesme habit et coiffure que j'avois esté receue en toutes les Églises de ce Royaume, et en plusieurs de nostre langue françoise recueillis en pays estrangers et particulierement en l'Isle de France, où graces à Dieu l'Église est recueillis chez nous. Secondement parce que je voyois que tant de ministres excellens, qui se rencontrerent lors d'une si celebre assemblée qui fut tenüe en ceste ville icy à près de six moys, ne requirent ceste rigueur, ains la condennerent à M^r Berault et ordonnerent que je fusse sans difficulté receue à la Cene : zelateurs toutes fois de la gloire de Dieu et observateurs de la discipline ; et desquels une bonne partie avoyent assisté aux derniers synodes generaux. Tiercement parce que, en Églises de ce mesme colloque, le contraire se prattique, et presque partout fors qu'en ceste ville, qui m'estoit un argument que ce n'estoit pas l'ordonnance d'un synode national, ny d'un provincial, ny d'un colloque, mais

d'une ville seule. Et quartement par ce mesmes que
je ne la voyois receue de toute la ville, ains contre-
ditte d'une partie, et mesmes peu approuvée des ministres de la dite Église; dont j'avois occasion d'estimer que c'estoit la fantaisie d'un homme seul, non
la parole de Dieu, ny l'ordonnance generale de l'É-
glise. Et jugés, Messieurs, si j'avois de quoy entrer en
ceste opinion et trouver estrange qu'à l'appetit d'un
homme nostre famille eust esté retranchée de la Cene,
et nostre reputation, si elle eust tenu à peu de chose,
descriée par tous les endroits de ce Royaulme. Or,
Messieurs, ce que j'ay tousjours dit et protesté j'ay
pensé de le vous dire et protester encor ; c'est qu'en
attendant que l'appel que j'ay interjetté soit vuidé en
un synode national (ce que Monsieur du Plessis espère avec l'ayde de Dieu faire) je suis preste à obéir
et acquiescer, si on me fait apparoir de l'article de la
discipline de nos Églises, lequel je pense me debvoir
charitablement estre monstré et ne m'avoir deu
estre caché, veu la prompte obeissance que j'ai toujours offert à la premiere veüe. Et n'est à propos de
dire, comme il s'est dit, qu'il n'ayt esté signé ny re-
digé par escrit : car je scay que par articles expres
les ministres n'ont acoustumé de s'en separer que les
articles ne soyent escripts, releuz et signés : comme
aussi peu d'alleguer, contre la discipline generale, la
particuliere de quelque ville, attendu que par la mesme
discipline les colloques sont subjets aux synodes provinciaux, et les synodes provinciaux aux generaux, et
ne leur peuvent deroger en aulcune sorte. Bref, Messieurs, j'ay appris en l'Église que les admonitions particulieres precedent les publiques et les fraternelles

les censures, et pense que vous n'approuvés pas aisement qu'on aye commencé la reprehension envers nous, par nous traiter en Ethniques et publicains. Or, Messieurs, je ne vous en diray d'avantage pour ce coup, et seulement vous prieray de vous enquerir bien particulierement de tout le progrès de ceste affaire aupres de Monsieur du Plessis de moy et de nostre famille. Et Messieurs je vous supplie que j'aye response de vous de ce que dessus.

# TABLE DES MATIÈRES.

## A

Aldegonde (Marnix de Sainte) vient à Anvers conférer avec M. du Plessis, 129, I.

Alençon (duc d') emploie M. du Plessis auprès de la reine Élisabeth, 73, I. Cherche à s'échapper de la cour, 75, I. Intrigue dans les Pays-Bas, 131, I. Portrait par M. du Plessis, 132, I. Recommandation de la reine Élisabeth ; déplaisir du duc, 136, I. Échec devant Anvers, 143, I. Revient à Paris, 148, I. Meurt en 1584, 150, I.

Angleterre (roi Jacques d') est soupçonné de vouloir traiter avec l'Espagne ; Henri IV pense à lui envoyer M. du Plessis, 46, II.

Angoulême (duchesse d') négocie la remise du cardinal de Bourbon à M. du Plessis, 183, I.

Anjou (duc d') depuis Henri III, appelé au trône de Pologne 73, I. Roi de France ; il fait arrêter sa sœur la reine de Navarre, 145, I. M. du Plessis envoyé auprès de lui à ce sujet par le roi de Navarre, 146, I. Idem, à propos des offres de l'Espagne, 148, I. Journée des barricades. 168, I. États de Blois, 168, I. Assassinat du duc de Guise. 169, I. Envoie M. de Buhy au roi de Navarre, 1589, 175, I. Entrevue des deux rois, 176, I. Assassiné par Jacques Clément, 180, I.

Anvers. M. du Plessis y finit le livre de la religion chrétienne, 183, I. Échec du duc d'Alençon 143, I.

Augsbourg (diète d'). M. du Plessis est nommé député et n'y va pas, 137, I.

Aumont (maréchal d') conduit le roi de Navarre à Plessis-les-Tours, 178, I. Prend Châteaudun pour Henri IV, 195, I. M. du Plessis lui propose une entreprise sur Poitiers, 202, I. Entre en Bretagne, 249, I. Assiége Rochefort avec M. du Plessis. 250, I.

Autriche (cardinal d') repoussé quand il vient pour secourir Anvers, 322, I.

Auvergne (comte d') arrêté avec le duc de Biron, 23, II. Gracié à la requête de la Marquise de Verneuil, 29, II.

## B

Barneveldt vient en France pour les négociations de paix, 337, I.

Beauvilliers (Jeanne de) dame du Puyset et du Plessis Marly, tante et marraine de M. du Plessis, 10, I.

Bec (Philippe du), évêque de Vannes et de Nantes, frère de Mme de Buhy, lui parle des abus de l'Église romaine, 18, I. Discussion avec M. du Plessis enfant, 22, I.

Belesbat (sieur de), chancelier de Navarre, ne veut pas rendre Quillebœuf, 37-240, I.

Bellièvre (M. de) demande les

villes de sûreté. 151, I. Examine les cahiers des protestants à Nantes, 270, I.

BERNAPRÉ (M. de), commandant du château à Saumur, 204, I. Meurt, 304, I.

BIRON (maréchal de) (père) est d'avis de conserver le patrimoine de Navarre séparé de la couronne, 188. I. Installe M. du Plessis au conseil du roi, 193, I. Prend part aux négociations de paix avec M. de Villerov, 200, I.

BIRON (maréchal de) (fils) arrêté pour sa conspiration avec l'Espagne, 23, II. Exécution en place de Grève, 28, II.

BOISOT (Charles de) et l'amiral son frère, en relation à Cologne avec M. du Plessis, 35, I. Songe à passer au Canada en 1573, 73, I.

BORDE (M. de la), père de Mme du Plessis, mort en 1570, 46, I. Épouse dame Magdeleine Chevalier, 46, I. Président à la cour des Comptes, 46, I. Prêches faits pour M. le prince de Condé chez M. de la Borde, 47, I. Dangers qui en résultent, 47, I. M. de la Borde se fait instruire de la religion, 48, I. Retire une abjuration de sa jeunesse, 49, I. Meurt à Melun, 50, I.

BORDE (Mme de la), mère de Mme du Plessis, veut faire aller sa fille à la messe au moment de la Saint-Barthélemy, 64, I. Meurt en 1590, 205, I.

BORDE (M. de La), frère aîné de Mme du Plessis, la fait entrer par surprise à la messe en 1592, 70, I. Exécuteur testamentaire de sa mère, 205, I. Meurt, 319, I.

BOUCHEREAU (Pasteur) appelé de Leyde par l'église de Saumur, 36, II. Soutient M. et Mme du Plessis au moment de la mort de leur fils, 109, II. Console Mme du Plessis à son lit de mort, 117, II. Discours sur la mort de Mme du Plessis, 120, II.

BOUILLON (Duc de), meurt à Sédan, 84, I. Embarras de la duchesse, 85, I. Son fils est nommé pour la diète d'Augsbourg, 137, I.

BOURBON (Cardinal de), questionne M. du Plessis sur sa mission auprès du roi, 153, I. Tiré de sa prison de Chinon par M. du Plessis et conduit à Maillezaix, 185, I.

BOURBON (Catherine de), sœur de Henri IV. Propositions de mariage de Philippe II, 142, I. M. du Plessis s'oppose, à cause d'elle, à la réunion du patrimoine de Navarre à la France, 188, I. Vient à Saumur, 234, I. Affaire de M. de Soissons, 255, I. M. du Plessis est chargé de lui parler mariage, 296, I. Elle va aux eaux de Pougues, 298, I. Fiancée au duc de Bar, 342, I. Mariage, 353, I.

BUHY (dame de), Françoise du Bec-Crespin, mère de M. du Plessis, 9, I. Ses dispositions envers la réforme, 11, I. En fait profession, 12, I. Ses enfants s'en remettent à elle de leurs partages, 149, I. Rend à grand' peine son petit-fils à sa mère, 150, I. Meurt en 1590, 206, I.

BUHY (dame de), Anne d'Enlezy, belle-sœur de M. du Plessis, 13, I. Marraine d'Anne de Mornay, 140, I.

BUZENVAL (sieur de), va avec M. du Plessis retrouver le roi de Navarre, 140, I.

C

CAMBRAI délivré par M. du Plessis, 133, I.

CASIMIR, duc des Deux-Ponts, 130, I.

CATHERINE DE MÉDICIS voit M. du Plessis, 148, I. Mission du roi de Navarre auprès d'elle, 153, I. Meurt à Blois, 172, I.

CECIL, lord Burleigh, vient en

France pour les négociations de paix, 337, I.
CHARLES IX, roi, meurt en 1574, 81, I.
CHATILLON (M. de), François de Coligny, appelé en délibération avec M. du Plessis par le roi de Navarre, 147, I. En faveur auprès d'Henri III,149, I. A l'assemblée des réformés, 151, I.
CHATAIGNERAIE (La). Massacre des réformés, 299, I.
CHAUX (vicomte de). Mission auprès du roi de Navarre de la part du roi d'Espagne, 141, I.
CLERVAUT (M. de) est mis à la tête de la maison de Navarre avec M. du Plessis, son caractère, 144, I.
COLIGNY (amiral de) veut envoyer M. du Plessis au prince d'Orange, 37, I. Blessé, 38, I.
CONDÉ (prince de), 130, I. Fait manquer la mission de M. du Plessis en Angleterre, 141, I. A l'assemblée des réformés, 151, I. Mécontent de M. du Plessis, 165, I. Meurt en 1587, 167, I. Bruit d'empoisonnement, 167, I. Procès de la princesse, 167, I. Son fils baptisé sans bruit, 219, I. La princesse vient à Thouars pour voir son frère mourant, 53, II.
CONSPIRATION des poudres découverte en Angleterre, 101, II.

## D

DIJON. Le roi le délivre en 1595, 298, I.

## E

ÉLISABETH (reine). Mission de M. du Plessis auprès d'elle 114—117, I. Seconde mission auprès d'elle, 129, I. Colère de la reine contre le prince de Condé, 130, I. Propose des secours à Henri IV par Pallavicini, 201, I. Mission de M. du Plessis auprès d'elle, 211, I. Remontre à l'ambassadeur d'Henri IV le danger qu'il courait en admettant les Jésuites, 18, II.
ESSEX (comte d'), commande les secours anglais en France; M. du Plessis est d'avis de le renvoyer pour satisfaire la reine Élisabette, 212, I. Exécution du comte d'Essex, 28, II.

## F

FERRIER (Arnoul de), revenant de l'ambassade de Venise, fait profession de la religion et prend les sceaux de Navarre, 141, I.
FONTAINEBLEAU (conférence) de 371-381, I. Attentat contre le roi, 392, I.

## G

GAP (synode national de), déclarations et tendances déplaisantes pour le roi, il s'en plaint, 37—45, II.
GONDY (cardinal de), sa mission à Rome, 231—235, I. N'est pas reçu à Rome, 259, I.
GRAMMONT (sieur de), porteur de paroles du duc de Mayenne à Henri IV devant Rouen, 110, I.
GRATENIX, chancelier de Navarre, propose de mettre aux sceaux M. Arnoul du Ferrier, 141, I.
GUISE (Henri de), fait faire une tentative pour se débarrasser de M. du Plessis par le capitaine Johannes, I, 149. Journée des barricades, I, 168. Tué à Blois, 169, I.
GUISE (Charles de), son fils, ses prétentions dans ses négociations pour la paix, 224, I. Passe la Loire, 254, I.

## H

HACQUEVILLE (sire de), livre Pontaudemer à M. de Mayenne, 241, I.

HESSE (Landgrave de), passe à Saumur en 1603, 32, II.

## J

JEANNIN (président), employé dans les négociations pour la paix par le duc de Mayenne, 221, I.

JOYEUSE (Anne de), maréchal, prétend devenir chef de la Ligue, 163, I.

JOYEUSE (Henri, duc de), ses prétentions au moment de la paix, 224, I.

JUNIUS, bourgmestre d'Anvers, arrête Mme du Plessis qui retournait en France, 135, I.

## L

LANGUET (Hubert), ses premiers rapports avec M. du Plessis, 26-27, I. Efforts pour sauver M. du Plessis à la Saint-Barthélemy, 72, I. Parrain de Marthe de Mornay, 133, I. Meurt à Anvers, 133, I.

LANSAC (sieur de) mène les intrigues du roi de Navarre, 148, I.

LAVAL (sieur de) à l'assemblée générale des réformés à Montauban, 151, I, porte les remontrances au roi 133, I, meurt en 1584, 153, I. Son fils se fait catholique, sa mauvaise conduite, 63, II. Meurt en Hongrie, 65, II.

LESCALE (seigneur de) (Joseph Scaliger), écrit une lettre pour réfuter les propos qu'on lui avait prêtés sur M. du Plessis, 25, II.

LHOPITAL (chancelier de) fait proposer à Mme de Feuquères de se retirer chez lui après la Saint-Barthélemy pourvu qu'elle aille à la messe, 68, I.

LOMÉNIE (sieur de) à l'occasion de la conférence de Fontainebleau, 380, I. Il reçoit une lettre de M. du Plessis à l'occasion de la tentative d'assassinat de Saumur, 18, II.

LORRAINE (généalogie de) livre destiné à prouver le droit des Guise, 138, I.

LOUISE (reine) veuve de Henri III ; M. du Plessis la devait voir pour agir sur son frère, le duc de Mercœur, 236, I. Vient demander justice solennelle du meurtre d'Henri III, 279, I. Négociation avec M. de Mercœur, 279, I. Va à Saumur, 280, I. Recommence les négociations avec le duc de Mercœur, 310 I.

## M

MACEFER pasteur à Saumur, meurt par accident à Paris, 36, II.

MANSFELDT (comte de) commande l'armée espagnole, prend Noyon en 1593, 259, I.

MANTES (conférence de), 274, I.

MATIGNON (maréchal de) incommode le roi de Navarre à son retour de Béarn, 165, I. Fait faire des réjouissances à Bordeaux après la bataille d'Ivry, 196, I. Employé dans les négociations avec le duc de Joyeuse, 242, I.

MAYENNE (duc de) entre en Guyenne 159, I. Attaque Tours, 179, I. Négociations pour la paix, 194, I. Ouvertures par M. de Grammont, 210, I. Sérieuse reprise des négociations, 220, I. Efforts près du pape contre Henri IV, 260, I.

MERCŒUR (duc de), ses prétentions dans les négociations pour la paix, 224, I. Défait les princes devant Craon, 230, I. Tentatives de négociation de paix, 249, I. Envoie sa femme au roi, 338, I. Conditions du traité, 339, I.

Merlin (pasteur), préside le synode de Vitré, 139, I. Préside le Synode de Saumur, 305, I. Meurt à Vitré, 37, II.

Meydavid (baron de) commandant Verneuil pour la ligue, est chassé par M. du Plessis, 209, I.

Milon (sieur) médecin, appelé auprès de Mme du Plessis dans sa dernière maladie, 114, II. Elle le défie, 118, II, et lui explique sa confiance, 120, II.

Montauban assemblée générale des réformés en 1584, 184, I.

Montbarot gouverneur de Rennes, compromis et arrêté au sujet de la conspiration avec l'Espagne, 32, II, ses rapports avec M. du Plessis, 32, II.

Montmorency (M. de) maréchal, soupçonné par Henri III, 149, I. Promesse de la connétablie de France, faite par Henri IV, apportée par sa femme sous la conduite de M. du Plessis, 189, I.

Montpensier (duc de) veut épouser Catherine de Bourbon, 256, I.

Mornay (Bertin de) oncle et parrain de M. du Plessis, doyen de Beauvais, 10, I. Meurt en octobre 1556, laissant ses biens à Philippe de Mornay, 14, I. Efforts pour conserver ses bénéfices à Philippe, 15, I. Ils échappent à la maison, 15, I.

Mornay (Jacques de), seigneur de Buhy, père de M. du Plessis, 9, I. Ses vertus, sa mort, 10, 11, I.

Mornay (Françoise de), dame d'Auberville, sœur de M. du Plessis, 13, I.

Mornay (Charles de), sire de Varennes, grand maître en Suède, 73, I.

Mornay (Pierre de), seigneur de Buhy, frère de M. du Plessis, 13, I. Compromis dans la tentative d'évasion du roi de Navarre, 73, I. Se retire à Sedan, puis à Jametz avec M. du Plessis, 76, I. Retourne en France, 79, I. Parrain d'Anne de Mornay, 140, I. Est envoyé par le roi Henri III au roi de Navarre pour négocier la paix (1589), 175, I. Prend Vernon avec son frère, 193, I. Partage des biens de leur mère, 220, I. Meurt, 334, I.

Mornay (Philippe de), seigneur du Plessis Marly; sa naissance, 9, I. Commencement d'éducation, 13, 1. Mené au collège de Lisieux, à Paris, 16, I. Revient chez sa mère, 17, I. Il fait profession de la religion réformée (1561), 18, I. Retourne à Paris chez M. Prébet, 19, I. Dangers pour sortir de Paris, 20, I. Maladie, 20, I. Il retourne à Paris avec Lazare Ramigny son précepteur, 21, I. Discussion avec M. de Menneville chez Mme de Rothelin, 23, I. Se casse la jambe, 24, I. Commence ses voyages, 25, I. En Suisse et en Allemagne, 26, I. Fait connaissance d'Hubert Languet, 27, I. En Italie, 27, I. Difficultés pour la religion à Venise, 29, I. Idem à Ancône, 32, I. Idem à Rome, 33, I. L'hiver de 1571 à Cologne, 34, I. Aux Pays-Bas (1572), 36, I. En Angleterre, 36, I. L'amiral de Coligny le veut envoyer au prince d'Orange, 37, I. Saint-Barthélemy; dangers de M. du Plessis, 38-44, I. Passe en Angleterre, 45, I. Rentre en France à la prière de M. de la Noue, 74, I. Compromis dans la tentative des princes, 75, I. Passe à Sedan, puis à Jametz, 77, I. Va en Allemagne demander des secours à Louis de Nassau, 77, I. Dangers du voyage, 78-80, I. Voit secrètement le prince de Condé, 81, I. Écrit sur la puissance légitime d'un prince, 81, I. Commencement des relations avec Mme de Feuquères, 83, I.

M. de Buhy retourne en France, M. du Plessis à Sedan, 84, I. Porte le testament du duc de Bouillon au duc de Clèves, 87, I. Demande Mme de Feuquières en mariage, 87, I. Contrat de mariage, 89, I. Discours de la vie et de la mort, 90, I. Fiançailles au moment de l'entreprise de M. de Thoré où va M. du Plessis, 90, I. Combat de Dormans, 94, I. M. du Plessis prisonnier, 95, I. Cache son nom, 96, I. Se rachète, 100-101, I. Rentre à Sedan, 101, I. Mariage, 102, I. Quitte Sedan, 104, I. Va retrouver le duc d'Alençon, 105, I. Paix de Chastenay en Gâtinais, 107, I. M. du Plessis doit aller en Angleterre, 107, I. Voyage rompu, 108, I. Début de la Ligue, 109, I. M. du Plessis s'oppose aux premiers États de Blois, 109, I. Il passe au service du roi de Navarre, 110, I. Revient trouver sa femme au Plessis après la naissance de sa fille Marthe, 111, I. Retourne auprès du roi de Navarre avec de grands dangers, 112, I. Combat avec lui, 114, I. Est envoyé vers la reine Élisabeth, 114, I. Dangers du voyage, 115-116, I. Négociations avec la reine Élisabeth, 117, I. Paix de Bergerac (1577), 119, I. M. du Plessis reste en Angleterre où il écrit le traité de l'Église, 119, I. Départ pour les Pays-Bas, 121, I. Négociations avec les provinces, 122, I. Maladie, 124, I. Naissance de son fils Philippe, 124, I. Reprise des armes en France, 128, I. M. du Plessis retourne en Angleterre, 129, I. Est entravé dans sa négociation par le prince de Condé, 130, I. Finit à Anvers son livre de la religion chrétienne, 133, I. Naissance de son fils Maurice, 133, I. Réduit la garnison de Berg-op-Zoom au devoir, 134, I. Il veut retourner en France; arrêté par les prières du prince d'Orange et des États, 135, I. Recommandations de la reine Élisabeth, 136, I. Traduction du livre de la Vérité chrétienne, 136, I. Naissance de sa fille Anne, 140, I. Il refuse les sceaux de Navarre, 141, I. Remontrance contre la publication du concile de Trente, 141, I. Négociation avec le vicomte de Chaux, 141, I. On lui offre 30000 écus d'Espagne, 143, I. Il est mis à la tête de la maison de Navarre, 144, I. Mission de M. du Plessis auprès d'Henri III à propos de la reine Marguerite, 146, I. Le roi de Navarre l'avertit de se garder, 146, I. Naissance et mort de ses fils jumeaux à Rouen, 165, I. Il est envoyé au roi Henri III, au sujet des propositions de l'Espagne, 148, I. M. de Guise veut le faire assassiner, 149, I. Il refuse 100000 francs du roi, 149, I. Partage avec M. de Buhy, 149, I. Il établit sa famille à Montauban, 150, I. M. du Plessis est choisi avec M. de Laval pour porter au roi les remontrances de l'assemblée générale des réformés, 151, I. Réussit dans sa mission, 152, I. Il fait son testament à Paris, 153, I. Ses méditations sur les psaumes 154, I. Il retourne à Sainte-Foy, 154, I. Commencement de la guerre de la Ligue, 156, I. Avis de M. du Plessis, 156, I. Voyage à Toulouse pour tenter une entreprise de guerre, 157, I. Retourne à Montauban à propos de l'entrée du duc de Mayenne, 159, I. Il fortifie Montauban et d'autres places, 160, I. Il va à Nérac, 160, I. Il va à la Rochelle, 163, I. Bataille de Coutras, 164, I. Récit de la bataille par M. du Plessis, 164, I. Naissance et mort de sa fille Sara, 165, I. Il veut faire une entreprise sur

# TABLE DES MATIÈRES.

Saint-Nazaire, 168, I. Assemblée des églises à la Rochelle, 169, I. Calomnies contre M. du Plessis, 171, I. Il est appelé de Niort à la Rochelle, et convient avec le roi de Navarre de l'entreprise sur la Loire, 174, I. Signature de la trêve, 3 avril 1589, 174, I. Saumur est livré au roi de Navarre et remis à M. du Plessis, 175, I. Entrevue des deux rois, 176. I. Établissement à Saumur, 177, I. Maladie de M. du Plessis, 181, I. Assassinat d'Henri III, 182, I. Mornay emmène le cardinal de Bourbon de Chinon à Maillesaix 184, I, Sa maladie à Loudun 185, I. Projet d'assassinat 187, I. Siége du Mans, 188, I. Opposition au projet de réunion du patrimoine d'Henri IV à la couronne, 188, I. conduit Mme de Montmorency à son mari, 188, I. Bataille d'Ivry, 189-190, I. Reproche de M. du Plessis au roi qui s'était trop exposé 192, I. Il perd ses bagages à Vernon, 193, I. Il entre au conseil du roi, 193, I. négociations pour la paix avec M. de Villeroy, 194, avec le roi au siége de Paris, 196, I. Confiance d'Henri IV, 196, I. Proposition du duc de Florence de grands biens à M. du Plessis, 196, I. Retour à Saumur, 197, I. N'était pas d'avis que le roi levât le siége de Paris, 198, I. Première rédaction de l'édit favorable aux protestants, 199, I. Reprise des négociations avec Villeroy, 200, I. Promesses de la survivance du gouvernement de Saumur pour son fils, 205, I. Va retrouver le roi au siége de Rouen, 206, I. Négociations avec le prince d'Anhalt pour le payement de l'armée auxiliaire, 207, I. Mécontentement du parlement de Tours, 208, I. Chasse M. de Meydavid de Verneuil, 209, I. Ouvertures de paix par M. de Grammont, 210, I. Envoyé auprès de la reine Élisabeth, 211, I. Voit en Angleterre le roi de Portugal, 213, I. S'intéresse aux querelles religieuses en Angleterre, 213, I. Reproches au roi à l'occasion de sa blessure dans l'échauffourée d'Aumale, 214, I. Reprise des négociations avec M. de Villeroy, 216, I. Fortifie Quillebœuf, 217, I. Presse le roi pour l'enregistrement de l'édit des protestants, 218, I. Et l'entretien des ministres protestants, 219, I. Négociations avec M. de Villeroy, 220-226, I. Dangers courus pendant les allées et venues de la négociation, 230, I. Entretien avec le cardinal de Gondy et le marquis Pisani à propos de leur mission à Rome, 231, I. Affaire de Quillebœuf occupé par M. de Belesbat, M. du Plessis le fait rendre, 237-240, I. Retour à Saumur, 241, I. Colloque de Saumur, 243, I. Presse le roi de se marier, 247, I. Retourne à Saumur, le temple est commencé, 248, I. Entreprise sur Rochefort, 250, I. Fait venir son fils, 253, I. Visite de Catherine de Bourbon à Saumur, 254, I. Discussion à Tours à l'occasion du prince de Conti, 255, I. Va à Amboise au devant du roi, 255, I. Le roi à Saumur, 257, I. Affaire de la vente des biens de Navarre, 259, I. Méditation sur le Ps. CI, 261, I. Lettre du roi qui s'est décidé à se faire catholique, 264, I. Il voit le roi à Chartres, après l'abjuration, 266, I. Réunion des protestants à Mantes, 268, I. Rédige les articles de la convention avec les protestants à Mantes, 268, I. Rédige les articles de la convention avec les protestants à Nantes, 270, I. Résumé de l'édit, 271, I. En Saintonge, 281, I. A la Rochelle, 282, I. Affaires des protestants, 286, I.

Négociations pour la pacification de la Bretagne avec M. de Mercœur, 286-292, I. Méditation sur le Psaume LI, 293, I. Assemblée des députés réformés à Saumur, 294, I. Va à Fontainebleau et présente son fils au roi, 296, I. Employé dans la querelle avec le comte de Soissons, 297, I. Commence le livre de la Sainte Eucharistie, 299, I. Surprise du château de Tigny, 300, I. Synode général à Saumur, 305, I. Rapports avec M. de la Tremblaye, 316, I. Calomnies sur l'administration de la maison de Navarre, 36, I. Surprise du château de Chinon, 320, I. Va à Châtellerault, 322, I. Discussion parmi les réformés à l'occasion du siége d'Amiens, 322, I. Affaire de Saint-Phal, 324, I. Négociations au sujet de cette affaire, 333, I. Procès de Saint-Phal, 350, I. Publication du livre sur la sainte Eucharistie, 350, I. Rétablissement de la messe en Béarn, 354, I. Son fils va en Hollande, 355, I. Enregistrement de l'édit de Nantes, 361, 363, I. Procureur du roi, 364, I. Conférence de Fontainebleau, 371, 381, I. Retourne à Saumur, publie le récit de la conférence, 382, 384, I. Voit M. de Bouillon à Tours et à Saumur, 1, II. Présentation du livre de la sainte Eucharistie au synode de Gergeau, 2, II. Voyage en Limousin et en Périgord, 5, II. Relations avec le synode de Sainte-Foy, il n'y veut point aller, 6, II. Travaille à vérifier tous les passages contestés à la conférence de Fontainebleau, 9, II. Tentative d'assassinat à Saumur, 10-18, II. Négociation pour remettre M. du Plessis en faveur auprès du roi, sans effet, 22, II. Donne à la ville le temple qu'il avait fait construire à Saumur, 23, II. Calomnies réfutées par une lettre de Scaliger, 25, II. Publication de la réponse à l'évêque d'Évreux, 29, II. Consulté par le roi sur l'affaire de M. de Bouillon, 33, II. Le synode de Gap contrarie sur plusieurs points le roi, qui s'en plaint à M. du Plessis 36, 45, II. Question de rappeler M. du Plessis à la Cour, 46, II. Visite de M. de Rosny, 49, II. Écrit au duc de Bouillon, 51, II. A M. de Laval, à l'occasion de son changement de religion; mécontentement du roi à ce sujet, 64, II. Lettre du roi, et réponse de M. du Plessis, 69, 71, II. Sages conseils aux synodes provinciaux sur les discussions théologiques, 72, II. Efforts pour l'union des églises calviniste et luthérienne, 73, II. Départ de son fils, 74, II. Mémoire pour l'assemblée de Châtellerault, 75, II. M. de Rosny se plaint qu'il n'y ait pas été. 77, II. Empêche que le petit duc de la Trémoille soit pris en cour, 80, II. Appelé par le roi à Chastellerault pendant son voyage en Limousin, 85-88, II. Conversation sur M. de Bouillon, 88-90, II. Il s'explique avec le roi, 93, II. Henri IV promet un régiment pour son fils, 94, II. Inquiétudes pour son fils, 105, II. Mort de son fils, 106, II. Douleur des Parents, 108, II. M. du Plessis écrit un éloge de son fils, 109, II. Il fait enterrer son fils à Saumur, 110, II. Fatale conviction à l'égard de sa femme, 113, II. Il ne la quitte point pendant sa maladie, 115, II. Il la perd, 119, II.

MORNAY (Charlotte-Arbaleste de la Borde, Mme du Plessis). Dédicace de ses Mémoires à son fils, 4, I. Partage de la succession de son père au moment de la Saint-Barthélemy, 46, I. Mariée à M. de Feuquères en 1567, 50, I.

## TABLE DES MATIÈRES.    319

A une fille, Suzanne de Pas, 57, I. Perd son mari au siége de la Charité, 58, I. Saint-Barthélemy, 59, I. Dangers à Paris et pour en sortir, 60, I. Réfugiée chez son frère aîné, 70, I. Il la veut faire aller à la messe, 70, I. Elle arrive à Sedan, 71, I. Commencement des relations avec M. du Plessis, 83, I. Demande en mariage, 87, I. Consentement de tous les parents, 88, I. Contrat, 89, I. Fiançailles, 90, I. Envoie de l'argent pour racheter M. du Plessis, prisonnier 101, I. Mariage, 102, I. Quitte Sedan, 104, I. Va à Paris pour chercher un passe-port à M. du Plessis, 104, I. Naissance de sa fille Marthe, 111, I. Va rejoindre M. du Plessis en Angleterre, 117, I. Naissance de sa fille Élisabeth, 120. I. Rejoint son mari dans les Pays-Bas, 123, I. Naissance de son fils Philippe, 1579, 124, I. Embarras à Anvers, 127, I. Naissance et mort de son fils Maurice, 133, I. Elle veut suivre son mari en France, arrêtée par les prières des Anversois, 135, I. Naissance de sa fille Anne, 140, I. Naissance et mort de ses fils jumeaux à Rouen. 146, I. Appelée à Montauban par son mari, 150, I. Va à Nérac, 160, I. Naissance et mort d'une fille 1587, 162, I. Naissance et mort de sa fille Sara, 165, I. Elle va à la Rochelle, 169, I. à Niort, 173, I. Elle arrive à Saumur, 179, I. Mort de sa mère, 205, I. De sa belle-mère, 206, I. Visite de Catherine de Bourbon à Saumur, 254, I. Suit son mari à Tours, 257, I. Inquiétudes pendant le voyage de M. du Plessis à Paris, 280, I. Départ de son fils pour ses voyages, 296, I. Maladie, 305, I. Retour de Pougues au moment de l'affaire de Saint-Phal, 326, I. Retour de de son fils, 326, I. Mariage de sa fille aînée, 355, I. Son fils part pour la Hollande, 356, I. Grave maladie à Paris, 366, I. Elle fait imprimer le récit de la Conférence de Fontainebleau, 382, I. Mariage de sa fille Élisabeth, 7, II. Indisposition après la tentative d'assassinat contre son mari, 18, II. Départ de son fils pour les Pays-Bas, 75, II. Inquiétude pour son fils, 104, II. Mort de son fils. 106, II. Nouvelle de cette mort, 108, II, Douleur des parents, 108, II. Elle reçoit le corps de son fils, 109, II. Ses mémoires finissent avec lui, 110, II. Elle tombe malade, 113, II. On appelle les médecins, 114, II. Conversation avec son mari, 116, II. Admirable courage, 117, II. Elle meurt, 119, II.

MORNAY (Philippe de), marquis des Bauves, fils de M. et Mme du Plessis-Mornay. Dédicace des Mémoires par sa mère, 1, I. Né à Anvers en 1579, 124, I. Promesse de la survivance du gouvernement de Saumur, 205, I. Va au siége de Rochefort à l'âge de treize ans, 253, I. Est présenté au roi au début de ses voyages, 296, I. Reçoit la capitainerie du château de Saumur, 296, I. Part pour l'Angleterre, 298, I. Revient de ses voyages, 326, I. Combat dans les Pays-Bas, 358, I. Au siége de Dorcam, 364, I. Revient de Hollande, 365, I. Victoire du prince Maurice, 380, I. Voyage avec son père en Limousin et en Périgord, 7, II. Voyage en Normandie, 19, II. Calomnie à l'occasion de ce voyage 19, II. Se prépare à conduire un régiment à Genève, contre le duc de Savoie, 35, II. La paix se fait, 35, II. Voyage chez ses parents, 57, II. Soupçons en cour de ce voyage, 58, II. Promesse d'un régiment, 58, II. Affaire avec M. de la Marthonie, 60, II. Veut aller servir en Hollande, 61, II. Départ pour les Pays-Bas. 74. II. Adieux à tous les siens, 75, II. A l'armée du prince Maurice, 102, II. Blessé par un coup de pied de cheval, 103, II. Espère un régiment, 104, II. Veut aller à l'attaque de Gueldres, 105, II. Y est tué, 106, II. Honneurs rendus à ses restes, 106, II. Nouvelle apportée à ses parents, 108, II. Leur douleur, 108, II. Regret général, 109, II. Enterrement à Saumur, 110. II.

MORNAY (Marthe de), fille aînée de de M. et Mme du Plessis, 1576, 111, I. Épouse M. de la Villarnoul, 343, I. A un fils, 389, I. Il meurt, 10, II. A une fille, 10, II.

MORNAY (Élisabeth de), seconde fille de M. et Mme du Plessis, née à Londres. 1578, 120, I. Épouse M. de Fontenay, 338, I. A un fils, il meurt, 30, II.

MORNAY (Anne de), née en 1582, au Plessis, 140, I. Élevée par sa grand'mère de Buhy, 206, I. Revient auprès de sa mère, 206, I. Épouse M. de la Tabarière, 37, II. A un fils, 58, II.

MORVILLIERS (Mme de), marraine de M. du Plessis, 10, I.

## N

NASSAU (Prince Maurice de). Sa victoire, 380, I. En face de Spinola, 102, II. Honneurs rendus par lui aux restes de Philippe de Mornay, 106, II.

NAVARRE (Henri de), roi de Navarre, puis de France, cherche à s'échapper de la cour, 75, I. Prend M. du Plessis à son service, 110, I. Refuse les offres du roi d'Espagne pour l'engager à faire la guerre à Henri III,

145, I. Négociations avec Henri III à propos de sa femme, 145, I. Il envoie M. du Plessis 146, I. A l'assemblée générale des réformés à Montauban, 151, I. Manœuvres contre M. de Joyeuse, 163, I. Bataille de Coutras, 164, I. Prise de Niort, 172, I. Maladie du roi, 172, I. Ouvertures de paix d'Henri III, 175, I. Signature de la trêve, 175, I. Remise de Saumur au roi de Navarre, 175, I. Cavalcade sur Château-du-Loir, 176, I. Entrevue des deux rois à Plessis-lez-Tours, 176, I. Assassinat de Henri III, 182, I. Siége du Mans, 184, I. Bataille d'Ivry, 190, I. Met le siége devant Paris, 195, I. Le lève à l'arrivée du duc de Parme, 198, I. Émotions religieuses, 198, I. Siége de Rouen, 206, I. Blessé à l'échauffourée d'Aumale, 214, I. Négociations pour la paix, 221-228, I. Ouvertures au Pape, 228, I. Levée du siége de Rouen, 230, I. Affaire du mariage de Catherine de Bourbon, 255, I. Le roi à Saumur, 257, I. Négociation pour un prêt du Parlement, 258, I. Les traités avec Rome sont rompus, 260, I. Le roi se décide à faire catholique, 262, I. Il se fait instruire, 263, I. Il convoque les députés de la religion, 265, I. Abjuration, 266, I. Il reçoit les protestants à Mantes, 268, I. Rupture de la trêve, 276, I. Meaux se rend, 276, I. Orléans, Rouen, Lyon, idem, 277, I. Rupture du mariage avec la reine Marguerite, 280, I. Présentation des cahiers des réformés, 282, I. Négociations pour la Bretagne avec M. de Mercœur, 286-292, I. Attentat de Châtel, 292, I. Dissentiment avec le comte de Soissons, 296, I. Délivrance de Dijon, 298, I. Signature de la trêve de Bretagne, 302, I. Délivrance d'Amiens, 322, I. Négociations avec l'Espagne, 334, I. Mariage de Mme Catherine, 353, I. Traité avec M. de Mercœur, 354, I. Rétablissement de la messe en Béarn, 354, I. Mort de Gabrielle d'Estrées, 356, I. Enregistrement de l'édit de Nantes, 361-363, I. Réclamation des protestants au roi au sujet de la non-observation de l'édit, 4, II. Naissance du fils de Marie de Médicis, 5, II. Froideur continue du roi pour M. du Plessis, 46, II. Mécontentement des protestants, 66-67, II. Voyage du roi en Limousin, 84, II. Il voit M. du Plessis, 87-88, II. Le roi veut faire le siége de Sedan, 98-100, II. Attentat sur le roi, 100, II. Sympathie du roi pour la douleur de M. du Plessis à la mort de son fils, 109, II.

NEMOURS (duc de), ses prétentions dans les négociations pour la paix, 224, I.

NEVERS (duc de), est envoyé à Rome avec la soumission du roi; le Pape refuse de le recevoir, 270, I. Et d'absoudre Henri IV, 277, I.

NOUE (M. de la), presse M. du Plessis de rentrer en France, 74, I. N'est pas d'avis de la guerre, 124, I. Parrain de Philippe de Mornay, 124, I. Entreprise sur Lille, 128, I. Fait prisonnier, 129, I. Préside l'assemblée générale des réformés à Saumur, 294, I.

O

O (M. d'), surintendant des finances, meurt à Paris, 289, I.

ORANGE (Guillaume, prince d'). M. du Plessis doit lui être envoyé, 37, I. Appelé par les provinces catholiques des Pays-Bas, 118, I. Emploie M. du Plessis, 122, I. Le remercie de ses services, 129, I. Première tentative d'assassinat sur lui, 138, I.

ORANGE (Louise de Coligny, princesse d'), vient en France, 288, I.

P

PALLAVICINI (Horace), envoyé par la reine Élisabeth et les princes allemands pour promettre du secours à Henri IV, 201, I.

PARDAILLAN (Ségur de), veut aller au synode général pour l'union des églises, 140, I. Chargé de traiter une alliance en Allemagne, 144, I.

PARLEMENT de Paris siégeant à Tours déclare le Pape schismatique, 197, I. Mécontent du désir que manifeste le roi de se rapprocher du Pape, 205, I.

PARME (duc de). Entrevue avec le duc de Mayenne qui vient demander des secours contre Henri IV, 196, I. Fait lever le siége de Paris, 197, I. Entre en Picardie, 214, I. Avance jusqu'à Rouen, 215, I. Se retire, 215, I. Fait lever le siége de Rouen, 231, I. Est obligé de se retirer, 233, I.

PAS (Suzanne de), fille de M. et Mme de Feuquères née en 1568, 57, I. Dangers à la St-Barthélemy, 60, I. Legs de sa grand' mère de la Borde, 205, I. Épouse M. de la Vairrie, 317, I. A un fils, 341, I. Une fille, 359, I.

PAS (Jehan de), seigneur de Feuquères, page du roi François II, 50, I. Voyage en Italie et devient protestant, 52, I. Épouse Charlotte Arbaleste de la Borde en 1567, 54, I. Sert sous le prince de Condé, 55, I. A une fille, Suzanne de Pas, 57, I. Est tué devant la Charité, 29 mai, 1569, 58, I.

PERREUZE (M. de), maître des requêtes, reçoit Mme de Feuquères pendant la Saint-Barthélemy 60, I. Dangers qu'il court, 62, I.

PERRON (du), évêque d'Évreux. Conférence avec les protestants à Nantes, 275, I. Conférence de Fontainebleau avec M. du Plessis, 375, I.

PHAL (Sire de St-) veut assassiner M. du Plessis, 324, I. Conduit à la Bastille, 344, I. Son procès, 350, I.

PHILIPPE II, roi d'Espagne, envoie le vicomte de Chaux au roi de Navarre pour l'engager à faire la guerre à Henri III, 141, I. Conclut une alliance contre la France avec le duc de Savoie, 147, I. Promet des secours à la Ligue contre Henri IV, 188, I.

PIERREFITTE (M. de), lieutenant de M. du Plessis à Saumur, 204, I.

PISANI (marquis). Sa mission à Rome, 231-235, I.

PRESTAT (Gabriel) procuré à Mme de Buhy par M. Morel, premier précepteur de M. du Plessis, 15, I.

R

RAMIGNY (Lazare) précepteur de M. du Plessis, 21, I. Tué à la Saint-Barthélemy en voulant sortir de Paris, 46, I.

ROHAN (duc de) doit avoir le gouvernement de Saintonge, 281, I. Épouse Mlle de Rosny, 63, I.

ROHAN (Catherine de) épouse le duc des Deux-Ponts, 31, II.

ROLAND (Mathieu) tente d'assassiner M. du Plessis à Saumur, 10-15, II.

RONCEROLLES (Philippe de) baron d'Heugueville, parrain de M. du Plessis, 10, I.

ROSNY (M. de). Conférence entre les protestants et l'évêque d'Évreux à son logis, 275. Mauvaise volonté dans les affaires de M. du Plessis, 367, I. Efforts de M. du Plessis auprès de lui pour la surintendance des mines, 384, I. Manifeste l'intention de visiter M. du Plessis à Saumur, 21, II. Prend possession du gouvernement de Poitou et vient à Saumur, 49, II. Promet un régiment à Philippe de Mornay, 59, II. Mariage de sa fille avec le duc de Rohan, 62, II. Nommé pour présider l'assemblée des protestants à Châtellerault, 71, II. Son mécontentement de l'absence de M. du Plessis, 78, II. Sa froideur envers lui à Châtellerault, 95, II.

S

SAUMUR. Colloque de 1592, 243, I. Projet d'une académie, 247, I. Fondation du collége, 258, I. La capitainerie du château donnée à Philippe de Mornay, 296, I. Efforts de M. du Plessis pour obtenir un bon pasteur, 26, II. Il donne à la ville le temple qu'il avait fait construire, 24, II. Témoignages de sympathie à la mort de son fils, 110, II.

SAVOIE (Charles Emmanuel, duc de), fait une entreprise sur le Dauphiné et la Provence, 147, I. Tentative contre Genève, 84, II.

SCHOMBERG (M. de), pousse le roi à reprendre la guerre en Bretagne, 312, I.

SEDAN. Arrivée de Mme de Feuquères à Sedan, 71, I. Le roi veut l'assiéger, 98, II.

SIDNEY (Sir Philip). Ses relations en Angleterre avec M. du Plessis, 118, I. Parrain de sa fille Élisabeth, 120, I.

SOISSONS (comte de), chagrin de la mort de son frère, 167, I. Veut empêcher la translation du cardinal de Bourbon de Chinon à Maillessaix, 184, I. Veut épouser Catherine de Bourbon, 254,

I. Dissentiment avec le roi, 297, I.

## T

TAMBONNEAU, président, reçoit Mme de Feuquères pendant la St-Barthélemy, 63, I. La fait évader, 64-68, I.

TAVANNES (vicomte de), prend M. du Plessis à Dormans, 95, I. Se plait en sa société, 99, I. Le relâche sous un faux nom, 100, I.

THORÉ (M. de), Guillaume de Montmorency, entre en France avec des reîtres au secours du duc d'Alençon, 94, I. Battu à Dormans par le duc de Guise, 94, I.

TOUR D'AUVERGNE (La), vicomte de Turenne, plus tard duc de Bouillon, se querelle avec M. de Bussy sur son enseigne, 106, I. A l'assemblée générale des réformés, 151, I. Blessé au fort de Nicole, 162, I. Prend part aux négociations de paix avec M. de Villeroy, 200, I. Chargé de traiter avec la reine Élisabeth et les princes allemands, 202, I. Devient duc de Bouillon par son mariage avec l'héritière, 209, I. Presse le roi pour l'entretien des ministres protestants, 219, I. Efforts auprès du roi qui se décide à se faire catholique, 262, I. Prend part aux négociations en faveur des protestants à Mantes, 271, I. Discussion avec M. de Montpensier sur les domaines de Bouillon, 289, I. Entrevue avec M. du Plessis, 1601, 1, II. Compromis dans les affaires de Biron, 29, II. Quitte la France, 30, II. M. du Plessis est consulté par le roi à son sujet, 33, II. Il est question de lui au synode de Gap, 42, II. M. du Plessis lui écrit le mécontentement du roi, 51, II. Ambassade des allemands en sa faveur, 80-83, II. Mouvements et intrigues, 83, II. Le roi va à cette occasion en Limousin, 84, II. Il réclame toutes les places, 86, II. Et pense même à assiéger Sedan, 91, II.

TRÉMOILLE (duc de la), confère avec M. du Plessis pour le siége de Rochefort, 250, I. Entrevue avec MM. de Bouillon et du Plessis à Tours, 1, II. Embarassé par les affaires du duc de Bouillon, 31, II. Pressé par M. de Rosny de venir à la cour, 51, II. Meurt à Thouars, 52, II. Le roi demande son fils, inquiétude de sa veuve, 80, II.

TRENTE (concile de) négociations pour le publier en France, 141, I. Efforts du pape à cet effet, 375, I.

## U

UNDIANO vient en France avec M. de Chaux pour engager le roi de Navarre à faire la guerre au roi Henri III, 141, I.

## V

VALOIS (Marguerite de) reine de Navarre, négociation pour sa réunion à son mari, 145, I. Négociation pour son divorce, 267, I.

VENDÔME (César de) fils du roi et de Gabrielle d'Estrées, est fait duc à l'occasion de son mariage avec Mlle de Mercœur, 339, I.

VERA (Anastasio de) moine instigateur d'un assassinat sur M. du Plessis à Saumur, 13, II. Il est exécuté, 17, II.

VILLEROY (sieur de) se concerte avec le roi Henri III et M. du Plessis à l'occasion des propositions de l'Espagne, 148, I. Fait des ouvertures de paix à M. du Plessis,

entrevues près de Mantes, 194.
Reprise des négociations, 216, I.
Idem, 220-226, I. Voit M. du Plessis à Châtellerault, 86, II.

VITRÉ (synode de) 1582, 138, I.

## W

WALSINGHAM (sir Francis), ambassadeur de la reine Élisabeth en France, recommande M. du Plessis à ses amis après la Saint-Barthélemy, 72, I. Relations avec lui en Angleterre. 118, I.

## X

XIMÉNÈS (Pierre) moine. Discussion à Cologne avec M. du Plessis, 36, I.

FIN DE LA TABLE DES MATIÈRES.

# LETTRES INÉDITES
## DE DU PLESSIS MORNAY
### A SA FEMME
## DE MADAME DU PLESSIS MORNAY
### ET DE LEURS ENFANTS.

M. du Plessis à sa femme, à Montauban. . . . . . . . . . T. II, 127
  (Lectoure, 28 juin 1585).

M. du Plessis à sa femme, à Montauban. . . . . . . . . . . . . . 129
  (Lectoure, 12 juillet 1585).

M. du Plessis à sa femme, à Nérac. . . . . . . . . . . . . . . . 131
  (Mont-de-Marsan, Décembre 1587).

M. du Plessis à sa femme, à Nérac. . . . . . . . . . . . . . . . 132
  (Mont-de-Marsan, 11 décembre 1587).

M. du Plessis à sa femme, à Nérac. . . . . . . . . . . . . . . . 132
  (Mont-de-Marsan, 12 décembre 1587).

M. du Plessis à sa femme, à Nérac. . . . . . . . . . . . . . . . 133
  (Lectoure, 1er janvier 1588).

M. du Plessis à sa femme, à Nérac. . . . . . . . . . . . . . . . 134
  (Mauvezin, 3 janvier 1588).

M. du Plessis à sa femme, à Nérac. . . . . . . . . . . . . . . . 135
  (Mauvezin, 5 janvier 1588).

M. du Plessis à sa femme, à Nérac. . . . . . . . . . . . . . . . 136
  (Mauvezin, 6 janvier 1588).

M. du Plessis à sa femme, à Nérac. . . . . . . . . . . . . . . . 137
  (Maz-de-Verdun, 8 janvier 1588).

M. du Plessis à sa femme, à Nérac. . . . . . . . . . . . . . . . 138
    (Montauban, 9 janvier 1588).

M. du Plessis à sa femme, à Nérac. . . . . . . . . . . . . . . . 139
    (Montauban, 13 janvier 1588).

M. du Plessis à sa femme, à Nérac. . . . . . . . . . . . . . . . 140
    (Montauban, 15 janvier 1588).

M. du Plessis à sa femme, à Nérac. . . . . . . . . . . . . . . . 141
    (Montauban, 12 janvier 1588).

M. du Plessis à sa femme, à Nérac. . . . . . . . . . . . . . . . 143
    (Montauban, 16 janvier 1588).

M. du Plessis à sa femme, à Nérac. . . . . . . . . . . . . . . . 145
    (Montauban, 18 janvier 1588).

M. du Plessis à sa femme, à Nérac. . . . . . . . . . . . . . . . 147
    Montauban, 23 janvier 1588).

M. du Plessis à sa femme, à Nérac. . . . . . . . . . . . . . . . 147
    (Montauban, 24 janvier 1588).

M. du Plessis à sa femme, à Nérac. . . . . . . . . . . . . . . . 149
    (De la Bastide, 30 janvier 1588).

M. du Plessis à sa femme, à Nérac. . . . . . . . . . . . . . . . 150
    (Montauban, 2 février 1588).

M. du Plessis à sa femme, à Nérac. . . . . . . . . . . . . . . . 151
    (Montauban, 4 février 1588).

M. du Plessis à sa femme, à Nérac. . . . . . . . . . . . . . . . 152
    (Castelgeloux, 20 février 1588).

M. du Plessis à sa femme, à Nérac. . . . . . . . . . . . . . . . 154
    (Castelgeloux, 21 février 1588).

M. du Plessis à sa femme, à Nérac. . . . . . . . . . . . . . . . 154
    (Castelgeloux, 22 février 1588).

M. du Plessis à sa femme, à Nérac. . . . . . . . . . . . . . . . 155
    (De Mozay entre la Rochelle et Saint-Jean, 28 mars 1588).

M. du Plessis à sa femme, à Nérac. . . . . . . . . . . . . . . . 156
    (De Saint-Jean, 29 mars 1588).

M. du Plessis à sa femme, à Nérac. . . . . . . . . . . . . . . . 158
    (Saint-Jean, 2 avril 1588).

M. du Plessis à sa femme, à Nérac. . . . . . . . . . . . . . . . 159
    (Saint-Jean, 3 avril 1588).

# TABLE DES LETTRES INÉDITES. 327

M. du Plessis à sa femme, à Nérac. . . . . . . . . . . . . . . .  160
(Saint-Jean, 4 avril 1588).

M. du Plessis à sa femme, à Nérac. . . . . . . . . . . . . . . .  161
(La Rochelle, 10 avril 1588).

M. du Plessis à sa femme, à Nérac,. . . . . . . . . . . . . . .  162
(La Rochelle, 13 avril 1588).

M. du Plessis à sa femme, à Nérac. . . . . . . . . . . . . . . .  164
(La Rochelle, 21 avril 1588).
Au dos écrit de la main de Mme de Mornay : « Lettre du 21 par laquelle je sais comment je me dois gouverner en mon voyage de Poitou. »

M. du Plessis à sa femme, à Nérac. . . . . . . . . . . . . . . .  168
(La Rochelle, 22 avril 1588).

M. du Plessis à sa femme, à Nérac. . . . . . . . . . . . . . . .  169
(Saint-Jean-d'Angély, 7 mai 1588).

M. du Plessis à sa femme, à Nérac. . . . . . . . . . . . . . . .  172
(La Rochelle, 7 mai 1588).

M. du Plessis à sa femme, à Nérac. . . . . . . . . . . . . . . .  174
(Saint-Jean-d'Angély, 9 mai 1588).

M. du Plessis à sa femme, dans son voyage en Béarn. . . . . . .  175
(Saint-Jean-d'Angély, 12 mai 1588).

M. du Plessis à sa femme, dans son voyage en Béarn. . . . . . .  176
(Saint-Jean-d'Angély, 13 mai 1588).

M. du Plessis à sa femme, dans son voyage en Béarn. . . . . . .  177
(La Rochefoucault, 17 mai 1588).

M. du Plessis à sa femme, dans son voyage en Béarn. . . . . . .  178
(Saint-Jean-d'Angély, 21 mai 1588).

M du Plessis à sa femme, aux eaux des Pyrénées. . . . . . . . .  179
(La Rochelle, 8 juin 1588).

M. du Plessis à sa femme, aux eaux des Pyrénées. . . . . . . .  181
(La Rochelle, 12 juin 1588).

M. du Plessis à sa femme, aux eaux des Pyrénées. . . . . . . .  183
(La Rochelle, 13 juin 1588).

M. du Plessis à sa femme, aux eaux des Pyrénées. . . . . . . .  184
(La Rochelle, 14 juin 1588).

M. du Plessis à sa femme (sans adresse). . . . . . . . . . . . .  185
(La Rochelle, 16 juin 1588).

M. du Plessis à sa femme, aux eaux des Pyrénées. . . . . . . . . . 186
    (La Rochelle, 19 juin 1588).

M. du Plessis à sa femme, après la bataille d'Ivry, à Saumur. . . 187
    (De Célis près de Melun, 4 avril 1590).

M. du Plessis à sa femme, à Saumur, pendant la conférence de
    Mantes. . . . . . . . . . . . . . . . . . . . . . . . . . . . . . . . . . . . 189
    (Monfort, 19 novembre 1593).

M. du Plessis à sa femme, à Saumur. . . . . . . . . . . . . . . . 191
    (De Buhy, ce 22 novembre 1593).

M. du Plessis à sa femme, sans adresse (sans date). . . . . . . . 192

M. du Plessis à sa femme, sans adresse. . . . . . . . . . . . . . 193
    (Mantes, 4 décembre 1593).

M. du Plessis à sa femme, à Saumur. . . . . . . . . . . . . . . . 195
    (Nogent-le-roy, 16 novembre 1593).

M. du Plessis à sa femme, à Saumur. . . . . . . . . . . . . . . . 197
    (Mantes, 21 novembre 1593).

M. du Plessis à sa femme, à Saumur. . . . . . . . . . . . . . . . 198
    (Mantes, 27 décembre 1593).

M. du Plessis à sa femme, à Saumur, pendant la négociation de
    Bretagne . . . . . . . . . . . . . . . . . . . . . . . . . . . . . . . 199
    (Ancenis, 12 décembre 1594).

M. du Plessis à sa femme, à Saumur. . . . . . . . . . . . . . . . 200
    (Ancenis, 17 février 1595).

M. du Plessis à sa femme, à Saumur. . . . . . . . . . . . . . . . 201
    (Ancenis, 21 février 1595).

M. du Plessis à sa femme, à Saumur. . . . . . . . . . . . . . . . 203
    (Ancenis, ce 6 au soir, 1595).

M. du Plessis à sa femme, à Saumur. . . . . . . . . . . . . . . . 204
    (Ancenis, ce 5 mars 1595).

M. du Plessis à sa femme, à Saumur. . . . . . . . . . . . . . . . 205
    (Ancenis, 12 mars 1595).

M. du Plessis à sa femme, à Saumur. . . . . . . . . . . . . . . . 207
    (Lardimalie, 29 novembre 1603?)

Mme du Plessis-Mornay, à M. de la Court. . . . . . . . . . . . . 213
    (Nérac, 17 octobre 1587).

Mme du Plessis-Mornay, à Mme de la Court. . . . . . . . . . . . 214
    (Nérac, 20 avril 1588).

# TABLE DES LETTRES INÉDITES.

Mme de Vaucelas à Mme du Plessis-Mornay, sa sœur. . . . . 216
    (Anamule, 8 octobre 1596).

Philippe de Mornay, marquis des Bauves, à sa mère, à Saumur. . 218
    (d'Italie, incomplète et sans date, probablement en 1595).

Philippe de Mornay, à sa mère. . . . . . . . . . . . . . . . . 224
    (Bommel, 1er septembre 1599).

Philippe de Mornay, à son père, à Saumur. . . . . . . . . . . 227
    (De Bommel, 1er septembre 1599).

Philippe de Mornay, à son père, à Saumur. . . . . . . . . . . 231
    (La Haye, 8 octobre 1599).

Philippe de Mornay, à son père, à Saumur. . . . . . . . . . . 235
    (Paris, 25 février 1605).

Philippe de Mornay, à sa mère, à Saumur. . . . . . . . . . . 240
    (Paris, 19 mars 1605).

Philippe de Mornay, à son père, à Saumur. . . . . . . . . . . 244
    (du camp près d'Isendik, 15 juin 1605).

Philippe de Mornay, à son père, à Saumur. . . . . . . . . . . 247
    (du camp, 1er octobre 1605).

Marthe de Mornay, Mme de Villarnoul, à son mari, à Paris. . 250
    (Saumur, 6 mars 1615).

Marthe de Mornay, à son mari, à Paris. . . . . . . . . . . . . 254
    (Saumur, 3 avril 1615).

Marthe de Mornay, à Mme de Chalandre. . . . . . . . . . . 256
    (à la Forêt-sur-Sèvres, 29 juin 1621).

Marthe de Mornay, à la duchesse de la Trémoille. . . . . . . 257
    (Auvau, 22 novembre 1622).

Élisabeth de Mornay, Mme Fontenay, à son père, à la Forêt-sur-
    Sèvres. . . . . . . . . . . . . . . . . . . . . . . . . . . . . 259
    (30 octobre 1620).

Élisabeth de Mornay, à son père, à la Forêt-sur-Sèvres. . . . . 262
    (Fontenay, 15 novembre 1620).

Élisabeth de Mornay, à la duchesse de la Trémoille (sans date). . 266

Mémoire et lettres de Mme du Plessis-Mornay, à l'occasion
    de la querelle que lui suscitèrent, en 1584, quelques pas-
    teurs réformés de Montauban et le consistoire de cette
    ville sur l'arrangement de ses cheveux et toute sa coif-
    fure qu'ils trouvaient trop mondaine. . . . . . . . . . 270-310

## TABLE DES LETTRES INÉDITES.

I. Avertissement de l'éditeur. . . . . . . . . . . . . . . . . 270-275

II. Mémoire rédigé par Mme de Mornay, sur l'incident survenu entre elle et le consistoire de Montauban, au sujet de sa coiffure . . . . . . . . . . . . . . . . . . . . . . . . . . 276-305

III. Lettres adressées par Mme de Mornay, au colloque réuni à Bruniquel, près de Montauban (1584). . . . . . . . . 306-310

# ERRATA DU TOME I.

Page 15, lig. 17. *Madame Gabriel Prestat*, lisez : *Maître Gabriel Prestat*.

Page 22, lig. 17. *Verton*, lisez : *Vertou*.

Pages 83 et 84. *Des Baunes*, lisez : *Des Bauves*.

Page 85, *note*. 1551, lisez : 1591.

Page 87, lig. 19 et 25. *M. de Buhy son père*, lisez : *M. de Buhy son frère*.

Page 94, *note*. Il faut lire : le 10 octobre 1575, au lieu de 1573.

Page 95, *note*. Il faut lire : Jean de Saulx Tavannes, né en 1553, n'avait donc que vingt-deux ans, au lieu de vingt ans.

Page 112, lig. 21. *En Chastellerault et Poictiers*, lisez : *entre*....

Page 133, lig. 10 en remontant. *Sa famille qu'il ne trouva pas affligée*, lisez : *pas peu affligée*.

Pages 167 et 319. *Beauvais sur mer*, lisez : *Beauvoir sur mer*.

Page 169, lig. 8. *Quoiqu'on vist*, lisez : *Quoiqu'on fist*.

Page 191, lig. 2 en remontant. *Granvy*, lisez : *Granzy*.

Page 288, *note*. Il faut lire : *Balthazar Gérard*, au lieu de *Balthazar Girard*.

Page 317, lig. 10. *Hesperieu*, lisez : *Hesperien*.

Page 317, *note*. Il faut lire : *Mademoiselle Suzanne de Pas*, au lieu de *du Pas*.

Page 389. La note au bas de la page doit être modifiée en ces termes :

« D'après toutes les informations que nous avons recueillies, les Jaucourt issus de Mlle Marthe de Mornay* restent maintenant descendants en ligne directe de M. du Plessis Mornay, sans parler de quelques autres familles qui réclament, à bon droit sans doute, le même honneur.

Plusieurs noms de lieux ont été reproduits exactement tels qu'ils sont dans le manuscrit, quoique le même nom soit souvent diversement écrit, et quoique la forme actuelle de ces noms soit différente. C'est ainsi que p. 210, *Boulehart*, est écrit pour *Bosc-Lehart;* — p. 230, *D'Ombes*, pour *Dombes;* — p. 235, *Revel*, pour *Revol;* — p. 252, *Gueuzy*, pour *Dieuzy;* — p. 299, *Bressardiere*, pour *Brossardière;* — *Langest*, pour *Langeais;* — *Ponts-de-Sie*, pour *Ponts-de-Cé*, etc. Il en est de même pour plusieurs noms de personnes. P. 116, *Sandreau* est écrit pour *Landreau* : — p. 119, *Szelligreu*, pour *Killigrew*. — P. 162, *Chaudieu*, pour *Chandieu;* — p. 380, *De La Roche-Chaulieu*, pour *De La Roche-Chaudieu.*

IMPRIMERIE GÉNÉRALE DE CH. LAHURE
Rue de Fleurus, 9, à Paris

*Ouvrages publiés par la* Société de l'Histoire de France *depuis sa fondation en 1834.*

Ouvrages in-octavo à 9 francs le volume.

L'Ystoire de li Normant. 1 vol. *Épuisé.*
Grégoire de Tours, Histoire ecclésiastique des Francs. Texte et traduction. 4 vol. *Épuisés.*
— Même ouvrage. *Texte latin.* 2 vol.
— Même ouvrage. *Traduction.* 2 vol. *Épuisés.*
Lettres de Mazarin a la reine, etc. 1 vol. *Épuisé.*
Mémoires de Pierre de Fénin. 1 vol.
Villehardouin. 1 vol.
Orderic Vital. 5 vol.
Correspondance de l'Empereur Maximilien et de Marguerite, sa fille. 2 vol.
Histoire des Ducs de Normandie. 1 vol. *Épuisé.*
Œuvres d'Eginhard. Texte et Traduction. 2 vol.
Mémoires de Philippe de Commynes. 3 vol. Tome I *épuisé.*
Lettres de Marguerite d'Angoulême, sœur de François 1er. 2 volumes.
Procès de Jeanne d'Arc. 5 vol.
Beaumanoir, Coutumes de Beauvoisis. 2 vol.
Mémoires et Lettres de Marguerite de Valois. 1 vol.
Chronique latine de Guillaume de Nangis. 2 vol.
Mémoires de Coligny-Saligny. 1 volume.
Richer, Histoire des Francs. Texte et traduction. 2 vol.
Registres de l'Hôtel de Ville de Paris pendant la Fronde. 3 vol.
Le Nain de Tillemont, Vie de saint Louis. 6 vol.
Barbier, Journal du Règne de Louis XV. 4 vol. *Les tomes I et II épuisés.*
Bibliographie des Mazarinades, 3 vol.

Comptes de l'Argenterie des rois de France au XIVe siècle. 1 vol. *Épuisé.*
Mémoires de Daniel de Cosnac. 2 vol. *Épuisés.*
Choix de Mazarinades, 2 vol.
Journal d'un Bourgeois de Paris sous François 1er. 1 vol. *Épuisé.*
Mémoires de Mathieu Molé. 4 vol.
Histoire de Charles VII et de Louis XI, par Thomas Basin. 4 vol. Tome I *épuisé.*
Chroniques des comtes d'Anjou. 1 vol.
Grégoire de Tours. Œuvres diverses. Texte et traduction. 4 vol. Tome II *épuisé.*
Chroniques de Monstrelet. 6 vol. Tome I *épuisé.*
Chroniques de J. de Wavrin. 3 vol.
Miracles de S. Benoît. 1 vol.
Journal et Mémoires du marquis d'Argenson. 9 vol. Tome I *épuisé.*
Mémoires de Beauvais-Nangis. 1 vol.
Chronique de Mathieu d'Escouchy. 3 vol.
Commentaires et Lettres de Blaise de Monluc. Tomes I-III.
Œuvres de Brantôme. Tomes I-V.
Comptes de l'Hôtel des Rois de France aux XIVe et XVe siècles. 1 vol.
Rouleaux des morts. 1 vol.
Œuvres de Suger. 1 vol.
Mémoires de Mme Du Plessis-Mornay. Tome I.
Joinville, Histoire de saint Louis. 1 vol.
Chroniques des églises d'Anjou. 1 vol.
Chroniques de J. Froissart. Tome I.

SOUS PRESSE :

Commentaires et Lettres de Blaise de Monluc. Tome IV.
Mémoires de Mme Du Plessis-Mornay. Tome II.
Œuvres de Brantôme. Tome VI.
Chroniques de J. Froissart. Tome II.

## BULLETINS ET ANNUAIRES.

Bulletin de la société, années 1834 et 1835. 4 vol. In-8. — 18 fr.
Bulletin de la société, années 1836-1856. *Épuisé.*
Table du Bulletin, 1834-1856. In-8. — 3 fr.
Bulletin de la société, années 1857-1862. in-8. — Chaque année, 3 fr.
Annuaires de la société, 1837-1863. In-18. — Chaque volume, de 1837 à 1844, 2 fr.; de 1848 à 1863, 3 fr. *Les années 1845, 1846, 1847, 1853, 1861 et 1862. Épuisées.*
Annuaire-Bulletin, années 1863 à 1867. — Chaque année, 9 fr.

Imprimerie générale de Ch. Lahure, rue de Fleurus, 9, à Paris.

www.ingramcontent.com/pod-product-compliance
Lightning Source LLC
Chambersburg PA
CBHW052039230426
43671CB00011B/1711